숨마 주니어®

내신 만점을 위한

중학 국어 어휘력

중1 국어 교과서 **필수 어휘 383개 25일 완성**

어휘력 = 사고력 • 독해력 향상, 내신 만점의 기본!

1

이룸이앤비
Education&Books

내신 만점을 위한

중학 국어 어휘력 1

이 책을 지은 선생님

이은영 _ 상도중
김애량 _ 영등포중
강영미 _ 장안중
박성희 _ 당곡중
양일규 _ 단대부중
조서희 _ 한산중

1판 30쇄 발행일 : 2023년 8월 28일

펴낸이 : 이동준, 정재현
기획 및 편집 : 김성준, 정혜진
디자인 : 굿윌디자인

펴낸곳 : (주)이룸이앤비
출판신고번호 : 제2009-000168호
주소 : 경기도 성남시 수정구 위례광장로 21-9 KCC 웰츠타워 2층 2018호 (우 13646)
대표전화 : 02-424-2410
팩스 : 070-4275-5512
홈페이지 : www.erumenb.com
ISBN : 978-89-5990-268-2

이 책을 펴내면서

INTRODUCTION

"국어도 어휘 공부를 해야 해?"

그렇습니다. 학생도 학부모도 선생님도 모두 이렇게 생각할 수 있습니다. 모국어인 국어를 공부하는데 어휘 공부를 따로 해야 한다는 생각은 쉽게 하지 못합니다. 그러나 교실의 상황을 들여다보면 생각은 달라집니다. 수업 진도를 나가거나 시험 문제를 풀 때, 학생들이 정작 교과서에 나오는 기본적인 단어의 뜻을 몰라 수업이 원활하게 진행되지 않거나 문제 풀이에 어려움을 겪는 경우가 많다는 것이 현장에 계신 선생님들의 의견입니다. 대학교에 들어가기 위해 보는 대학수학능력시험의 국어 과목에서도 어휘를 묻는 문제가 해마다 출제된다는 사실을 안다면 어휘 공부! 지금도 결코 빠르지 않습니다.

국어 어휘력! 왜 중요할까?

어휘는 국어뿐만 아니라 모든 과목 공부의 시작입니다. 영어, 수학, 사회, 과학에서도 공식이나 법칙, 용어 등을 암기하거나 이해하려 해도 우리말을 이해하는 능력이 떨어지면 공부를 하는데 능률이 오르지 않게 됩니다. 즉 효율적인 공부를 할 수 없게 되는 것입니다.

'어휘력의 부족'은 곧 '생각하는 힘, 사고력의 저하'로 이어질 수 있습니다. 당연히 어휘력이 부족한 학생은 생각하는 힘이 떨어지고, 생각하는 힘이 떨어지는 학생은 독해 능력이 부족하게 되는 것입니다. 그러므로 어휘력은 전과목 공부의 기본 중에 기본이라고 감히 말할 수 있습니다.

그러면 어떻게 공부해야 할까요?

이 물음에 대한 답은 의외로 아주 간단합니다. **'풍부한 독서'**입니다. 학습과 관련된 다양한 종류의 만화도, 소설도, 교과서도 좋습니다. 단! 이런 책들을 읽을 때나 읽고 나서는 반드시 모르는 단어는 찾아서 확인해야 한다는 것입니다. 그렇게 하기 쉽지 않거나 그러고 나서도 어휘 실력이 늘지 않을 때에는 **어휘를 모아 둔 책을 공부**해야 합니다.

1일 15어휘로 25일 만에 어휘력을 완성할 수 있는 (주)이룸이앤비의 **'중학 국어 어휘력'**을 효과적으로 활용하기 바랍니다.

이 책의 구성과 특징

CONSTRUCTION

1 중학 국어 교과서(9종)에서 필수 어휘를 선정하였습니다.

1 일차 시(1)

교과서 필수 어휘

001 **골똘하다** 한 가지 일에 온 정신을 쏟아 딴 생각이 없다.
예 이마 짚고 턱 괴며 골똘한 얼굴들 – 조향미, 「시 창작 시간」

002 **구천** 아홉 九 샘 泉 땅속 깊은 밑바닥. 죽은 사람의 영혼이 돌아가는 곳을 이르는 말
예 그는 구천과 이승을 오가는 혼령이다.
㊎ 구천지하 아홉 九 하늘 天 땅 地 아래 下 사람이 죽은 뒤에 그 혼이 가서 산다고 하는 깊은 땅속

003 **그러쥐다** 「1」 당겨서 손 안에 잡다.
예 바다가 가까워지자 어린 강물은 엄마 손을 더욱 꼭 그러쥔 채 놓지 않았습니다.
– 이시영, 「성장」
「2」 손가락을 손바닥 안으로 당기어 쥐다.

중학 국어 교과서(교학사, 금성, 동아, 미래엔, 비상, 지학사, 천재(노), 천재(박), 창비)에서 중학생이 꼭 알아야 할 필수 어휘 383개 및 예문을 국어 선생님이 직접 표제어로 선정하였습니다. 어떤 교과서로 공부하더라도 어휘력 향상에 꼭 필요한 어휘들이므로 계획표에 따라 공부하면 매우 효과적입니다.

필수 어휘를 한자어의 뜻풀이와 함께 보면서 의미를 읽는다.

▼

예문을 통해 필수 어휘의 실제 쓰임새를 공부한다.

▼

유의어나 반의어, 관련 어휘도 함께 살펴본다.

2 시험에 꼭 나오는 필수 개념어를 설명하였습니다.

014 비유 견줄 比 깨우칠 喩 표현하려는 대상을 다른 대상에 빗대어 나타냄으로써 그 대상을 더욱 뚜렷하고 살아있는 것처럼 표현하는 방식
예 착하고 순한 사람은 흔히 순한 양에 비유된다.

시험에 꼭 나오는 필수 개념어

비유에서 '표현하려는 대상'을 '원관념'이라고 하고, '다른 대상'을 '보조 관념'이라고 한다.

■ 비유의 종류
- 직유법 : 원관념과 보조 관념을 직접 연결하여 비유하는 방법으로, '~처럼, ~같이, ~듯이' 등과 같은 형태로 표현한다.
  예 배춧잎 같은 발소리
- 은유법 : 표현하려는 대상을 비슷한 특성을 가진 다른 대상을 써서 'A(원관념)는 B(보조 관념)이다.'의 형태로 표현한다.
  예 내 마음은(A) 호수요(B)
- 의인법 : 사물이나 동식물에 인격을 부여하여 사람처럼 표현하는 방식이다.
  예 강물이 춤을 춘다.
- 활유법 : 무생물을 생물인 것처럼 빗대어 표현하는 방식이다.
  예 해는 시든 지 오래

국어 공부에서 반드시 필요한 중요 개념어를 각 일차별로 1~3개씩 수록하였습니다. 이는 개념어라고 해서 특별히 어렵거나 낯선 것이 아니라, 일상적인 어휘를 공부하는 과정에서 자연스럽게 익힐 수 있게 하기 위해서입니다. 요즘 들어 중학교 국어 선생님들께서는 '학생들이 말귀를 못 알아듣는다'는 이야기를 자주합니다. 중학교 국어 과목이 예전에 비해 어려워지기도 했지만, 어휘력이 부족하기 때문이기도 합니다. 개념어를 많이 알아야 교과서 글 내용이나 문법도 이해하기 쉽습니다.

필수 개념어도 사전적 의미와 한자어 뜻풀이로 익힌다.

▼

개념어 설명을 통해 교과서 필수 학습 요소를 익힌다.

▼

국어 수업 시간이 쉽고 재미있어진다.

3 필수 어휘 확인 문제를 통해 반복 학습을 할 수 있습니다.

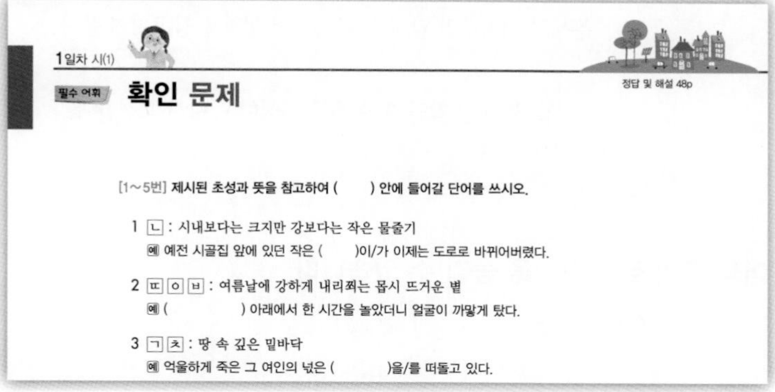
1일차 시(1)

필수 어휘 확인 문제

정답 및 해설 48p

[1~5번] 제시된 초성과 뜻을 참고하여 ( ) 안에 들어갈 단어를 쓰시오.

1 ㄴ : 시내보다는 크지만 강보다는 작은 물줄기
예 예전 시골집 앞에 있던 작은 ( )이/가 이제는 도로로 바뀌어버렸다.

2 ㄸ ㅇ ㅂ : 여름날에 강하게 내리쬐는 몹시 뜨거운 볕
예 ( ) 아래에서 한 시간을 놀았더니 얼굴이 까맣게 탔다.

3 ㄱ ㅊ : 땅 속 깊은 밑바닥
예 억울하게 죽은 그 여인의 넋은 ( )을/를 떠돌고 있다.

교과서 필수 어휘에서 공부한 표제어를 확인 문제를 통해 반복하여 학습할 수 있습니다. 괄호 넣기, 빈칸 채우기, 줄 긋기, 십자말풀이, 말 상자에서 단어 찾기 등 다양한 유형으로 구성하여, 국어 과목에 흥미를 가질 수 있도록 하였습니다.

문제를 처음 풀 때에는 앞의 내용을 확인하지 않는다.

▼

반드시 채점을 하여 자신의 실력을 파악한다.

▼

틀린 문제는 표제어를 다시 읽어본 후 나중에 반복해서 풀어본다.

4 내신 대비 개념어 적용 문제로 국어 시험을 맛볼 수 있습니다.

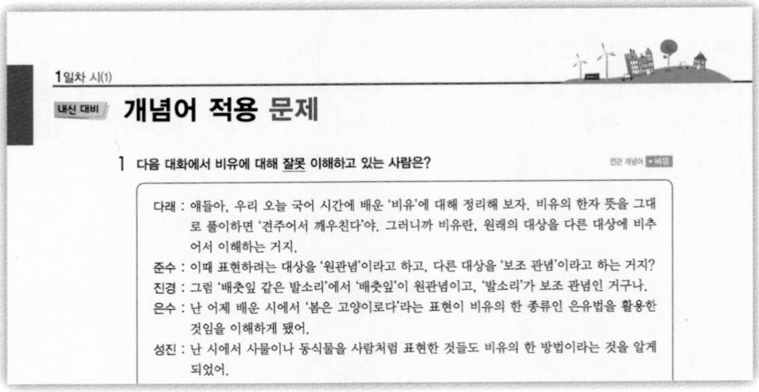

1일차 시(1)

내신 대비 **개념어 적용 문제**

1 다음 대화에서 비유에 대해 잘못 이해하고 있는 사람은? 연관 개념어 • 비유

다래 : 얘들아, 우리 오늘 국어 시간에 배운 '비유'에 대해 정리해 보자. 비유의 한자 뜻을 그대로 풀이하면 '견주어서 깨우친다'야. 그러니까 비유란, 원래의 대상을 다른 대상에 비추어서 이해하는 거지.
준수 : 이때 표현하려는 대상을 '원관념'이라고 하고, 다른 대상을 '보조 관념'이라고 하는 거지?
진경 : 그럼 '배춧잎 같은 발소리'에서 '배춧잎'이 원관념이고, '발소리'가 보조 관념인 거구나.
은수 : 난 어제 배운 시에서 '봄은 고양이로다'라는 표현이 비유의 한 종류인 은유법을 활용한 것임을 이해하게 됐어.
성진 : 난 시에서 사물이나 동식물을 사람처럼 표현한 것들도 비유의 한 방법이라는 것을 알게 되었어.

국어에서 개념어라고 하면 미리 겁부터 먹을 수 있는데 그럴 필요가 전혀 없습니다. 앞에서 공부한 내용을 잘 되새겨 보면 충분히 풀 수 있기 때문입니다. 다소 어렵게 느껴지면 처음 풀 때에는 그냥 넘어가도 됩니다. 그러나 두 번째에는 꼭 도전해야 합니다. 중학교 과정부터는 개념어를 많이 알아야 합니다. 개념어 학습은 학교 시험, 나아가 대학수학능력시험까지 연결되기 때문입니다.

문제가 어려우면 앞의 필수 개념어 설명을 참고하여 푼다.

▼

정답 및 해설 확인 후 이유를 분석하고 다시 도전한다.

5 '어휘 줍기'로 사고력을 높일 수 있습니다.

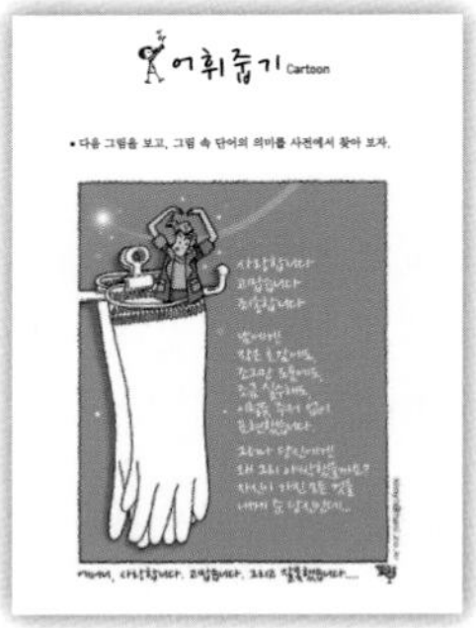

지금까지 한 단원을 공부하느라 고생하셨습니다. 생각거리를 제공하는 카툰을 통해 잠깐 쉬어가도록 하세요. 재미있게 카툰을 읽고 그림에 나오는 단어 중 모르는 것은 사전을 통해 익히기 바랍니다. 어휘 공부! 어렵게 생각하지 마세요. 생활 주변의 모든 것들이 공부거리입니다.

6 '5분 테스트 Book'으로 자투리 시간을 활용하세요.

[1~4번] 다음 내용이 옳으면 ○표, 틀리면 ×표를 하시오.

1 일정한 형식 없이 자유롭게 쓴 시를 '정형시'라고 한다. (　　)

2 시에서 운율을 이루는 기본 단위를 '음보'라고 한다. (　　)

3 나이에 비해 어려 보이는 느낌이 있는 것을 '앳되다'라고 하는데, '애띠고 고운 얼굴'에서 '애띠다'는 '앳되다'의 방언이다. (　　)

4 감각에 의해 느낀 것을 마음속에서 재생하는 것으로, 구체적인 대상을 추상적으로 표현하는 것을 '심상'이라고 한다. (　　)

[5~8번] 다음의 뜻에 알맞은 단어를 서로 연결하시오.

하루 5분으로 국어 과목과 친해지세요. 본책에서 이미 공부한 어휘들이기 때문에 무난하게 풀 수 있습니다. 단원별로 섞어 출제되어 본책에서 공부한 내용을 얼마나 내 것으로 만들었는지 테스트할 수 있습니다.

적절하게 시간을 정해 문제를 푼다.

▼

채점을 하고 틀린 어휘는 다시 읽어본다.

▼

표제어를 확실히 이해한다.

왜 '국어 어휘력'이 필요한가?

'중학 국어 어휘력'

모든 공부의 기본 중의
기본입니다.

이렇게 바쁜데, 언제 책을 읽지?!
ENGLISH
수 학
학 교
어휘력
국어야, 가지 마 ~~
"중학 국어 어휘력"이 나왔다!!
우와~
'중학 국어 어휘력'으로 공부하면,
어휘력이 풍부해집니다.
개념어도 어렵지 않습니다.
문법에 자신감이 생깁니다.
국어 성적이 향상됩니다.
휴~우, '중학 국어 어휘력'이 나와서 다행이다···
이해력이 좋군 ~
갈등. 비유. 언어유희
소설
끄덕
어휘를 아니까 문제도 쉽게 이해되네!
앗호~ 백점!
하루에 15단어씩
25일만 공부하면
중학 국어 어휘 공부 끝!

이 책의 차례

CONTENTS

※ 빨간색으로 표시된 단어는 국어 교과서에 수록된 개념어입니다.

Ⅲ 정보 전달하는 글

Ⅳ 주장하는 글

CONTENTS

어휘 25일 완성 계획표

※ 계획표에 따라 공부한 날짜를
써 가면서 학습하세요.

	본 책	공부한 날짜
Ⅰ 시	1 일차	월 일
	2 일차	월 일
	3 일차	월 일
Ⅱ 소설·극·수필	4 일차	월 일
	5 일차	월 일
	6 일차	월 일
	7 일차	월 일
	8 일차	월 일
	9 일차	월 일
	10 일차	월 일
Ⅲ 정보 전달하는 글	11 일차	월 일
	12 일차	월 일
	13 일차	월 일
Ⅳ 주장하는 글	14 일차	월 일
	15 일차	월 일
	16 일차	월 일
	17 일차	월 일
Ⅴ 쓰기·듣기·말하기	18 일차	월 일
	19 일차	월 일
	20 일차	월 일
Ⅵ 문법·한자성어·속담·관용어	21 일차	월 일
	22 일차	월 일
	23 일차	월 일
	24 일차	월 일
	25 일차	월 일

	5분 테스트	공부한 날짜
Ⅰ 시	1 회	월 일
	2 회	월 일
	3 회	월 일
Ⅱ 소설·극·수필	4 회	월 일
	5 회	월 일
	6 회	월 일
	7 회	월 일
	8 회	월 일
	9 회	월 일
Ⅲ 정보 전달하는 글	10 회	월 일
	11 회	월 일
Ⅳ 주장하는 글	12 회	월 일
	13 회	월 일
	14 회	월 일
Ⅴ 쓰기·듣기·말하기	15 회	월 일
	16 회	월 일
Ⅵ 문법·한자성어·속담·관용어	17 회	월 일
	18 회	월 일
	19 회	월 일
	20 회	월 일

I 시

1 일차
2 일차
3 일차

1 일차 시(1)

교과서 필수 어휘

001 **골똘하다**

한 가지 일에 온 정신을 쏟아 딴 생각이 없다.

예 이마 짚고 턱 괴며 골똘한 얼굴들 – 조향미, 「시 창작 시간」

002 **구천**
아홉 九 샘 泉

땅속 깊은 밑바닥. 죽은 사람의 영혼이 돌아가는 곳을 이르는 말

예 그는 구천과 이승을 오가는 혼령이다.

유 구천지하 아홉 九 샘 泉 땅 地 아래 下 사람이 죽은 뒤에 그 혼이 가서 산다고 하는 깊은 땅속

003 **그러쥐다**

「1」 당겨서 손 안에 잡다.

예 바다가 가까워지자 어린 강물은 엄마 손을 더욱 꼭 그러쥔 채 놓지 않았습니다. – 이시영, 「성장」

「2」 손가락을 손바닥 안으로 당기어 쥐다.

예 철수는 주먹을 그러쥐고 눈물을 꾹 참았다.

004 **그믐**

음력으로 그 달의 마지막 날

예 보름달 보면 맘 금세 둥그러지고
그믐달과 상담하면 움푹 비워진다. – 함민복, 「달」

반 초하루 음력으로 그 달의 첫째 날

005 **꼴**

「1」 겉으로 보이는 사물의 모양

예 옳지 최선의 꼴
지금의 네 모습처럼 – 정현종, 「떨어져도 튀는 공처럼」

「2」 사람의 모양새나 행태를 낮잡아 이르는 말

예 대체 그런 꼴로 어디를 가겠다는 거야?

006 **낭송**
소리 높일 朗 욀 誦

크게 소리를 내어 글을 읽거나 욈.

예 그녀는 맑은 목소리로 힘차게 그 시를 낭송하였다.

유 낭독 소리 높일 朗 읽을 讀 글을 소리 내어 읽음.

007 **내**

시내보다는 크지만 강보다는 작은 물줄기

예 내를 건너서 숲으로 / 고개를 넘어서 마을로 – 윤동주, 「새로운 길」

유 개천, 개울

008 **너울너울**

「1」 물결이나 천, 나뭇잎 따위가 부드럽고 느릿하게 굽이져 자꾸 움직이는 모양

예 강물이 너울너울 춤추듯 흘러간다.

「2」 팔이나 날개 따위를 활짝 펴고 자꾸 위아래로 부드럽게 움직이는 모양

예 연분홍 송이송이 못내 반가와
나비는 너훌너훌 춤을 춥니다. – 김억, 「연분홍」
'너울너울'의 시적 표현

009 **넘놀다**

「1」 넘나들며 놀다.

예 강아지가 마당에서 신나게 넘논다.

「2」 물결이나 불 따위가 넘실거리거나 바람에 가볍게 흔들리다.

예 봄바람 하늘하늘 넘노는 길에
연분홍 살구꽃이 나부낍니다. – 김억, 「연분홍」

010 **다사하다**

조금 따뜻하다.

예 어루만지듯 / 당신 / 숨결
이마에 다사하면 – 이영도, 「아지랑이」

011 **뙤약볕**

여름날에 강하게 내리쬐는 몹시 뜨거운 볕

예 한 여름 내도록을 뙤약볕에 타던 꽃이 – 정완영, 「호박꽃 바라보며 – 어머니 생각」

012 **모방**
본보기 模 본뜰 倣

다른 것을 본뜨거나 본받음.

예 아이는 엄마의 행동을 그대로 모방하고는 한다.

013 **보드레하다**

꽤 보드라운 느낌이 있다.

예 보드레한 에메랄드 얇게 흐르는
실비단 하늘을 바라보고 싶다. – 김영랑, 「돌담에 속삭이는 햇발」

014 **비유**
견줄 比 깨우칠 喩

표현하려는 대상을 다른 대상에 빗대어 나타냄으로써 그 대상을 더욱 뚜렷하고 살아있는 것처럼 표현하는 방식

예 착하고 순한 사람은 흔히 순한 양에 비유된다.

시험에 꼭 나오는 필수 개념어

비유에서 '표현하려는 대상'을 '원관념'이라고 하고, '다른 대상'을 '보조 관념'이라고 한다.

■ **비유의 종류**

- 직유법 : 원관념과 보조 관념을 직접 연결하여 비유하는 방법으로, '~처럼, ~같이, ~듯이' 등과 같은 형태로 표현한다.
  예 배춧잎 같은 발소리
- 은유법 : 표현하려는 대상을 비슷한 특성을 가진 다른 대상을 써서 'A(원관념)는 B(보조 관념)이다.'의 형태로 표현한다.
  예 내 마음은 호수요
  (A) (B)
- 의인법 : 사물이나 동식물에 인격을 부여하여 사람처럼 표현하는 방식이다.
  예 강물이 춤을 춘다.
- 활유법 : 무생물을 생물인 것처럼 빗대어 표현하는 방식이다.
  예 해는 시든 지 오래

015 **삼삼하다**

잊히지 않고 눈앞에 보이는 듯 또렷하다.

예 누님이 편지 보며 하마 울까 웃으실까
눈앞에 삼삼이는 고향 집을 그리시고 – 김상옥, 「봉선화」
→ '삼삼하다'의 시적 허용*

* 시적 허용 : 문법상 틀린 표현이라도 문학에서 시적인 효과를 위하여 허용하는 것

필수 어휘

확인 문제

정답 및 해설 48p

[1~5번] 제시된 초성과 뜻을 참고하여 (　　) 안에 들어갈 단어를 쓰시오.

1 ㄴ : 시내보다는 크지만 강보다는 작은 물줄기

예 예전 시골집 앞에 있던 작은 (　　)이/가 이제는 도로로 바뀌어버렸다.

2 ㄸ ㅇ ㅂ : 여름날에 강하게 내리쬐는 몹시 뜨거운 볕

예 (　　　　) 아래에서 한 시간을 놀았더니 얼굴이 까맣게 탔다.

3 ㄱ ㅊ : 땅 속 깊은 밑바닥

예 억울하게 죽은 그 여인의 넋은 (　　　)을/를 떠돌고 있다.

4 ㅂ ㄷ ㄹ 하다 : 꽤 보드라운 느낌이 있다.

예 너의 손은 참 (　　　　)하다.

5 ㄱ ㅁ : 음력으로 그 달의 마지막 날

예 돌쇠와 꽃분이는 섣달 (　　　)에 동네 개울가에서 만나기로 약속하였다.

[6~9번] 밑줄 친 단어의 뜻을 [보기]에서 찾아 번호를 쓰시오.

6 어제 우연히 만난 그의 얼굴이 눈앞에 <u>삼삼하다</u>.
(　　)

7 <u>골똘히</u> 생각하는 보령이의 모습이 왠지 낯설게 느껴진다.
(　　)

8 봄바람이 불자 숲속의 모든 나뭇잎들이 <u>너훌너훌</u> 춤을 추었다.
(　　)

9 비오는 날 <u>다사한</u> 방에서 군고구마를 먹으며 만화책을 보니 천국이 따로 없는 것 같다.
(　　)

보 기

① 조금 따뜻하다.
② 잊히지 않고 눈앞에 보이는 듯 또렷하다.
③ 한 가지 일에 온 정신을 쏟아 딴 생각이 없다.
④ 물결이나 늘어진 천, 나뭇잎 따위가 부드럽고 느릿하게 굽이져 자꾸 움직이는 모양

[10~12번] 다음 단어를 활용하여 새로운 문장을 만드시오.

10 **낭송** : 크게 소리를 내어 글을 읽거나 욈.

→ ______

11 **모방** : 다른 것을 본뜨거나 본받음.

→ ______

12 **그러쥐다** : 당겨서 손 안에 잡다.

→ ______

13 (　　) 안에 들어갈 말로 가장 적절한 것은?

> 어제는 친구들과 공원에 가서 자전거도 타고, 맛있는 빙수도 사 먹었다. 그리고 노래방에 가서 신나게 노래도 불렀다. 오랜만에 만끽한 자유라 그런지 어제 일들이 계속 (　　　　).

① 그러쥐다　② 골똘하다　③ 다사하다
④ 삼삼하다　⑤ 보드레하다

[14~18번] 다음의 뜻에 해당하는 단어를 [보기]에서 찾아 쓰시오.

14 넘나들며 놀다. → ______

15 땅속 깊은 밑바닥 → ______

16 사람의 모양새나 행태를 낮잡아 이르는 말 → ______

17 팔이나 날개 따위를 활짝 펴고 자꾸 위아래로 부드럽게 움직이는 모양 → ______

18 표현하려는 대상을 다른 대상에 빗대어 나타냄으로써 그 대상을 더욱 뚜렷하고 살아있는 것처럼 표현하는 방식 → ______

보 기

꼴　구천　너울너울　비유　넘놀다

몇 문제 맞혔나요? (　　　) / 18문항

맞힌 개수	16개 이상	12~15개	11개 이하
결과	다음 일차로 넘어가도 되겠어요!	이번 일차 한 번만 더 읽고 갈까요?	복습하고 넘어가야겠어요.

내신 대비

개념어 적용 문제

1 다음 대화에서 비유에 대해 잘못 이해하고 있는 사람은?

연관 개념어 ▾비유

다래 : 얘들아, 우리 오늘 국어 시간에 배운 '비유'에 대해 정리해 보자. 비유의 한자 뜻을 그대로 풀이하면 '견주어서 깨우친다'야. 그러니까 비유란, 원래의 대상을 다른 대상에 비추어서 이해하는 거지.

준수 : 이때 표현하려는 대상을 '원관념'이라고 하고, 다른 대상을 '보조 관념'이라고 하는 거지?

진경 : 그럼 '배춧잎 같은 발소리'에서 '배춧잎'이 원관념이고, '발소리'가 보조 관념인 거구나.

은수 : 난 어제 배운 시에서 '봄은 고양이로다'라는 표현이 비유의 한 종류인 은유법을 활용한 것임을 이해하게 됐어.

성진 : 난 시에서 사물이나 동식물을 사람처럼 표현한 것들도 비유의 한 방법이라는 것을 알게 되었어.

① 다래
② 준수
③ 진경
④ 은수
⑤ 성진

2 다음 중, 비유적인 표현이라고 볼 수 없는 것은?

연관 개념어 ▾비유

① 내 동생은 청개구리다.
② 고사리 같은 아가의 손
③ 꽃은 웃고 버들가지는 손짓한다.
④ 하늘에 수많은 별들이 반짝인다.
⑤ 호수는 커다란 비취, 물 담은 하늘

서술형

3 [보기]의 (가)와 (나)에 사용된 비유법이 각각 무엇인지 [조건]에 맞게 쓰시오.

연관 개념어 ▾비유

[보 기]

(가) 돌은 말이 없다.

(나) 훨훨훨 깃을 치는 청산이 좋아라.

[조 건]

- (가)와 (나)에서 각각 비유하고자 하는 대상이 무엇이며, 그 대상을 어떤 방식으로 비유하고 있는지 설명할 것
- (가)와 (나)에서 사용된 비유법을 밝힐 것

016 **상징**
모양 象 부를 徵

추상적인 개념이나 사물을 구체적인 사물로 나타내는 것

예 시 '빼앗긴 들에도 봄은 오는가'에서 '봄'은 '조국의 광복'을 상징한다.

시험에 꼭 나오는 필수 개념어

■ **상징의 종류**

- 일상에서의 상징 : 오랜 세월 동안 되풀이되어 사용됨으로써 그 의미가 사회적으로 받아들여진 상징 예 비둘기 → 평화, 네잎 클로버 → 행운
- 문학에서의 상징 : 작가가 문학 작품 속에서 일정한 의미를 부여하여 만들어진 상징
  예 '흰 눈 속에서도 봄빛을 보이는 것은 매화밖에 또 누가 있으리'(시조 中)에서 '매화'는 '절개, 꿋꿋함'을 상징

017 **새악시**

「1」 '새색시'의 경상도 방언. 갓 결혼한 여자
「2」 '처녀'의 충남 방언. 결혼하지 않은 성년 여자

예 가을은 깨끗한 새악시처럼 / 맑은 표정을 하는가 하면 또 – 노천명, 「가을의 구도」

018 **서정**
쏟아놓을 抒 뜻 情

주로 예술 작품에서, 자기의 감정이나 마음을 그려 내는 것

예 이 연극의 대사는 매우 서정적이다.

019 **시어**
시 詩 말씀 語

시에서 쓰는 말 또는 시에 있는 말

예 이 시에서 가장 많이 나오는 시어는 '바람'이다.

시험에 꼭 나오는 필수 개념어

- 시어 : 시에 나오는 말
- 시구 : 시의 구절
- 시행 : 운율적으로 배열되어 있는 시의 행
  예 우리가 눈발이라면 / 허공에서 쭈빗쭈빗 흩날리는 / 진눈깨비는 되지 말자
  – 안도현, 「우리가 눈발이라면」

→ 시어 : '눈발, 허공, 진눈깨비' 등의 단어
시구 : '쭈빗쭈빗 흩날리는' 등의 2어절 이상의 구
시행 : '진눈깨비는 되지 말자' 등의 행 전체

020 **시제**
시 詩 제목 題

시의 제목이나 주된 소재

예 이번 백일장의 시제는 '추억'이다.

021 **시조**
때 時 고를 調

고려 말기부터 발달하여 온 우리나라 고유의 시

예 시조는 우리나라의 전통 시가로, 우리 조상들은 시조에 다양한 의미를 담아 노래했다.

022 **실비단**

가는 실로 짠 비단

예 보드레한 에메랄드 얇게 흐르는 / 실비단 하늘을 바라보고 싶다.
– 김영랑, 「돌담에 속삭이는 햇발」

023 **심상 image**
마음 心 모양 象

감각에 의해 느낀 것을 마음속에서 재생하는 것. 추상적이고 막연한 생각이나 관념을 구체적으로 표현하는 것

예 이 시에서는 주로 시각적 심상이 드러나고 있다.

시험에 꼭 나오는 필수 개념어

■ **심상의 종류**
시각적 심상, 청각적 심상, 후각적 심상, 미각적 심상, 촉각적 심상, 공감각적 심상

■ **심상의 효과**
- 시의 함축성과 신선함을 높인다.
- 시의 내용과 상황을 생생하게 전달할 수 있다.
- 독자에게 시적 정서나 분위기를 불러일으킨다.

024 **앳되다**

나이에 비해 어려 보이는 느낌이 있다.

예 이글이글 애띤 얼굴 고운 해야 솟아라. – 박두진, 「해」
→ '앳된'의 방언

025 **여울**

강이나 바다의 바닥이 얕거나 폭이 좁아 물살이 세게 흐르는 곳

예 고향 마을 앞에는 제법 큰 여울이 흐르고 있었다.

026 **여정**
많은 사람 旅 단위 程

여행 중에 거쳐 가는 길이나 여행의 과정

예 지난 2박 3일의 여정은 매우 힘들었다.

027 **운문**
소리 韻 글월 文

언어의 문자 배열에 일정한 규칙을 만들어 운율이 형성된 글

예 운문은 대개 길이가 짧고, 산문은 긴 편이다.
유 율문 법 律 글월 文 언어의 배열에 일정한 규율 또는 운율이 있는 글

028 **운율**
소리 韻 정도, 법 律

시에서 느껴지는 말의 가락으로, 소리의 반복을 통해 얻게 되는 음악적 느낌

예 일정한 위치에서 같은 말을 반복하여 운율을 형성하였다.

시험에 꼭 나오는 필수 개념어

운율로 다양한 분위기나 어조를 형성하고 특정 부분을 강조할 수 있다.

■ **운율의 형성 요소**
- 비슷한 소리(음운)의 반복
- 같은 단어, 어구의 반복
- 끊어 읽는 단위의 반복
- 비슷한 문장 구조의 반복
- 일정한 글자 수의 반복
- 의성어와 의태어의 사용

029 **윗목**

온돌방에서의 위쪽 방바닥. 아궁이에서 멀고 굴뚝에 가까운 쪽

예 어머니는 윗목이 차다며 이불을 두 개 깔아주셨다.

030 **유년**
어릴 幼 나이 年

어린 나이나 때. 또는 어린아이

예 그는 유년 시절의 추억을 항상 되새기곤 하였다.

정답 및 해설 48p

필수 어휘

확인 문제

[1~6번] 다음의 뜻에 해당하는 단어를 [보기]에서 찾아 쓰시오.

1 시에서 쓰는 말 → ______

2 고려 말기부터 발달하여 온 우리나라 고유의 시 → ______

3 감각에 의해 느낀 것을 마음속에서 재생하는 것 → ______

4 시에서 느껴지는 말의 가락 → ______

5 언어의 문자 배열에 일정한 규칙을 만들어 운율이 형성된 글 → ______

6 추상적인 개념이나 사물을 구체적인 사물로 나타내는 것 → ______

보기

심상　　상징　　운율　　시어　　운문　　시조

[7~11번] (　　) 안에 들어갈 단어를 [보기]에서 골라 문맥에 맞게 쓰시오.

7 (　　　　) 볼에 떠오는 부끄럼같이 / 시의 가슴에 살포시 젖는 물결같이

8 이 길은 너무 부드러워 마치 (　　　　)을/를 깔아 놓은 것 같다.

9 윤수는 또래보다 많이 (　　　　) 보여서 종종 동생으로 오해를 받곤 했다.

10 이곳은 (　　　　)이/가 많아서 자칫하면 침몰 사고가 날 수 있다.

11 누구나 자신의 (　　　　) 시절을 떠올리면서 즐거운 추억에 잠기곤 한다.

보기

여울　　앳되다　　유년　　실비단　　새악시

12 밑줄 친 단어와 바꾸어 쓸 수 있는 것은?

<u>율문</u>은 일정한 구조로 반복되는 소리의 질서에 따라 지은 글로서, 우리나라의 시조가 대표적인 예이다.

① 산문　　② 시어　　③ 운율　　④ 운문　　⑤ 대본

[13～16번] **밑줄 친 단어의 뜻을 [보기]에서 찾아 번호를 쓰시오.**

13 살아간다는 것은 매우 힘든 여정이다. (　　)

14 이번에 개최된 백일장의 시제는 '사랑'이다. (　　)

15 한옥에서 윗목은 불이 잘 닿지 않아 방 안에서도 추운 곳이다. (　　)

16 이 음악은 매우 서정적이라 사람들의 마음을 많이 움직이는 것 같다. (　　)

보 기

① 시의 제목이나 주된 소재
② 여행 중에 거쳐 가는 길이나 여행의 과정
③ 주로 예술 작품에서, 자기의 감정이나 마음을 그려 냄.
④ 온돌방에서 위쪽 방바닥. 아궁이에서 멀고 굴뚝에 가까운 쪽

[17～24번] **다음 빈칸을 채우시오.**

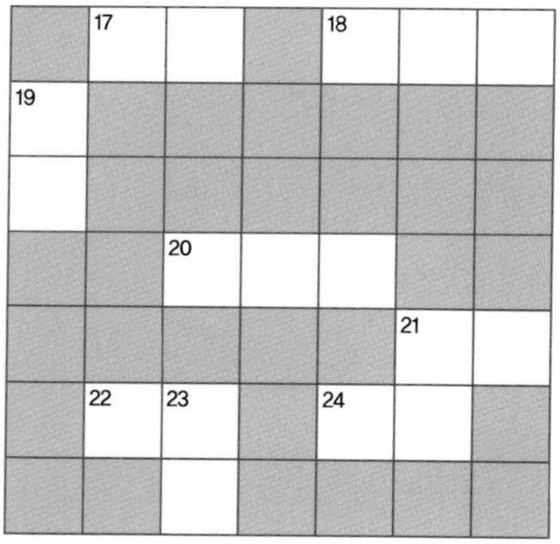

가・로・열・쇠

17 온돌방에서의 위쪽 방바닥
18 가는 실로 짠 비단
20 나이에 비해 어려 보이는 느낌이 있다.
　예 성수는 중학생이라고 하기에는 매우 (　　).
21 강이나 바다의 바닥이 얕거나 폭이 좁아 물살이 세게 흐르는 곳
22 감각에 의해 느낀 것을 마음속에서 재생하는 것
　예 '달에게 희고 동그란 헝겊을 주셨다'는 시각적 (　　)을 사용한 표현이다.
24 주로 예술 작품에서, 자기의 감정이나 마음을 그려 냄.
　예 이 작품은 (　　)적인 묘사가 매우 아름답다.

세・로・열・쇠

19 시에서 느껴지는 말의 가락
　예 이 시의 (　　)은 매우 규칙적이다.
21 여행 중에 거쳐 가는 길이나 여행의 과정
23 추상적인 개념이나 사물을 구체적인 사물로 나타내는 것

몇 문제 맞혔나요? (　　　) / 25문항

맞힌 개수	23개 이상	15～22개	14개 이하
결과	다음 일차로 넘어가도 되겠어요!	이번 일차 한 번만 더 읽고 갈까요?	복습하고 넘어가야겠어요.

내신 대비 개념어 적용 문제

1 다음 시에 드러나지 않는 심상은? (2개) 연관 개념어 ▾심상

열무 삼십 단을 이고 / 시장에 간 우리 엄마
안 오시네, 해는 시든 지 오래
나는 찬밥처럼 방에 담겨 / 아무리 천천히 숙제를 해도
엄마 안 오시네, 배추 잎 같은 발소리 타박타박
안 들리네, 어둡고 무서워 / 금 간 창틈으로 고요히 빗소리
빈방에 혼자 엎드려 훌쩍거리던

아주 먼 옛날 / 지금도 내 눈시울을 뜨겁게 하는
그 시절, 내 유년의 윗목

– 기형도, 「엄마 걱정」

① 미각적 심상 ② 시각적 심상 ③ 청각적 심상 ④ 후각적 심상 ⑤ 촉각적 심상

2 다음 시에서 운율을 형성하는 요소에 대한 설명으로 적절하지 않은 것은? 연관 개념어 ▾운율

빗방울이 개나리 울타리에 솝-솝-솝-솝 떨어진다.
빗방울이 어린 모과나무 가지에 롭-롭-롭-롭 떨어진다.
빗방울이 무성한 수국 잎에 톱-톱-톱-톱 떨어진다.
빗방울이 잔디밭에 홉-홉-홉-홉 떨어진다.
빗방울이 현관 앞 강아지 머리에 돕-돕-돕-돕 떨어진다.

– 오규원, 「빗방울」

① 똑같은 행을 반복하고 있다.
② 똑같은 단어를 반복하고 있다.
③ 비슷한 문장 구조를 반복하고 있다.
④ 동일한 소리('ㅗ, ㅂ')를 반복하고 있다.
⑤ 의성어를 반복적으로 사용하고 있다.

서술형

3 다음 시조에서 밑줄 친 시어가 상징하는 바를 [보기]를 참고하여 쓰시오. 연관 개념어 ▾시어

까마귀 검다 하고 백로야 웃지 마라 / 겉이 검은들 속조차 검을소냐
걷 희고 속 검을손 너뿐인가 하노라.

[보 기]

고려에서 조선으로 왕조가 바뀔 때 고려의 신하들은 고려에 대한 절의를 지킨 신하와 새 왕조의 사업에 동참한 신하로 갈렸다. 이 시조는 고려의 신하로서 조선 건국에 공을 세우고 영의정까지 지낸 이직의 작품으로, 새 왕조에 가담하게 된 자신을 합리화하는 내용이다.

시(3)

교과서 필수 어휘

031 **음보**
소리 音 걸음 步

시에서 운율을 이루는 기본 단위. 우리나라 시의 경우 끊어 읽는 주기라고 할 수 있는 3음절이나 4음절이 한 음보를 이룸.

예 아리랑 / 아리랑 / 아라리요 → 3음보
이 몸이 / 죽고 죽어 / 일백 번 / 고쳐 죽어 → 4음보

032 **일다**

「1」 없던 현상이 새로 생기다.

예 갑자기 바람이 일면서 구름이 몰려오기 시작했다.

「2」 희미하거나 약하던 것이 왕성해지다.

예 새 학기가 되자 공부에 대한 열정이 다시 일어 열심히 수업을 듣기 시작했다.

033 **절의**
절개 節 옳을 義

신념을 굽히지 않는 꿋꿋한 태도(절개)와 사람으로서 마땅히 지켜야 할 도리(의리)를 함께 이르는 말

예 그 시조에는 옛 선비들이 절의를 지키려는 의지가 잘 드러난다.

034 **정서**
뜻 情 실마리 緖

사람의 마음에 일어나는 여러 가지 감정

예 이 시에서 드러나는 주된 정서는 그리움이다.

035 **정형시**
정할 定 본보기 型 시 詩

시구(詩句)나 글자의 수, 배열 순서, 운율 등이 일정한 형식적 제약 속에서 표현되는 시 형식

시험에 꼭 나오는 필수 개념어

정형시의 대표적인 예는 시조이다. 특히 옛시조는 갖추어야 하는 형식이 매우 엄격하였다.

■ **시조의 형식적 특징**

- 세 개의 장(章)으로 이루어짐.(초장, 중장, 종장)
  예 이 몸이 죽고 죽어 일백 번 고쳐 죽어 → 초장
  백골이 진토되어 넋이라도 있고 없고 → 중장
  임 향한 일편단심이야 가실 줄이 있으랴 → 종장
  – 정몽주, 「단심가」
- 각 장은 4음보로 이루어짐.
- 종장의 첫 번째 음보는 반드시 세 글자임. → 임 향한

036 **종장**
끝날 終 문장 章

세 개의 장으로 나누어진 악곡이나 시조의 마지막 행을 이르는 말

예 이 시조의 종장은 4음보이다.

037 **주저리주저리**

「1」 말을 장황하게 자꾸 늘어놓는 모양을 나타내는 말

예 그는 우리 앞에서 변명을 주저리주저리 늘어놓았다.

「2」 물건이 어지럽게 많이 매달려 있는 모양을 나타내는 말

예 과수원에는 포도와 사과가 주저리주저리 열렸다.

038 **지천**
두루 미칠 至 값이 쌀 賤

「1」 아주 흔하게 있는 것을 이르는 말. 주로 '지천으로'의 형태로 쓰임.
예 우리 동네에는 수박이 지천으로 널렸다.
「2」 더할 나위 없이 천함.
예 그의 지천한 신분으로는 도저히 그녀와 결혼할 수 없었다.

039 **진눈깨비**

비가 섞여 내리는 눈
예 허공에서 쭈빗쭈빗 흩날리는
진눈깨비는 되지 말자 – 안도현, 「우리가 눈발이라면」

040 **찰박거리다**

'찰바닥거리다'의 준말. 얕은 물이나 질퍽한 땅을 거칠게 밟거나 치는 소리를 자꾸 내다.
예 아, 저, 하얀, 무수한, 맨종아리들,
찰박거리는 맨발들. – 황인숙, 「비」

041 **청포**
푸를 靑 웃옷 袍

조선 시대에 벼슬아치들이 임금 앞에 나아갈 때 입던 푸른 도포
예 홍 판서는 대궐에 들어가기 위해 청포를 차려 입었다.

042 **타박타박**

힘없이 다리를 조금씩 떼며 느릿느릿 걷는 모양을 나타내는 말
예 엄마 안 오시네, 배추 잎 같은 발소리 타박타박 – 기형도, 「엄마 걱정」

043 **하마**

바라건대. 또는 행여나 어찌하면
예 • 누님이 편지 보며 하마 울까 웃으실까 – 김상옥, 「봉선화」
• 노인은 얼른 일어났다. 쪼그려 앉아서도 신작로가 잘 내다보였건만 하마 놓칠까 해서였다.

044 **함축**
머금을 含 쌓을 蓄

어떤 뜻을 말이나 글 속에 깊이 압축하여 담음.
예 그 문장에 함축된 의미를 생각해 봐.

시험에 꼭 나오는 필수 개념어

■ **시어의 함축성**
시어의 함축성이란 시에 쓰인 말이나 대상에 사전적 의미 이외에 문맥이나 상황에 따른 암시적, 내포적 의미가 들어 있는 것을 말한다. 따라서 시어의 함축적 의미는 그 시어가 사용된 문맥에 크게 영향을 받는다. 같은 시어라고 해도 시적 상황과 문맥에 따라 완전히 다른 의미를 느끼게 할 수 있는 것이다. 따라서 시어의 함축적 의미는 시의 전체적인 문맥에 따라 파악해야 한다.
예 • 비 한 방울 내리잖는 그 때에도
오히려 꽃은 빨갛게 피지 않는가. – 이육사, 「꽃」
→ 강인한 생명력
• 내가 그의 이름을 불러 주었을 때
그는 나에게로 와서
꽃이 되었다. – 김춘수, 「꽃」
→ 의미 있는 존재

045 **햇발**

사방으로 뻗친 햇살
예 돌담에 속삭이는 햇발같이

필수 어휘

확인 문제

정답 및 해설 49p

[1～5번] 다음의 뜻에 알맞은 단어를 서로 연결하시오.

1 조선 시대에 벼슬아치들이 임금 앞에 나아갈 때 입던 푸른 도포 •		• 절의
2 사방으로 뻗친 햇살 •		• 지천
3 비가 섞여 내리는 눈 •		• 청포
4 아주 흔하게 있는 것을 이르는 말 •		• 햇발
5 신념을 굽히지 않는 꿋꿋한 태도와 사람으로서 마땅히 지켜야 할 도리를 함께 이르는 말 •		• 진눈깨비

[6～10번] 제시된 초성과 뜻을 참고하여 (　　) 안에 들어갈 단어를 쓰시오.

6 ㅈ ㅅ : 사람의 마음에 일어나는 여러 가지 감정
예 그녀는 그 사건 이후 (　　　　)적으로 매우 불안한 상태에 있다.

7 ㅎ ㅊ : 어떤 뜻을 말이나 글 속에 깊이 압축하여 담음.
예 그의 말에는 많은 뜻이 (　　　　)되어 있다.

8 ㅈ ㅈ : 세 개의 장으로 나누어진 악곡이나 시조의 마지막 행을 이르는 말
예 시조에서 (　　　　)의 첫 음보는 반드시 세 글자여야 한다.

9 ㅈ ㅎ ㅅ : 시구(詩句)나 글자의 수, 배열 순서, 운율 등이 일정한 형식적 제약 속에서 표현되는 시 형식
예 자유시는 형식이 자유롭지만 (　　　　)는 형식이 일정하게 정해져 있다.

10 ㅇ ㅂ : 시에서 운율을 이루는 기본 단위. 시를 끊어 읽는 주기
예 아리랑은 '아리랑 / 아리랑 / 아라리요'의 3(　　　　)로 이루어진다.

11 밑줄 친 단어의 문맥적 의미로 가장 알맞은 것은?

> 내일 첫차를 타려면 적어도 새벽 4시에는 집을 나서야 했다. 잠이 오지 않았다. <u>하마</u> 첫차를 놓칠까봐 걱정이 되어서이다. 그래서 결국 뜬눈으로 밤을 새웠다.

① 결국　② 벌써　③ 행여나　④ 갑자기　⑤ 그러다가

12 다음 ( ) 안에 공통적으로 들어갈 단어로 알맞은 것은?

• 꺼져 가던 불길이 ( ) 주변이 밝아졌다.
• 그 배우는 사생활에 대한 논란이 ( ) 결국 은퇴하게 되었다.

① 불어 ② 일어 ③ 붙어 ④ 잦아 ⑤ 돌아

[13～15번] 다음 단어를 활용하여 새로운 문장을 만드시오.

13 지천 : 아주 흔하게 있는 것을 이르는 말. 주로 '지천으로'의 형태로 쓰임.

→ ____________________

14 타박타박 : 힘없이 다리를 조금씩 떼며 느릿느릿 걷는 모양을 나타내는 말

→ ____________________

15 찰박거리다 : 얕은 물이나 질퍽한 땅을 거칠게 밟거나 치는 소리를 자꾸 내다.

→ ____________________

[16, 17번] 다음에 제시된 상황을 문장으로 표현할 때, 밑줄에 들어갈 적절한 단어를 [보기]에서 찾아 쓰시오.

16

강렬한 여름 ________ 아래
무르익은 포도가 ________ 열려 있다.

17

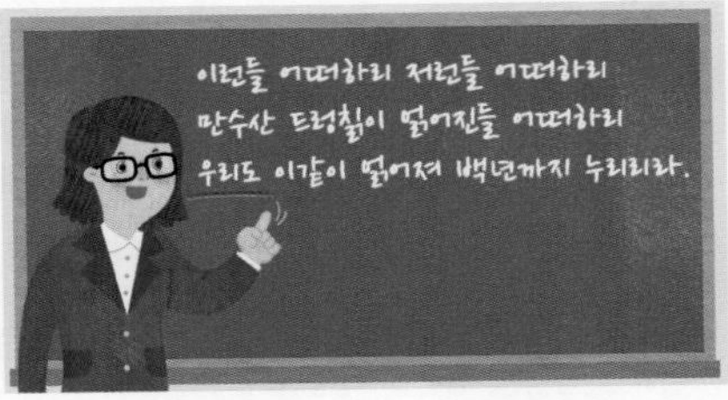

시조에서 ________ 의 첫
________ 는 세 글자여야 합니다.

보기

음보 타박타박 청포 정형시 주저리주저리 종장 햇발

몇 문제 맞혔나요? ( ) / 17문항

맞힌 개수	15개 이상	11～14개	10개 이하
결과	다음 일차로 넘어가도 되겠어요!	이번 일차 한 번만 더 읽고 갈까요?	복습하고 넘어가야겠어요.

내신 대비

개념어 적용 문제

1 (가)와 (나)에 대한 설명으로 알맞은 것은? 연관 개념어 ▾정형시

(가) 분단장 모른 꽃이, 몸단장도 모른 꽃이 / 한 여름 내도록을 퇴약볕에 타던 꽃이
이 세상 젤 큰 열매 물려주고 갔습니다. – 정완영, 「호박꽃 바라보며 – 어머니 생각」

(나) 돌담에 속삭이는 햇발같이 / 풀 아래 웃음 짓는 샘물같이
내 마음 고요히 고운 봄 길 위에 / 오늘 하루 하늘을 우러르고 싶다.

새악시 볼에 떠오는 부끄럼같이 / 시의 가슴에 살포시 젖는 물결같이
보드레한 에메랄드 얇게 흐르는 / 실비단 하늘을 바라보고 싶다.
– 김영랑, 「돌담에 속삭이는 햇발」

① (가)와 (나)는 모두 정형시이다.
② (가)는 행마다 끊어 읽는 횟수가 다르다.
③ (가)와 (나)는 모두 일정한 운율을 가지고 있다.
④ (가)에 비해 (나)가 지켜야 하는 형식이 더 엄격하다.
⑤ (나)는 2연의 마지막 행에서 첫 번째 음보가 반드시 세 글자여야 한다.

2 다음에서 함축적인 표현이 <u>없는</u> 것은? 연관 개념어 ▾함축

① 내 마음은 호수요, / 그대 노 저어 오오.
② 마음속에 푸른 바다의 / 고래 한 마리 키우지 않으면 / 청년이 아니지.
③ 우리가 눈발이라면 / 허공에서 쭈빗쭈빗 흩날리는 / 진눈깨비는 되지 말자.
④ 하늘로 가 별 닦는 일에 종사하라고 / 달에게 희고 동그란 헝겊을 주셨다.
⑤ 나는 학교에 늦어서 힘을 다해 달려갔다. / 그렇지만 결국 선생님께 혼났다.

서술형

3 다음 작품이 정형시인 이유를 [조건]에 맞게 쓰시오. 연관 개념어 ▾정형시

산은 옛 산이로되 물은 옛 물이 아니로다
밤낮으로 흐르거든 옛 물이 있을쏘냐
사람도 물과 같아서 가고 아니 오는도다 – 황진이

[조 건]

• 정형시의 뜻을 먼저 밝힐 것 • 위와 같은 갈래의 형식적인 특징을 세 가지 쓸 것

Ⅱ 소설·극·수필

4 일차
5 일차
6 일차
7 일차
8 일차
9 일차
10 일차

4 일차 소설·극·수필(1)

교과서 필수 어휘

046 **갈등**
칡 葛 등나무 藤

칡과 등나무가 서로 얽히는 것과 같이, 개인이나 집단 사이에 목표나 이해관계가 달라 서로 적대시하거나 충돌함. 또는 그런 상태

예 우리가 살아가면서 많은 갈등을 겪듯이 문학 작품에 등장하는 인물들도 갈등을 겪는다.

시험에 꼭 나오는 필수 개념어

갈등은 문학 작품에서 이야기의 긴장감을 조성하고 독자의 흥미와 관심을 불러일으키고, 사건을 전개시키는 중요한 요소이다.

■ **갈등의 종류**

- 내적 갈등 : 한 인물의 마음속에서 두 가지 욕구가 동시에 일어나서 생기는 갈등
- 외적 갈등 : 인물과 인물 사이의 갈등이나, 인물과 외부 환경 사이에서 일어나는 갈등
  ① 인물과 인물 사이의 갈등 : 성격이나 생각이 대립되는 두 인물 사이의 갈등
  ② 인물과 사회와의 갈등 : 인물이 사회 윤리나 제도로 인해 겪게 되는 갈등
  ③ 인물과 운명과의 갈등 : 인물이 스스로 타고난 운명으로 인해 겪게 되는 갈등
  ④ 인물과 자연과의 갈등 : 인물이 거대한 자연 환경과 부딪치면서 겪게 되는 갈등

■ **갈등의 역할**

① 사건을 전개시키고 사건 전개에 필연성을 부여함.
② 이야기에 극적 긴장감을 줌으로써 재미를 느끼게 함.
③ 갈등의 해결 과정을 통해 삶의 진리를 깨달을 수 있음.

047 **격노**
격렬할 激 성낼 怒

몹시 분하고 노여운 감정이 북받쳐 오름.

예 하림, 격노를 삼키느라 숨만 거칠게 몰아쉬고 있다.

048 **견제하다**
끌 牽 억제할 制

일정한 작용을 가함으로써 상대편이 지나치게 세력을 펴거나 자유롭게 행동하지 못하게 억누르다.

예 소년은 도덕적으로 자기를 견제해 줄 어른이 그리웠다.

049 **결딴내다**

어떤 일이나 물건 따위를 망가뜨려서 아예 못 쓰게 하다.

예 경환이는 나비를 잡는 척 참외밭으로 몰아넣고 참외 넝쿨을 결딴내는 것이리라.

050 **계면쩍다**

쑥스럽거나 미안하여 어색하다. = 겸연쩍다.

예 영이는 제 말한 것이 아무 반응이 없어 계면쩍어 앉았다.

051 **고깝다**

섭섭하고 야속하여 마음이 언짢다.

예 나쁜 말은 아닌데도 수남이는 고깝게 듣는다.

052 **고학**
쓸 苦 배울 學

가난한 사람이 학비를 스스로 벌면서 학교에 다니는 것

예 서울 같은 도시로 나가서 어떻게 고학이라도 해 볼까.

053 **기박하다**
기이할 奇 엷을 薄

팔자, 운수 따위가 사납고 복이 없다.

예 소자의 팔자가 기박하여 천한 몸이 되었으니 품은 한이 깊사옵니다.

054 **남루하다**
누더기 襤 남루할 褸

옷 따위가 낡아 해지고 차림새가 너저분하다.

예 아버지란 사람은 남루한 주제에 거처가 없이 시골, 서울로 돌아다니는 사람이다.

055 **낭자하다**
어수선할 狼 깔개 藉

「1」 여기저기 흩어져 어지럽다.

예 바우는 낭자한 그 자취를 손으로 가리킨다.

「2」 왁자지껄하고 시끄럽다.

예 어디선가 낭자한 웃음소리가 들려왔다.

056 **내레이션 narration**

영화, 텔레비전 등에서 사건을 묘사하거나 줄거리를 말하는 것. 영화에서는 화면 밖에서 목소리만으로 구사되는 해설이다.

예 '가을의 산타'라는 드라마에는 옥림의 내레이션이 나온다.

시험에 꼭 나오는 필수 개념어

■ **내레이션의 역할**

- 어떤 상황이나 장소에 대한 보충 설명이나 등장인물과 그들의 상황에 대한 정보를 알려줄 수 있다.
- 시간의 간격이 생긴 동안에 설명되지 않은 사건을 말해 줄 수 있다.
- 미래에 일어날 사건들을 암시하며 때로는 화면의 연속성을 부여할 수 있다.
- 인물의 생각이나 심리 상태를 표현할 수 있다.
- 작가의 생각이나 주제를 간접적으로 전달할 수 있다.

057 **노무자**
일할 노 勞 힘쓸 務 사람 者

노동력을 제공하여 얻은 임금으로 살아가는 사람

예 동길이는 잠시 노무자로 나간 아버지 생각에 가슴이 뻐근했다.

058 **누설하다**
샐 漏 샐 泄

「1」 기체나 액체 따위가 밖으로 새어 나가다. 또는 그렇게 하다.

「2」 비밀이 새어 나가다. 또는 그렇게 하다.

예 너는 이런 말을 누설하지 마라.

059 **느물거리다**

말이나 행동을 자꾸 능글맞게 하다.

예 수만이는 내밀었던 손으로 대뜸 멱살을 잡는다.
"이게 그래도 느물거려."

060 **단조**
홑 單 고를 調

사물이 단순하고 변화가 없어 새로운 느낌이 없음.

예 • 단조한 마을에 단골로 찾아오는 젊은 엿장수가 있었다.
• 매일 반복되는 단조로운 일상이었다.

필수 어휘

확인 문제

정답 및 해설 50p

[1~5번] 제시된 단어의 뜻을 참고하여 (   ) 안에 알맞은 단어를 [보기]에서 찾아 문맥에 맞게 쓰시오.

1 여기저기 흩어져 어지럽다.
예 신발짝들이 사방에 (   ) 흩어져 있다.

2 일정한 작용을 가함으로써 상대편이 지나치게 세력을 펴거나 자유롭게 행동하지 못하게 억누르다.
예 그는 마라톤 경기 내내 다른 선수들을 (   ) 달렸다.

3 팔자, 운수 따위가 사납고 복이 없다.
예 그는 팔자가 (   ) 고아가 되었다.

4 옷 따위가 낡아 해지고 차림새가 너저분하다.
예 그가 (   ) 옷차림을 하고 나타나서 아무도 알아보지 못했다.

5 사물이 단순하고 변화가 없어 새로운 느낌이 없다.
예 높고 낮음이 없는 (   ) 음악은 사람을 졸리게 한다.

보 기

단조하다　　낭자하다　　남루하다　　기박하다　　견제하다

[6~11번] 다음 문장의 (   ) 안에 알맞은 단어를 찾아 서로 연결하시오.

6 둘은 대화를 할수록 (   )의 골이 깊어갔다. • 　　• 갈등
7 우리 삼촌은 (   )(으)로 대학까지 나왔다. • 　　• 격노
8 그는 (   )(으)로 일하면서도 행복해했다. • 　　• 고학
9 나는 예의 없는 그의 태도에 (   )했다. • 　　• 노무자
10 그는 암호를 (   )하여 조직에서 쫓겨났다. • 　　• 견제
11 그는 상대 선수의 집중적인 (   )을/를 받았다. • 　　• 누설

[12～14번] **밑줄 친 단어의 문맥적인 뜻을 [보기]에서 찾아 번호를 쓰시오.**

12 폐수를 몰래 하천으로 누설한 업주들이 구속되었다.
( )

13 이젠 집안을 아주 결딴내려 하는군.
( )

14 아버지는 의사의 길을 포기하겠다는 아들에게 격노하여 펄펄 뛰었다.
( )

보 기

① 어떤 일이나 물건 따위를 망가뜨려서 아예 못 쓰게 하다.
② 비밀이 새어 나감. 또는 그렇게 함.
③ 몹시 분하고 노여운 감정이 북받쳐 오름.
④ 기체나 액체 따위가 밖으로 새어 나감. 또는 그렇게 함.

[15～24번] **다음의 뜻에 알맞은 단어를 말 상자에서 찾아 쓰시오.**

15 섭섭하고 야속하여 마음이 언짢다.
16 말이나 행동을 자꾸 능글맞게 하다.
17 어떤 일이나 물건 따위를 망가뜨려서 아예 못 쓰게 하다.
18 쑥스럽거나 미안하여 어색하다.
19 가난한 사람이 학비를 스스로 벌면서 학교에 다니는 것
20 개인이나 집단 사이에 목표나 이해관계가 달라 서로 적대시하거나 충돌함.
21 일정한 작용을 가함으로써 상대편이 지나치게 세력을 펴거나 자유롭게 행동하지 못하게 억누르다.
22 옷 따위가 낡아 해지고 차림새가 너저분하다.
23 영화, 텔레비전 등에서 사건을 묘사하거나 줄거리를 말하는 것
24 노동력을 제공하여 얻은 임금으로 살아가는 사람

고	깝	다	양	고	꾸
갈	의	꾸	물	학	남
등	결	딴	내	다	루
느	결	심	레	다	하
수	물	결	이	견	다
내	용	거	션	제	노
양	체	육	리	하	무
관	계	면	쩍	다	자

몇 문제 맞혔나요? ( ) / 24문항

맞힌 개수	22개 이상	15～21개	14개 이하
결과	다음 일차로 넘어가도 되겠어요!	이번 일차 한 번만 더 읽고 갈까요?	복습하고 넘어가야겠어요.

내신 대비

개념어 적용 문제

1 다음은 소설에서의 '갈등'에 대한 대화 내용이다. '갈등'을 잘못 이해하고 있는 학생은? 연관 개념어 ▾갈등

은수 : 갈등은 인물의 내적 심리나 인물 간의 의견이나 이해관계가 복잡하게 얽혀 있는 상태를 말해.
다래 : 갈등의 유형에는 내적 갈등과 외적 갈등이 있어.
정우 : 갈등은 문학 작품에서 사건을 발생시키고 전개시키는 데 중요한 역할을 하는 요소야.
준영 : 그래. 갈등은 긴장감을 조성하고 독자의 흥미를 고조시키기도 하고, 인물의 성격을 뚜렷하게 부각시키기도 하지.
기문 : 또한 갈등은 그 해결 과정을 통해 소설의 주제를 직접적으로 드러내기 때문에, 소설의 갈등을 이해하면 주제를 알 수 있어.

① 은수 ② 다래 ③ 정우 ④ 준영 ⑤ 기문

2 다음의 갈등 상황을 내적 갈등과 외적 갈등으로 구분하시오. 연관 개념어 ▾갈등

① 소설 '동의보감'에서 허준이 과거를 보러 가야 할지, 마을에 남아서 환자들을 돌보아야 할지를 고민하는 상황 (   )
② 영화 '빌리 엘리어트'에서 발레리노를 꿈꾸는 빌리와 빌리의 꿈을 가치 없다고 여기는 아버지의 상황 (   )
③ 소설 '홍길동전'에서 출세를 하고 싶은 길동과 본부인의 자식이 아니라는 이유로 출세를 가로막는 사회 제도와의 갈등 (   )

3 다음의 장면에서 '내레이션'의 역할을 바르게 설명한 것은? 연관 개념어 ▾내레이션

착잡한 아빠와 옥림.

옥림(NA) : 감당하기 어려운 고통이란 게 있다.

거리/거실/거리/거실.

옥림(NA) : 안전선 아래면 그 고통은 약이 되지만, 넘어서면 치명적인 독이 된다. 아빠는 아마도 그걸 걱정하셨던 것 같다. 독이라면 안 겪는 게 나으니까……. 어디서 딴 주인 만나 잘 살고 있겠거니, 생각해 버리면 되는 거니까……. 설명 그게 거짓말이라도…….

– 홍진아 · 홍자람, 「가을의 산타」

① 장면을 전환한다.
② 인물의 동작을 지시한다.
③ 인물의 심리를 표현한다.
④ 작품의 배경과 주제를 전달한다.
⑤ 앞으로 이어질 사건을 안내해 준다.

소설·극·수필(2)

교과서 필수 어휘

5 일차

061 **대목**

「1」 설이나 추석 따위의 명절을 앞두고 경제 활동이 가장 활발한 시기

예 추석 대목이라 시장은 사람들로 붐볐다.

「2」 일의 어떤 특정한 부분이나 대상

「3」 이야기나 글 따위의 특정한 부분

예 그녀는 간혹 대사를 한 대목씩 빠뜨렸다.

062 **대응 방식**
대할 對 응할 應
방향 方 법 式

어떤 일이나 사태에 맞추어 태도나 행동을 취하는 일정한 방법이나 형식

예 빠르게 변화하는 사회에 대한 신속한 대응 방식이 필요한 때이다.

시험에 꼭 나오는 필수 개념어

문학 작품에서 '대응 방식'이란 작품 속 인물들이 시대 상황으로 인해 일어나는 여러 가지 문제에 부딪혔을 때 취하는 태도나 행동 방식을 의미한다.

■ **작품 속 인물들이 현실에 대응하는 방식**

현실에 순응하는 인물	자신이 살고 있는 그 시대에 최대한 맞춰 살려고 노력하며, 부정적인 상황이든 긍정적인 상황이든 거기에 동화되려고 함.
현실에 저항하는 인물	특정 시대 상황에서 갈등의 순간에 적극적으로 현실에 맞서고, 문제를 해결해 나가려는 의지를 지님.

063 **도량**
기량 度 헤아릴 量

사물이나 상황을 받아들이는 마음의 크기

예 길동이 본래 재주가 뛰어나고 도량이 활달하였다.

064 **도모하다**
꾀할 圖 꾀할 謀

어떤 일을 이루기 위하여 대책과 방법을 세우다.

예 내 이미 조선을 떠나기로 하였으니, 이곳에 와 숨어 지내다가 큰 일을 도모하리라.

065 **마름**

농부에게 빌려 준 땅을 땅 임자 대신 관리하는 사람

예 그 말 속엔 분명 자기는 마름 집 외아들로서 지위가 높은 몸이라는 생각이 담겨 있었다.

066 **매섭다**

「1」 남이 겁을 낼 만큼 성질이나 기세 따위가 매몰차고 날카롭다.

예 순간 동길이의 눈은 매섭게 빛났다.

「2」 정도가 매우 심하다.

「3」 비판이나 비난, 공격 따위가 이치에 맞고 날카로워 두려움을 주는 상태이다.

067 **멱**

미역. 냇물이나 강물 또는 바닷물에 들어가 몸을 담그고 씻거나 노는 일

예 용돌이가 벌써 멱을 감고 있었다.

068 **면밀하다**

자세하고 빈틈이 없다.

예 그 신사는 거울처럼 티 하나 없이 번들대는 차를 면밀히 훑어보더니 환성을 질렀다.

069 **몽타주 montage**

따로따로 촬영한 화면을 적절하게 떼어 붙여서 하나의 긴밀하고도 새로운 장면이나 내용으로 만드는 일. 또는 그렇게 만든 화면

예 영화 '달리는 차은'에는 몽타주 기법이 활용되고 있다.

시험에 꼭 나오는 필수 개념어

몽타주 기법은 프랑스 어 '조립하다'라는 말에서 유래했는데, 영화나 사진 편집 구성의 한 방법이다. 단편적인 장면을 예술적으로 구성하는 이 방법은 시간의 제약을 받는 영화 예술을 급속도로 발전시켰다.

■ **몽타주 기법의 효과**

사건의 진행을 축약해서 빠르게 보여 주는 효과가 있다.

---

070 **무녀**

무당 巫 여자 女

여자 무당

예 하루는 초란이 흉계를 꾸미고 무녀를 청하여 말하였다.

---

071 **무도하다**

없을 無 도리 道

말이나 행동이 인간으로서 지켜야 할 도리에 어긋나서 막되다.

예 네가 재물을 탐내어 사람 죽이기를 좋아하니 너같이 무도한 놈은 죽여서 후환을 없애겠다.

---

072 **무색하다**

없을 無 색 色

「1」 겸연쩍고 부끄럽다.

예 남이는 엿장수와 눈이 마주치자 무색해서 눈을 땅바닥으로 떨어뜨렸다.

「2」 본래의 특색을 드러내지 못하고 보잘것없다.

---

073 **무춤하다**

놀라거나 어색한 느낌이 들어 갑자기 하던 짓을 멈추다.

예 • 문기는 이번에도 무춤하고 보다가는 얼른 모자를 벗어서 이름자만 지워 버렸다.
• 그는 깜짝 놀라 무춤하다가 그녀의 팔목을 잡았다.

---

074 **무력감**

없을 無 힘 力 느낄 感

스스로 힘이 없음을 알았을 때 드는 허탈하고 맥 빠진 듯한 느낌

예 격렬한 분노에 뒤이어 깊은 무력감이 찾아왔다.

---

075 **배경**

등 背 볕 景

사건이나 환경, 인물 따위를 둘러싼 주위의 정경

예 현덕의 소설 '나비를 잡는 아버지'의 배경은 일제 강점기 농촌이다.

시험에 꼭 나오는 필수 개념어

소설에서 배경은 이야기가 펼쳐지는 시간과 공간으로, 소설을 구성하는 중요한 요소이다.

■ **배경의 종류**

• 시간적 배경 : 인물이 행동하고 사건이 일어나는 구체적 시간(계절)
• 공간적 배경 : 사건이 일어나는 자연적 공간이나 생활 공간
• 사회적 배경 : 인물을 둘러싼 사회 현실과 역사적 상황

■ **배경의 기능**

• 주제를 선명하게 드러냄.
• 작품의 분위기를 형성함.
• 인물의 존재를 구체화시킴.
• 사건이 일어나는 바탕이 됨.
• 작품의 내용에 현실성을 부여함.
• 인물의 심리 상태나 일어날 사건을 암시함.

정답 및 해설 50p

필수 어휘

확인 문제

[1~6번] 제시된 초성과 뜻을 참고하여 (   ) 안에 들어갈 단어를 쓰시오.

1 ㄷ ㅁ 하다 : 어떤 일을 이루기 위하여 대책과 방법을 세우다.
예 이번 실패를 발판 삼아 후일을 (   )하면 돼.

2 ㅁ ㄹ ㄱ : 스스로 힘이 없음을 알았을 때 드는 허탈하고 맥 빠진 듯한 느낌
예 그들을 이길 수 없다는 사실을 깨닫고 나자 (   )이 들었다.

3 ㅁ ㅁ 하다 : 자세하고 빈틈이 없이
예 시험관은 면접자의 모습을 (   )하게 살펴보았다.

4 ㅁ ㅅ 하다 : 겸연쩍고 부끄럽다
예 승우에게 고백했다 거절당한 윤희는 (   )하여 얼굴을 돌렸다.

5 ㄷ ㅇ ㅂ ㅅ : 어떤 일이나 사태에 맞추어 태도나 행동을 취하는 일정한 방법이나 형식
예 유건이와 재훈이는 위기에서 벗어나기 위한 (   )이 전혀 다르다.

6 ㅁ ㄴ : 여자 무당
예 할머니는 아직도 (   )을/를 불러 굿을 해야 병이 낫는다는 생각을 하고 있다.

[7~10번] 다음 글을 읽고, (   ) 안에 알맞은 말을 [보기]에서 찾아 문맥에 맞게 쓰시오.

민아는 이웃집 남자가 잔인하고 7(   ) 살인범이라는 사실을 전혀 알지 못했다. 그녀는 사람들에게 항상 친절을 베푸는 그가 그저 8(   )이 넓은 사람이라고만 생각했다. 그런데 어제 엘리베이터에서 내리는 그와 마주쳤을 때 그녀는 9(   ) 손에 쥐고 있던 핸드폰을 떨어뜨렸다. 왠지 살기를 띤 그의 눈이 평소와 다르게 10(   ) 느껴졌기 때문이다.

보기

도량   무도하다   매섭다   무춤하다   도모하다

11 영화에서 '따로따로 촬영한 화면을 적절하게 떼어 붙여서 하나의 긴밀하고도 새로운 장면이나 내용으로 만드는 일. 또는 그렇게 만든 화면'을 무엇이라 하는가?
① 앵글   ② 효과음   ③ 몽타주   ④ 플래시백   ⑤ 내레이션

[12~15번] **다음 (　　) 안에 알맞은 단어를 [보기]에서 찾아 쓰시오.**

12 설 (　　　　　　)에는 선물 세트가 많이 팔린다.

13 소설의 3가지 구성 요소는 인물, 사건, (　　　　　　)이다.

14 소진이는 집 앞 냇가에서 (　　　　　　) 감는 것을 매우 좋아했다.

15 만수는 마을 사람들에게 (　　　　　　)인 아버지보다 더 심한 횡포를 부렸다.

보 기

대목　　목욕　　멱　　갈등　　배경　　소작인　　마름

[16~19번] **다음 내용이 옳으면 ○표, 틀리면 ×표를 하시오.**

16 사물이나 상황을 받아들이는 마음의 크기를 '도량'이라고 한다. (　　)

17 '무춤하다'는 말이나 행동이 인간으로서 지켜야 할 도리에 어긋나고 막된 것을 말한다. (　　)

18 '매섭다'는 남이 겁을 낼 만큼 성질이나 기세 따위가 매몰차고 날카로운 것을 말한다. (　　)

19 비판이나 비난, 공격 따위가 이치에 맞고 날카로워 두려움을 주는 상태를 '무도하다'고 한다. (　　)

[20~22번] **다음 문장에 문맥상 어울리는 단어를 골라 ○표 하시오.**

20 결정적인 (대목/대본)에서 그 친구가 떠오른 것은 정말 안타까운 일이었다.

21 급변하는 사태에 대한 신속한 (대응/응대)이/가 필요하다.

22 선생님이 내주신 수행평가 과제를 (면밀히/상당히) 살펴보지 않아서 낭패를 보았다.

몇 문제 맞혔나요? (　　　) / 22문항

맞힌 개수	20개 이상	13~19개	12개 이하
결과	다음 일차로 넘어가도 되겠어요!	이번 일차 한 번만 더 읽고 갈까요?	복습하고 넘어가야겠어요.

내신 대비

개념어 적용 문제

[1~2] 다음 글을 읽고 물음에 답하시오.

길동이 본래 재주가 뛰어나고 도량이 활달하여 마음을 가라앉히지 못하고 밤이면 잠을 이루지 못하다가 하루는 어머니 방에 가 울면서 아뢰었다. / "소자가 모친과 전생의 인연이 중하여 이승에서 모자 사이가 되었으니 그 은혜가 지극합니다. 그러나 소자의 팔자가 기박하여 천한 몸이 되었으니 품은 한이 깊사옵니다. 대장부가 세상에 살면서 남의 천대를 받음이 불가한지라, 소자는 이 설움을 억제하지 못하여 모친 슬하를 떠나려 하옵니다. 엎드려 바라건대 모친께서는 소자를 염려하지 마시고 귀하신 몸을 잘 돌보십시오."

그 어미가 듣고 나서 깜짝 놀라며, / "재상 집안에 천한 자식이 너뿐이 아닌데, 어찌 마음을 좁게 먹어 어미의 간장을 태우느냐?" 하니 길동이 대답하였다.

– 허균, 「홍길동전」

1 이 글을 통해 알 수 있는 당시의 사회적 배경으로 알맞은 것은? 연관 개념어 ▾배경

① 재상들은 자식을 많이 낳았다.
② 부모의 곁을 떠나는 자식들이 많았다.
③ 신분이 높은 양반들은 첩을 둘 수 있었다.
④ 전생의 인연을 소중하게 생각하는 사람들이 많았다.
⑤ 양반들의 횡포가 극에 달하여 매우 혼란스러운 시기였다.

서술형

2 이 글을 통해 알 수 있는 '길동'과 '어머니'의 현실 대응 방식을 [조건]에 맞게 쓰시오. 연관 개념어 ▾대응 방식

[조 건]

'길동'과 '어머니'가 현실에 대응하는 태도를 드러내면서 '길동은 ~(이)고, 어머니는 ~(이)다.'의 문장 형태로 쓸 것

3 다음 장면에서 알 수 있는 몽타주 기법에 대한 설명으로 알맞은 것은? 연관 개념어 ▾몽타주

S#38 하림과 엄마 몽타주 / 거리 / 분식집(낮)

거리, 소림 쫓아 달려가는 엄마. / 윤정과 함께 수행 평가 보고서 만들며 즐거운 하림.
달려가는 엄마, 소림 쫓고. / 웃는 하림, 행복해 보인다.
막 길모퉁이 도는 엄마, 경악한다. 달려드는 차 보인다.

– 홍진아 · 홍자람, 「가을의 산타」

① 인물의 심리를 간접적으로 제시한다.
② 사건의 진행을 축약해서 빠르게 보여 준다.
③ 어떤 장면을 크게 강조하여 보여 준다.
④ 분위기에 알맞은 음향 효과를 나타낸다.
⑤ 한 화면에 뒤의 화면이 포개어진다.

6 일차

소설·극·수필(3)

교과서 필수 어휘

076 **배경지식**
등 背 빛 景 알 知 알 識

어떤 일을 하거나 연구할 때, 이미 머릿속에 들어 있거나 기본적으로 필요한 지식
예 이 소설은 조선 시대의 신분 제도에 대한 배경지식이 없이는 이해하기 힘들 것이다.

시험에 꼭 나오는 필수 개념어

'배경지식'은 글을 더 잘 이해하기 위하여 필요한 지식을 의미한다. 따라서 배경지식이 있느냐, 없느냐에 따라 똑같은 글이라도 이해의 정도와 속도가 다르다. 배경지식을 쌓을 수 있는 가장 좋은 방법은 독서이다. 다양한 분야의 책을 접하여 쌓은 배경지식으로 높은 사고력과 어려운 문제에 대한 이해 및 해결 능력을 기를 수 있다.

077 **뱃심**

「1」 염치나 두려움이 없이 제 고집대로 버티는 힘
예 문기는 떳떳이 얼굴을 들고 집으로 들어갈 수 있을 만한 뱃심을 만들려 한다.
「2」 마음속에 다지는 속셈

078 **법도**
법 法 제도 度

「1」 생활상의 예법과 제도(制度)를 아울러 이르는 말
예 집안의 법도를 따르다.
「2」 법률과 제도를 아울러 이르는 말
예 세상에는 점차 법도가 서기 시작했다.

079 **변색**
변할 變 빛 色

놀라거나 화가 나서 얼굴빛이 달라짐.
예 경환이는 변색을 하고 한 발자국 다가섰다.

080 **복선**
숨을 伏 줄 線

「1」 만일의 경우에 대비하여 남모르게 미리 꾸며 놓은 일
예 그는 말을 할 때 항상 나중을 대비해 복선을 까는 버릇이 있다.
「2」 앞으로 일어날 사건에 대하여 미리 독자에게 넌지시 암시하는 서술
예 이 작품의 복선이 어디에 나와 있는지 찾아보자.

시험에 꼭 나오는 필수 개념어

■ **복선의 역할**
- 예시적인 주변 사건이나 상황을 주로 활용하여 이야기의 윤곽과 방향을 제시함.
- 다가올 사건에 대해 필연성을 부여함.

081 **비범하다**
아닐 非 무릇 凡

보통 수준보다 훨씬 뛰어나다.
예 홍길동은 자신의 비범한 능력을 알아보고 스스로 부하가 되고자 하는 도둑들의 청을 받아들여 도둑 무리의 우두머리가 된다.

082 **비칠비칠**

몸을 바로 가누지 못하고 쓰러질 듯이 이리저리 어지럽게 잇따라 비틀거리는 모양
예 아버지는 어디서 그렇게 술을 마셨는지 얼굴이 벌겋게 익어서 비칠비칠 문을 들어섰다.

083 **빈사지경**
임박할 瀕 죽을 死
처지 地 지경 境

거의 죽게 된 처지나 형편
예 과연 나의 짐작대로 우리 수탉이 피를 흘리고 거의 빈사지경에 이르렀다.

084 **빈정거리다**

남을 은근히 비웃는 태도로 자꾸 놀리다.
예 감히 동길이 앞에서 뭐라고 빈정거릴 만한 아이도 없기는 했다.

085 **빙자**
기댈 憑 빌 藉

「1」 남의 힘을 빌려서 의지함.
예 이번 사건은 전형적인 고위층 빙자 사기 사건이다.
「2」 말막음을 위하여 핑계로 내세움.
예 요즘 엿장수란 엿 파는 빙자로 빈집을 노려 요강, 대야를 훔쳐 가기가 예사이다.

086 **삭정이**

살아 있는 나무에 붙어 있는, 말라 죽은 가지
예 소나무 삭정이를 따며 가만히 생각해 보니 암만해도 고년의 목쟁이를 돌려놓고 싶다.

087 **상기하다**
위 上 기운 氣

흥분이나 부끄러움으로 얼굴이 붉어지다.
예 바로 그 어머니가 상기한 얼굴로 대문을 들어섰다.

088 **쌩이질**

쓸데없는 일로 남을 귀찮게 하는 짓
예 계집애가 남 울타리 엮는데 쌩이질을 하는 것은 다 뭐냐.

089 **서술자**
차례 敍 지을 述 사람 者

소설에서 이야기를 전달해 주는 사람
예 소설 '동백꽃'에는 어리숙한 서술자인 '나'가 등장한다.

시험에 꼭 나오는 필수 개념어

'서술자'란 작가가 설정한 사람으로, 소설에서 인물의 성격이나 행동, 사건 등을 이야기하는 존재이다.

■ **서술자의 특징**
- 같은 내용의 이야기라도 누구의 눈을 통하여 서술되느냐에 따라 대상에 대한 이해나 판단의 내용이 달라지게 됨.
- 서술자는 작품 속의 인물('나')일 수도 있고, 작품 밖의 인물('작가')일 수도 있음.

090 **서슬**

「1」 쇠붙이로 만든 연장이나 유리 조각 따위의 날카로운 부분
예 그는 서슬이 날카로운 칼을 가져왔다.
「2」 강하고 날카로운 기세
예 그녀는 서슬이 시퍼런 주인의 기세에 눌려 고개조차 들지 못했다.
※ 서슬이 퍼렇다 : 권세나 기세 따위가 아주 대단하다.

필수 어휘

확인 문제

정답 및 해설 51p

[1～5번] 다음의 뜻에 해당하는 단어를 [보기]에서 찾아 쓰시오.

1 남의 힘을 빌려서 의지함. → ＿＿＿＿

2 만일의 경우에 대비하여 남모르게 미리 꾸며 놓은 일 → ＿＿＿＿

3 남을 은근히 비웃는 태도로 자꾸 놀리다. → ＿＿＿＿

4 소설에서 이야기를 전달해 주는 사람 → ＿＿＿＿

5 어떤 일을 하거나 연구할 때, 이미 머릿속에 들어 있거나 기본적으로 필요한 지식 → ＿＿＿＿

보 기
빙자　　서술자　　복선　　배경지식　　빈정거리다

[6～9번] 다음의 밑줄 친 부분과 바꿔 쓸 수 있는 단어를 [보기]에서 찾아 문맥에 맞게 쓰시오.

6 오늘 하루 종일 아무것도 먹지 못한 그는 <u>거의 죽을 지경</u>에 놓였다. – (　　　　)

7 종석이는 <u>배짱</u>이 좋아서 어떤 연기든 거뜬하게 해낸다. – (　　　　)

8 정선이가 잘못을 인정하지 않자 민혁이가 <u>날을 세우며</u> 달려들었다. – (　　　　)

9 노래 솜씨가 매우 <u>뛰어난</u> 효진이는 실력을 인정받아 국내 유명 기획사에 들어갔다. – (　　　　)

보 기
서슬이 퍼렇다　　비범하다　　뱃심　　빈사지경

[10, 11번] 다음 단어를 활용하여 새로운 문장을 만드시오.

10 **비칠비칠** : 몸을 바로 가누지 못하고 쓰러질 듯이 이리저리 어지럽게 잇따라 비틀거리는 모양

→ ＿＿＿＿

11 **쌩이질** : 쓸데없는 일로 남을 귀찮게 하는 짓

→ ＿＿＿＿

12 다음 중 (　　) 안에 공통으로 들어갈 단어는?

> • 선진이는 (　　　　　　)에 어긋나는 행동을 서슴없이 한다.
> • 우리집에서 살려면 우리 집안의 (　　　　　　)에 따라야 한다.
> • 한 나라에는 모든 국민들이 반드시 지켜야 하는 (　　　　　　)이/가 있다.

① 빙자　② 법도　③ 약속　④ 수준　⑤ 뱃심

13 다음 중 (　　) 안에 들어갈 단어로 가장 적절한 것은?

> 어제 공부하다 늦게 잠이 든 수지는 잠든 지 두 시간도 채 안 되어 자신을 마구 흔들어 깨우는 오빠 때문에 잠에서 깼다. 무슨 급한 일인가 싶어 간신히 일어나 이유를 물었더니 오빠는 낮에 먹다 남은 과자가 어디 있는지 묻는 것이었다. 수지는 너무 짜증이 나서 오빠에게 (　　　　　)을 하고 대들었다.

① 상심　② 변심　③ 위장　④ 변장　⑤ 변색

[14～20번] 다음 문장에 적절한 단어를 골라 ○표 하시오.

14 그는 마치 술을 마신 사람처럼 (빈둥빈둥/비칠비칠) 몸을 가누지 못하고 있었다.

15 국어 선생님은 굉장히 (광대한/비범한) 능력을 지니고 계신 것 같다.

16 성격이 불같은 그가 (변색/변장)을 하는 것은 대수롭지 않은 일이다.

17 사랑한다는 그의 말에 수혜의 (상기/수척)한 얼굴이 더욱 붉어졌다.

18 우리집 감나무에 (고쟁이/삭정이)가 생겨 모두 꺾어 내느라 고생을 했다.

19 그는 자신이 연예인임을 (빙자/가정)하여 가는 식당마다 서비스를 요구한다.

20 다혜의 (쌩이질/서슬)에 두려움을 느낀 동욱이가 자신도 모르게 말을 더듬기 시작했다.

몇 문제 맞혔나요? (　　　) / 20문항

맞힌 개수	17개 이상	11～16개	10개 이하
결과	다음 일차로 넘어가도 되겠어요!	이번 일차 한 번만 더 읽고 갈까요?	복습하고 넘어가야겠어요.

내신 대비

개념어 적용 문제

1 다음 글에서 [보기]의 설명에 해당하는 문장을 찾아 쓰시오. 연관 개념어 ▾복선

> 소녀가 산을 향해 달려갔다. 이번은 소년이 뒤따라 달리지 않았다. 그러고도 곧 소녀보다 더 많은 꽃을 꺾었다.
> "이게 들국화, 이게 싸리꽃, 이게 도라지꽃……." / "도라지꽃이 이렇게 예쁜 줄은 몰랐네. 난 보랏빛이 좋아! …… 그런데 이 양산같이 생긴 노란 꽃이 뭐지?"
> – 황순원, 「소나기」

[보 기]

> 우울하고 불길한 느낌을 주는 색깔을 통해 소녀의 슬픈 운명과 앞으로 일어날 불행을 암시하는 복선을 제공하고 있다.

[2~3] 다음 글을 읽고 물음에 답하시오.

> 설혹 주는 감자를 안 받아먹은 것이 실례라 하면, 주면 그냥 주었지 "느 집엔 이거 없지?"는 다 뭐냐. 그러잖아도 저희는 마름이고 우리는 그 손에서 배재*를 얻어 땅을 부치므로 일상 굽실거린다. 우리가 이 마을에 처음 들어와 집이 없어서 곤란으로 지낼 제, 집터를 빌리고 그 위에 집을 또 짓도록 마련해 준 것도 점순네의 호의였다.
> 그리고 우리 어머니 아버지도 농사 때 양식이 달리면 점순네한테 가서 부지런히 꾸어다 먹으면서, 인품 그런 집은 다시 없으리라고 침이 마르도록 칭찬하곤 하는 것이다. 그러면서도 열일곱씩이나 된 것들이 수군수군하고 붙어 다니면 동리의 소문이 사납다고 주의를 시켜 준 것도 또 어머니였다. 왜냐하면 내가 점순이하고 일을 저질렀다가는 점순네가 노할 것이고, 그러면 우리는 땅도 떨어지고 집도 내쫓기고 하지 않으면 안 되는 까닭이었다.
> * 배재 : 땅을 소작할 수 있는 권리
> – 김유정, 「동백꽃」

2 위 글의 서술자에 대한 설명으로 알맞은 것은? 연관 개념어 ▾서술자

① 작품 속에서 자신의 이야기를 고백한다.
② 작품 밖에서 객관적인 입장에서 사건을 서술한다.
③ 작품 밖에서 다른 인물의 행동이나 사건을 서술한다.
④ 작품 속에서 자신의 이야기를 다른 등장인물에게 전달한다.
⑤ 작품 밖에서 주인공의 행동뿐만 아니라 심리까지 전달한다.

3 위 글을 이해하는 데 가장 필요한 배경지식은? 연관 개념어 ▾배경지식

① 당시 마름과 소작인의 관계
② 당시 농촌 마을 사람들의 인품
③ 당시 농촌에서 '감자'가 주는 의미
④ 당시 농촌 마을의 식량 부족 현상
⑤ 이성교제를 바라보는 당시의 시각

어휘줍기 Cartoon

▪ 다음 그림을 보고, 그림 속 단어의 의미를 사전에서 찾아 보자.

• 더디다 : ____

• 버겁다 : ____

7일차 소설·극·수필(4)

교과서 필수 어휘

091 **서자**
여러 庶 아들 子

본부인이 아닌 딴 여자가 낳은 아들
예 홍 판서는 영웅호걸의 기상을 지닌 길동이 서자의 신분인 것을 한탄하였다.
반 적자 본처 嫡 아들 子 본부인이 낳은 아들

092 **설주**

문설주. 문짝을 끼워 달기 위하여 문의 양쪽에 세운 기둥
예 남이는 대문 설주에 몸을 붙이고 엿장수를 기다렸다.

093 **설화**
이야기 說 이야기 話

옛날부터 입에서 입으로 전해져 내려온 이야기를 통틀어 이르는 말
예 이 지역에는 아주 오래 전부터 내려오는 설화가 있다.

시험에 꼭 나오는 필수 개념어

'설화'는 한 개인의 창작물이 아닌 많은 사람들에 의해 집단적으로 창작된 것으로, 선조들의 생활 모습이나 사상, 감정 등이 담겨 있다.

■ **설화의 종류**
- 신화 : 우주의 기원이나 신적 존재의 탄생과 활동에 관한 이야기
- 전설 : 어떤 공동체의 내력이나 자연물의 유래 등을 다룬 이야기로, 이와 관련된 장소, 자연물 등 구체적인 증거물이 존재함.
- 민담 : 민간에서 전해 내려오는 흥미 위주의 이야기로, 전설과 달리 막연한 장소와 시간을 배경으로 이야기가 시작됨.

094 **소생**
바 所 날 生

자기가 낳은 아들이나 딸
예 길동은 천한 어미 소생이었다.

095 **소설**
작을 小 말씀 說

현실 세계에서 있음 직한 일을 상상하여 꾸며 쓴 산문 문학
예 그는 오랜만에 새로운 소설을 썼다.

시험에 꼭 나오는 필수 개념어

■ **소설의 특징**
- 허구성 : 작가가 상상을 통해 꾸며 낸 이야기임.
- 서사성 : 일정한 시간의 흐름에 따라 전개되는 이야기의 형식을 지님.
- 예술성 : 예술의 한 형식으로 아름다움과 감동을 줌.
- 진실성 : 삶의 진실을 추구하고 바람직한 인간상을 찾고자 함.
- 산문성 : 줄글로 표현하는 산문 문학임.

096 **소외감**
멀 疎 바깥 外 느낄 感

남에게 따돌림을 당하여 멀어진 듯한 느낌
예 지금 생각하면 내가 소외감을 느낄까 봐 친구들이 배려를 해 준 것이었다.

097 **시나리오 scenario**

영화나 드라마 제작을 목적으로 쓴 대본
예 영화를 만들려면 먼저 시나리오부터 써야지.

시험에 꼭 나오는 필수 개념어

■ 시나리오의 특징
- 장면(S#)을 기본 단위로 함.
- 시간과 공간, 등장인물 수에 제약이 없음.
- 대사 외에 내레이션이 쓰이기도 함.
- 촬영과 편집 등 기술적인 측면을 고려해야 함.
- 주로 대사와 행동을 통해 내용을 전개함.

098 **시렁**

물건을 얹어 놓기 위하여 방이나 마루 벽에 두 개의 긴 나무를 가로질러 선반처럼 만든 것

예 할머니 댁의 벽에는 노끈으로 얽어 달아매 놓은 시렁이 있다.

099 **시점**
볼 視 점 點

사건을 바라보는 서술자의 관점

예 소설 '홍길동전'은 전지적 작가 시점의 작품이다.

시험에 꼭 나오는 필수 개념어

■ 시점의 유형

① 1인칭 시점
- 1인칭 주인공 시점 : 주인공인 '나'가 자신의 이야기를 서술하는 시점
- 1인칭 관찰자 시점 : '나'가 관찰자로 등장하여 주인공에 대한 이야기를 서술하는 시점

② 3인칭 시점
- 작가 관찰자 시점 : 소설 밖의 서술자(작가)가 등장인물의 행동이나 사건 등을 관찰하여 서술하는 시점
- 전지적 작가 시점 : 소설 밖의 서술자(작가)가 신처럼 모든 상황을 다 알고 서술하는 시점

100 **시찰**
볼 視 살필 察

두루 돌아다니며 사정을 살핌.

예 그날 우리 학교에는 장학사가 시찰을 나온다고 했다.

101 **악상**
악할 惡 죽을 喪

수명을 다 누리지 못하고 젊어서 죽은 사람의 상사. 흔히 젊어서 부모보다 먼저 자식이 죽는 경우를 이른다.

예 윤 초시 댁도 말이 아니야. 악상까지 당하는 걸 보면…….

102 **안달**

속을 태우며 조급하게 구는 일

예 큰 나무는 바람에 얼마나 안달 맞게 까불어 대는가.

103 **앙살**

엄살을 부리며 버티고 겨루는 짓

예 남이는 한결같이 앙살을 부린다.

104 **어림잡다**

대강 짐작으로 헤아려 보다.

예 그동안 들어온 돈이 어림잡아 만 원은 됨 직하다.

105 **어릿어릿하다**

「1」 자꾸 어렴풋하게 눈앞에 어려 오다.
「2」 말과 행동이 활발하지 못하고 자꾸 생기 없이 움직이다.

예 수남이가 어릿어릿하면 그들은 사정없이 머리에 알밤을 먹인다.

필수 어휘

확인 문제

정답 및 해설 51p

[1～6번] **다음 뜻에 알맞은 단어를 서로 연결하시오.**

1 자기가 낳은 아들이나 딸	•	• 시찰
2 물건을 얹어 놓기 위하여 방이나 마루 벽에 두 개의 긴 나무를 가로질러 선반처럼 만든 것	•	• 시렁
3 두루 돌아다니며 사정을 살핌.	•	• 소외감
4 본부인이 아닌 딴 여자가 낳은 아들	•	• 소생
5 남에게 따돌림을 당하여 멀어진 듯한 느낌	•	• 서자
6 대강 짐작으로 헤아려 보다.	•	• 어림잡다

[7～14번] **다음에 제시된 뜻을 참고하여 초성에 해당하는 단어를 쓰시오.**

7 ㅅ ㄴ ㄹ ㅇ : 영화나 드라마 제작을 목적으로 쓴 대본

8 ㅅ ㅈ : 문설주. 문짝을 끼워 달기 위하여 문의 양쪽에 세운 기둥

9 ㅇ ㅅ : 수명을 다 누리지 못하고 젊어서 죽은 사람의 상사

10 ㅅ ㅈ : 사건을 바라보는 서술자의 관점

11 ㅇ ㄹ ㅇ ㄹ ㅎ ㄷ : 자꾸 어렴풋하게 눈앞에 어려 오다.

12 ㅅ ㅅ : 현실 세계에서 있음 직한 일을 상상하여 꾸며 쓴 산문 문학

13 ㅇ ㄷ : 속을 태우며 조급하게 구는 일

14 ㅅ ㅎ : 옛날부터 입에서 입으로 전해져 내려온 이야기를 통틀어 이르는 말

[15～19번] **다음 (　　) 안에 들어갈 단어를 [보기]에서 찾아 쓰시오.**

15 홍길동은 (　　　　)(으)로 태어나 입신양명을 하지 못했다.

16 그녀는 박 처사의 (   )(으)로 뛰어난 인품과 학식을 겸비하고 있었다.

17 어젯밤 아이가 죽는 (   )을/를 당하신 앞집 아저씨가 서럽게 우는 소리를 들었다.

18 친구들과 내 생각이 다르다는 것을 알게 된 순간 나도 모르게 (   )이/가 느껴졌다.

19 그 회사 사장님은 업무 상황을 점검하기 위해 몰래 (   )을/를 나온다고 한다.

보 기

소생　　소외감　　서자　　악상　　시찰

[20～27번] 다음 문장에 들어갈 알맞은 단어를 말 상자에서 찾아 쓰시오.

20 딸아이는 빨리 놀러 나가고 싶어서 (   ) 이/가 났다.

21 우리집 부엌에 드나들던 고양이가 결국에는 (   ) 위에 올라 앉아 터를 잡았다.

22 키가 크고 잘 생긴 그는 늘 (   )에 기대서서 책을 읽으며 누군가를 기다렸다.

23 그 아이는 어려서부터 (   )하여 아주머니 속을 태우는 것 같았다.

24 혜원이는 전학 온 내가 (   )을/를 느끼지 않도록 늘 신경써 주었다.

25 그는 데뷔한 지 10년 만에 처음으로 로맨스 영화 (   )을/를 받고 매우 기뻐했다.

26 대통령이 장마로 인한 피해 지역에 (   )을/를 나가 두루 살필 것이라는 소식이 보도되었다.

27 그는 자신이 잘못해서 다리를 다쳤으면서도 괜히 주위 사람들에게 (   )을/를 부렸다.

주	소	외	감	법	도
희	생	운	동	시	령
시	상	안	고	나	원
찰	어	달	동	리	나
소	명	릿	락	오	시
설	주	앙	어	해	점
화	인	살	림	릿	점

몇 문제 맞혔나요? (   ) / 27문항

맞힌 개수	25개 이상	18～24개	17개 이하
결과	다음 일차로 넘어가도 되겠어요!	이번 일차 한 번만 더 읽고 갈까요?	복습하고 넘어가야겠어요.

내신 대비

개념어 적용 문제

1 소설과 설화의 공통점에 대한 내용으로 가장 적절한 것은? 연관 개념어 ▾ 설화, 소설

① 준영 : 인물, 사건, 배경으로 구성된 이야기야.
② 다래 : 입에서 입으로 전해 내려오는 이야기야.
③ 정우 : 주인공은 모두 뛰어난 능력을 지닌 인물이야.
④ 기문 : 사건이 대부분 우연적으로 전개되는 경우가 많아.
⑤ 은수 : 현실 세계에서 있음 직한 일을 상상하여 꾸며 쓴 이야기야.

2 다음 소설의 시점을 각각 쓰시오. 연관 개념어 ▾ 시점

(가) 수남이는 "내년 봄에 시험 봐서 들어가야 해. 야학이라도 일류로……." 할 때의 주인 영감님이 그렇게 좋을 수가 없다. 그 소리를 듣기 위해서라면 그까짓 알밤쯤 하루 골백번을 맞으면 대수랴 싶다. 그런 소리를 자기를 위해 해 주는 주인 영감님을 위해서라면 뼈가 부러지게 일을 한들 눈곱만큼도 억울할 것이 없을 것 같다. – 박완서, 「자전거 도둑」

(나) 내가 나비를 잡기 시작한 것은 여덟 살인가 아홉 살 때부터이다. 처음엔 큰 관심도 없이 다른 애들이 다 하니까 나도 해 보는 정도였다. 그런데 열 살쯤 된 두 번째 여름에 나는 완전히 이 유희에 빠져서, 이 때문에 다른 일은 전혀 돌보지 않게 되었다. 그래서 주위 사람들은 나에게 그것을 하지 못하도록 말리지 않으면 안 되겠다고까지 걱정을 하게 되었다.

– 헤르만 헤세, 「나비」

3 다음과 같은 글에 대한 설명으로 적절하지 않은 것은? 연관 개념어 ▾ 시나리오

S#5 차은네 마당(밤)

마당 툇마루에 앉아 그림 그리기 숙제를 하는 동민, 차은은 옆에서 동생의 숙제를 도와주고 있다.

차은 : 구 더하기 삼은? / 동민 : 십이
차은 : 육 더하기 삼은? / 동민 : ……구.
차은 : 맞혔다. 이제 네가 나한테 문제 내 봐. – 민예지 · 권지영 · 김태용, 「달리는 차은」

① 장면을 기본 단위로 한다.
② 시간적 · 공간적 제약이 심하다.
③ 등장인물의 수에 제한이 없다.
④ 영화나 드라마 상영을 전제로 한다.
⑤ 대사와 행동을 통해 내용이 전개된다.

소설·극·수필(5)

교과서 필수 어휘

8일차

106 **억실억실하다**

얼굴 모양이나 생김새가 선이 굵고 시원시원하다.

예 윤이가 그 넓적한 입을 삐죽거리면서 억실억실한 눈에 눈물을 함빡 가둔다.

107 **여지없이**

더 어찌할 나위가 없을 만큼 가차 없이

예 "요놈 요새 제법 컸단 말이야. 장가들여야겠는데? 짜식, 좋아하기는……"
그러곤 여지없이 알밤이다.

108 **영화**
비출 映 그림 畵

일정한 의미를 갖고 움직이는 대상을 촬영하여 영사기로 영사막에 재현하는 종합 예술

예 이번 주말에 친구와 영화를 관람하기로 했다.

시험에 꼭 나오는 필수 개념어

'영화'는 감독이 이야기하고자 하는 바를 영상, 소리, 음악 등 다양한 표현 방식으로 전달하는 예술의 갈래이다.

■ **영화의 특징**

- 영상으로 이야기를 전달한다.
- 영상, 음악, 음향과 같은 다양한 방법을 활용하여 인물의 성격과 심리, 작품의 분위기 등을 나타낸다.
- 배우의 연기와 감독의 연출로 인물의 이미지를 구체적으로 드러내어 관객의 상상력을 제한하기도 한다.

109 **예기**
미리 豫 기약할 期

앞으로 닥쳐올 일에 대하여 미리 생각하고 기다림.

예 수남이로서는 전혀 예기치 못했던 사태였다.

110 **용력**
씩씩할 勇 힘 力

씩씩한 힘. 또는 뛰어난 역량

예 그대가 만일 용력이 있거든 저 돌을 들어 보라.

111 **윽박지르다**

심하게 짓눌러 기를 꺾다.

예 형은 험악한 얼굴을 하고 잔치는커녕 동생들이 좋아서 떠드는 것도 하지 못하도록 윽박질렀다.

112 **을씨년스럽다**

「1」 보기에 날씨나 분위기 따위가 몹시 스산하고 쓸쓸한 데가 있다.

예 바람 부는 서울의 뒷골목은 흉흉하고 을씨년스러웠다.

「2」 보기에 살림이 매우 가난한 데가 있다.

예 몇 개의 수저와 그릇만 있는 부엌은 그야말로 을씨년스러웠다.

113 **의향**
뜻 意 향할 向

마음이 향하는 바. 또는 무엇을 하려는 생각

예 코치, 육상부 학생들에게 전학 동의서를 나눠 주면서 각자의 의향을 묻고 있다.

114 **이랑**

논이나 밭을 갈아 골을 타서 두두룩하게 흙을 쌓아 만든 곳 = 두둑

예 보리밭 이랑에 모이를 줍는 낮닭 울음만이 이따금씩 들려오는 고요한 마을이었다.

115 **인기척**

사람이 있음을 알 수 있게 하는 소리나 기색

예 인기척에 후딱 뒤를 돌아본 어미는 마루에 누워 있는 사람을 눈으로 가리켰다.

116 **인물**

사람 人 만물 物

「1」 생김새나 됨됨이로 본 사람

예 수남이는 인물이 훤하게 생겼다.

「2」 일정한 상황에서 어떤 역할을 하는 사람

예 이 일을 주도한 인물 역시 여성이었다.

「3」 뛰어난 사람

예 그 지역은 인물이 많이 난 고장이다.

시험에 꼭 나오는 필수 개념어

문학 작품 속의 '인물'이란, 작가가 상상력을 발휘해 창조한 등장인물을 의미한다.

■ 소설의 인물 유형

중요도에 따라	주요 인물	사건을 이끌어 가는 중심 인물
	주변 인물	사건의 진행을 도와주는 부수적인 인물
역할에 따라	주동 인물	주인공으로서 사건을 이끄는 인물
	반동 인물	주동 인물과 대립하는 인물
성격에 따라	전형적 인물	특정한 시대의 집단이나 계층의 특성을 대표하는 인물
	개성적 인물	개인으로서의 독자적인 성격을 가진 인물
성격 변화 양상에 따라	평면적 인물	처음부터 끝까지 성격이 변하지 않는 인물
	입체적 인물	사건이 전개됨에 따라 성격이 변하고 발전하는 인물

117 **일대호걸**

한 一 시대 代
호걸 豪 뛰어날 傑

지혜와 용기가 뛰어나고 뜻이 높아 당대에 이름을 날린 사람

예 이 공자의 상을 보니 일대호걸입니다.

118 **입체적 구성**

설 立 몸 體 과녁 的
얽을 構 이룰 成

시간의 순서에 따르지 않고 현재 → 과거 → 미래, 또는 현재 → 미래 → 과거와 같이 사건이 복잡하게 진행되는 소설의 구성 방식으로, 장편 소설이나 현대 소설에서 많이 사용된다.

예 소설 '동백꽃'은 입체적 구성에 의해 전개된다.

반 **평면적 구성** 평평할 平 표면 面 과녁 的 사건이 시간의 흐름에 따라 '과거 → 현재 → 미래'의 순서로 진행되는 구성 방식

119 **자초지종**

스스로 自 처음 初
이를 至 끝날 終

처음부터 끝까지의 과정

예 수남이는 겨우 숨을 가라앉히고 자초지종을 주인 영감님께 털어놓는다.

120 **잔망스럽다**

「1」 보기에 몹시 약하고 가냘픈 데가 있다.

「2」 얄밉도록 맹랑한 데가 있다.

예 이번 계집앤 어린 것이 여간 잔망스럽지가 않아.

정답 및 해설 52p

필수 어휘

확인 문제

[1~5번] 밑줄 친 단어의 뜻을 [보기]에서 찾아 기호를 쓰시오.

1 몰래 만화책을 보고 있던 준이는 인기척에 놀라 만화책을 이불 속에 숨겼다. - (　　)

2 수행평가 과제 제출 기간을 조금 늘려달라고 했지만, 선생님은 여지없이 안 된다고 딱 잘라 말씀하셨다. - (　　)

3 많은 사람들이 우리 형은 세상에 없는 일대호걸이 될 거라고 칭찬을 한다. - (　　)

4 비가 추적추적 내리는 것이 오늘 이곳의 분위기는 매우 을씨년스럽다. - (　　)

5 내 친구들은 전혀 예기할 수 없는 행동들을 해 나를 혼란스럽게 만든다. - (　　)

보 기

㉠ 지혜와 용기가 뛰어나고 뜻이 높아 당대에 이름을 날린 사람
㉡ 더 어찌할 나위가 없을 만큼 가차 없이
㉢ 앞으로 닥쳐올 일에 대하여 미리 생각하고 기다림.
㉣ 사람이 있음을 알 수 있게 하는 소리나 기색
㉤ 보기에 날씨나 분위기 따위가 몹시 스산하고 쓸쓸한 데가 있다.

[6~9번] 다음 내용이 옳으면 ○표, 틀리면 ×표를 하시오.

6 '억실억실하다'는 얼굴 모양이나 생김새가 선이 굵고 시원시원한 것을 말한다. (　　)

7 심하게 짓눌러 기를 꺾는 것을 '윽박지르다'라고 한다. (　　)

8 처음부터 끝까지의 과정을 '자초지종'이라고 한다. (　　)

9 일정한 의미를 갖고 움직이는 대상을 촬영하여 영사기로 영사막에 재현하는 종합 예술을 '뮤지컬'이라고 한다. (　　)

[10, 11번] 다음 단어를 활용하여 새로운 문장을 만드시오.

10 **이랑** : 논이나 밭을 갈아 골을 타서 두두룩하게 흙을 쌓아 만든 곳

→ ______________________________

11 **잔망스럽다** : 얄밉도록 맹랑한 데가 있다.

→ ______

12 **다음 [보기]의 의미에 해당하는 단어는 무엇인가?**

보기

「1」 생김새나 됨됨이로 본 사람
「2」 일정한 상황에서 어떤 역할을 하는 사람
「3」 뛰어난 사람

① 인간 ② 인격 ③ 인물 ④ 인재 ⑤ 인품

13 **시간의 순서에 따르지 않고 현재 → 과거 → 미래, 또는 현재 → 미래 → 과거와 같이 사건이 복잡하게 진행되는 소설의 구성 방식으로, 장편 소설이나 현대 소설에서 많이 사용되는 방법은 무엇인가?**

① 추보식 구성 ② 순차적 구성 ③ 평면적 구성
④ 입체적 구성 ⑤ 순환적 구성

[14~21번] **다음 문장에 들어갈 알맞은 단어를 말 상자에서 찾아 쓰시오.**

14 가게가 문을 닫을 것이라는 사실을 이미 (   )하고 있었다.
15 엄마는 가족 여행과 관련하여 우리의 (   )을 물어보셨다.
16 어릴 적 시골 논 (   )에서 놀던 생각이 난다.
17 장군은 (   )을/를 발휘하여 적군을 단숨에 물리쳤다.
18 그는 뛰어난 능력뿐만 아니라 훌륭한 인격까지 갖춘 보기 드문 (   )이다.
19 어제 관상을 보았는데, 나더러 (   )이/가 될 상이라고 했다.
20 선생님은 내가 지각하게 된 (   )을/를 전혀 들으려 하지 않으셨다.
21 내 동생은 다섯 살밖에 되지 않았지만 너무 엉뚱해 (   )는 말을 많이 듣는다.

일	대	호	걸	억	여
의	입	체	적	예	지
다	향	영	화	기	없
잔	읏	용	력	씨	이
망	박	인	물	성	자
스	지	척	스	초	을
럽	르	럽	지	실	하
다	다	종	찌	이	랑

몇 문제 맞혔나요? (   ) / 21문항

맞힌 개수	19개 이상	14~18개	13개 이하
결과	다음 일차로 넘어가도 되겠어요!	이번 일차 한 번만 더 읽고 갈까요?	복습하고 넘어가야겠어요.

내신 대비

개념어 적용 문제

1 다음 글을 영화로 보았을 때의 느낌을 잘못 말한 것은? 연관 개념어 ▾영화

> S#1 시골길(낮)
> 멀리 갯벌과 갈대밭이 펼쳐진 시골길을 힘차게 내달리는 차은.
> 가쁜 숨에 속도를 줄이는 차은의 뒤로, 자전거를 탄 영찬이 다가온다.
> 영찬 : 야! 장차은! 너 수업 안 들어? 공부하기는 하냐? / 차은 : 나 알아?
> 영찬 : 나 17번, 최영찬! / 차은 : 그래? 알았어. – 민예지 · 권지영 · 김태용, 「달리는 차은」

① 다래 : 글로 읽을 때보다 내용을 이해하기가 더 쉬울 것 같아.
② 준영 : 글로 읽을 때보다 감각적이고 구체적인 느낌을 줄 것 같아.
③ 기문 : 글과는 달리 시각적 이미지를 통한 대상의 재현에 치중할 것 같아.
④ 은수 : 영상, 음악, 음향과 같은 다양한 방법을 활용하여 인물을 드러낼 것 같아.
⑤ 정우 : 글로 읽을 때보다 작품 이해를 위한 관객의 상상력이 더 많이 필요할 것 같아.

2 '소설의 인물'에 대한 설명으로 적절하지 않은 것은? 연관 개념어 ▾인물

① 작가의 상상력에 의해 창조된다.
② 인물의 성격까지도 포함된 개념이다.
③ 역할에 따라 크게 주동 인물과 반동 인물로 나눈다.
④ 소설 속의 사건을 이끌어 가는 주체라고 할 수 있다.
⑤ 역사적으로 위대한 업적을 남긴 사람이 주로 등장한다.

3 다음 소설의 구성 방식상의 특징을 [조건]에 맞게 쓰시오. 연관 개념어 ▾입체적 구성

> 오늘도 또 우리 수탉이 막 쪼이었다. 내가 점심을 먹고 나무를 하러 갈 양으로 나올 때이었다. 산으로 올라서려니까 등 뒤에서 '푸드덕푸드덕' 하고 닭의 횃소리가 야단이다. 깜짝 놀라며 고개를 돌려 보니 아니나 다르랴, 두 놈이 또 얼리었다. 점순네 수탉(은 대강이가 크고 똑 오소리같이 실팍하게 생긴 놈)이 덩저리 작은 우리 수탉을 함부로 해내는 것이다. (중략)
> 나흘 전 감자 쪼간만 하더라도 나는 저에게 조금도 잘못한 것은 없다. 계집애가 나물을 캐러 가면 갔지 남 울타리 엮는데 쌩이질을 하는 것은 다 뭐냐. 그것도 발소리를 죽여 가지고 등 뒤로 살며시 와서
> "얘! 너 혼자만 일하니?" / 하고 긴치 않은 수작을 하는 것이다. – 김유정, 「동백꽃」

[조 건]
• 사건의 진행에 따른 구성 방식과 그것의 의미를 구체적으로 밝힐 것
• 30자 내외의 한 문장으로 쓸 것

소설·극·수필(6)

교과서 필수 어휘

121 **전율**
두려워할 戰 떨릴 慄

몹시 무섭거나 두려워 몸이 벌벌 떨림.
예 절벽에 아슬아슬 걸쳐 있는 구름다리를 보자 오싹한 전율이 느껴졌다.

122 **종적**
자취 蹤 자취 迹

없어지거나 떠난 뒤에 남은 흔적
예 여덟 명이 각 읍의 곡식을 하룻밤 사이에 종적도 없이 사라지게 하였다.

123 **주빗주빗**

자꾸 머뭇거리거나 주저주저하는 모양
예 문기는 주빗주빗하는 사이 사람에게 밀려 뒷줄로 나오고 말았다.

124 **주체적 관점**
주인 主 몸 體
과녁 的 볼 觀
점 點

문학 작품을 감상할 때, 자신의 경험, 배경지식, 가치관, 사고방식 등을 바탕으로 적절하고 타당한 근거를 들어 자기만의 관점에서 작품을 해석하고 평가하는 것
예 이 작품을 꼼꼼히 읽고 주체적 관점에서 작품을 감상해라.

시험에 꼭 나오는 필수 개념어

주체적인 관점을 강조하기 위해 자신만의 경험이나 지식에 따라 작품을 해석하고 평가한다면 설득력이 낮을 것이다. 자신의 해석과 평가가 타당하다는 것을 뒷받침하는 적절한 근거가 있어야만 다른 사람들이 공감하며 받아들일 수 있다.

■ **주체적인 작품 감상의 과정**
① 작품의 내용을 정확하게 이해하기
② 타당한 근거를 들어 주체적으로 감상하기
③ 자신의 경험을 남과 나누며 공유하기
④ 문학 작품의 아름다움을 평가하고 가치를 분석하는 문학 비평으로 나아가기

125 **지략**
슬기 智 다스릴 略

어떤 일이나 문제를 슬기롭게 풀어 나가는 꾀
예 우리가 벌써부터 합천 해인사를 쳐 그 재물을 빼앗고자 했으나 지략이 부족하여 실행에 옮기지 못했습니다.

126 **지척지척**

힘없이 다리를 끌면서 억지로 걷는 모양
예 먼 길을 오는 동안 많이 지쳤는지 아내는 저만치 뒤에서 지척지척 따라왔다.

127 **지체**

어떤 집안이나 개인이 사회에서 차지하고 있는 신분이나 지위
예 이 공자의 상을 보니 지체가 부족한 것 말고 다른 염려는 없을 듯합니다.

128 **직접 제시**
곧을 直 사귈 接
끌 提 보일 示

문학 작품에서 인물의 성격과 심리를 제시하는 방법으로, 서술자가 등장인물의 성격, 특성, 심리 상태 등을 직접적으로 말해 주는 것
예 소설 '자전거 도둑'에서는 수남이의 우울한 마음을 직접 제시한다.
※ 간접 제시 : 서술자의 개입 없이 행동이나 대화 또는 외모를 통해 등장인물의 성격이나 심리 상태를 드러내는 방식. 간접 제시 방법은 인물의 성격을 생생하고 구체적으로 드러내는 장점이 있지만, 작가의 의견을 나타내기에는 불편하다는 단점이 있다.

시험에 꼭 나오는 필수 개념어

■ 직접 제시와 간접 제시

직접 제시	간접 제시
• 작가가 직접 인물에 대해 판단, 분석해서 인물의 성격을 설명하는 방법 • 말하기 방식 • 분석적, 요약적 제시	• 등장인물의 겉모습, 행동, 대화 등 객관적인 상황을 묘사하여 보여 줌으로써 간접적으로 인물의 성격을 보여 주는 방법 • 보여 주기 방식 • 극적 제시

129 **징용**
부를 徵 쓸 用

전시 · 사변 또는 이에 준하는 비상사태에, 국가의 권력으로 국민을 강제적으로 일정한 업무에 종사시키는 일
예 아버지가 징용에 끌려간 뒤로 동길이는 집안 형편이 어렵게 되었다.

130 **천고 영웅**
일천 千 옛 古
꽃부리 英 수컷 雄

오랜 세월을 통해 드물게 나타나는 영웅
예 이 공자의 상을 보니 천고 영웅입니다.

131 **천부당만부당**
천 千 아닐 不 당할 當
만 萬 아닐 不 당할 當

어림없이 이치에 맞지 아니함.
예 우리 할아버지는 천부당만부당하다는 듯이 손을 내저었다.

132 **철칙**
쇠 鐵 법칙 則

바꾸거나 어길 수 없는 중요한 법칙
예 그것이 수남이가 서울에 와서 점원 노릇하면서 배운 장사 철칙 제1항이었다.

133 **첩첩산중**
겹쳐질 疊 겹쳐질 疊
산 山 가운데 中

여러 산이 겹치고 겹친 산속
예 길동이 주문을 외니, 집은 간데없고 첩첩산중에 풍경이 굉장했다.

134 **추근추근하다**

성질이나 태도가 몹시 끈질기다.
예 수만이는 추근추근하게 쫓아다니며 은근히 골렸다.

135 **추호**
가을 秋 가는 털 毫

「1」 가을철에 털갈이하여 새로 돋아난 짐승의 가는 털
「2」 매우 적거나 조금인 것을 비유적으로 이르는 말
예 평생 원한이 마음속에 맺혀 집을 버리고 도둑 무리의 우두머리가 되었사오나 백성은 추호도 범치 않았사옵니다.

필수 어휘

확인 문제

정답 및 해설 52p

[1~5번] 제시된 초성과 뜻을 참고하여 (　　　) 안에 들어갈 단어를 쓰시오.

1 ㅈ ㅈ : 없어지거나 떠난 뒤에 남은 흔적
예 그는 (　　　　)도 없이 사라졌다.

2 ㅈ ㅇ : 전시 · 사변 또는 이에 준하는 비상사태에, 국가의 권력으로 국민을 강제적으로 일정한 업무에 종사시키는 일
예 형이 강제 (　　　　)에 끌려간 지 2년이 지나도록 소식이 없다.

3 ㅈ ㅂ ㅈ ㅂ 하다 : 자꾸 머뭇거리거나 주저주저하는 모양
예 미란이는 자꾸만 (　　　　　　　　)하는 그를 답답해했다.

4 ㅊ ㅊ : 바꾸거나 어길 수 없는 중요한 법칙
예 수희에게는 반드시 지켜야만 하는 (　　　　)이 하나 있었다.

5 ㅊ ㄱ ㅊ ㄱ : 성질이나 태도가 매우 끈질긴 모양
예 일을 하기에도 시간이 부족한데 그는 (　　　　　　　　)하게 계속 전화했다.

[6~10번] 다음의 문장에 어울리는 단어를 골라 ○표를 하시오.

6 등장인물의 행동, 대화, 겉모습을 통해 인물의 성격이나 심리를 드러내는 것을 (직접 제시/간접 제시)라고 한다.

7 수영이는 (지략/철칙)이 뛰어난 준수에게 이번 경기 계획을 세워줄 것을 부탁했다.

8 자기만의 관점에서 작품을 해석하고 평가하는 것을 (수동적 관점/주체적 관점)이라고 한다.

9 그는 전쟁으로 인해 살기 힘든 세상을 구해 줄 (천고 영웅/천고마비)이다.

10 하루 종일 업무에 시달린 아버지께서 (뒤척뒤척/지척지척) 걸어오신다.

11 다음 [보기]에 해당하는 단어는 무엇인가?

보 기

「1」 가을철에 털갈이하여 새로 돋아난 짐승의 가는 털
「2」 매우 적거나 조금인 것을 비유적으로 이르는 말

① 추호　② 대량　③ 수염　④ 입추　⑤ 깃털

[12~15번] 다음 이야기를 읽고, (   ) 안에 알맞은 말을 [보기]에서 찾아 쓰시오.

옛날 옛날에 12(   ) 높은 집안의 선비가 과거를 보러 한양에 가기 위해 고개를 넘어 가고 있었어요. 그런데 길을 잘못 들어 길도 사람도 보이지 않는 13(   )으로 들어와 버린 거예요. 불안해진 선비의 눈앞에 갑자기 커다란 호랑이 한 마리가 나타났어요. 놀란 선비는 온몸에 14(   )이/가 일었어요. 그런데 바로 그때, 누군가 나타나 단칼에 호랑이를 무찔렀어요. 선비는 목숨을 살려주어 감사하다며 몇 번이나 인사를 했지만 그 사람은 15(   ) 하다며 오히려 선비에게 절을 했어요. 알고 보니 그는 오래 전에 가난 때문에 노비로 팔려가던 것을 선비가 구해주었던 사람이었어요. 이렇게 덕을 쌓으면 언젠가는 그 덕이 자신에게 돌아오는 날이 있답니다!

보 기

전율   천부당만부당   지체   첩첩산중   추근추근   주빗주빗

[16~18번] 다음 뜻에 알맞은 단어를 서로 연결하시오.

16 힘없이 다리를 끌면서 억지로 걷는 모양 • • 지략

17 어떤 일이나 문제를 슬기롭게 풀어 나가는 꾀 • • 지체

18 어떤 집안이나 개인이 사회에서 차지하고 있는 신분이나 지위 • • 지척지척

[19, 20번] 다음 단어를 활용하여 새로운 문장을 만드시오.

19 **종적** : 없어지거나 떠난 뒤에 남은 흔적

→ ______________________________

20 **전율** : 몹시 무섭거나 두려워 몸이 벌벌 떨림.

→ ______________________________

몇 문제 맞혔나요? (   ) / 20문항

맞힌 개수	17개 이상	11~16개	10개 이하
결과	다음 일차로 넘어가도 되겠어요!	이번 일차 한 번만 더 읽고 갈까요?	복습하고 넘어가야겠어요.

내신 대비

개념어 적용 문제

1 다음은 '홍길동전'의 줄거리이다. 이 글을 주체적인 관점에서 감상한 내용 중, 관점이 다른 하나는?

연관 개념어 ▾ 주체적 관점

홍 판서의 서자인 '홍길동'은 높은 학식과 뛰어난 무술 실력을 갖춘 인물로 자란다. 그러나 서자라는 이유로 차별이 심해지고 자신을 시기하여 해치려는 사람까지 생기자, 스스로 집을 떠나 도둑 무리의 우두머리가 된다. 그리고 도둑 무리를 이끌고 부패한 벼슬아치들을 찾아내어 벌주고, 그들에게서 빼앗은 재물을 가난한 백성에게 나누어 주는 등 의로운 일을 계속하여 백성의 큰 지지를 받게 된다. 길동을 잡으려다 실패한 임금은 길동에게 병조 판서를 주어 달래고, 길동은 평생의 한을 풀었다며 임금에게 절을 하고 조선을 떠난다. 길동은 자신을 따르는 무리들을 이끌고 율도국을 정벌하여 왕이 된다. 길동이 나라를 다스린 지 3년이 되자, 산에는 도둑이 없어지고 길에는 물건이 떨어져도 주워 가는 이가 없는 이상적인 나라가 되었다.

① 당대의 사회적 상황이 잘 드러난 작품으로, 오늘날 사회를 보면서도 깨닫게 하는 바가 있어.
② 자신이 처한 부당한 현실에 순응하지 않고 적극적으로 대응한 주인공의 영웅적인 모습을 담고 있는 작품이야.
③ 불합리한 당시의 시대 상황을 담고 있는 작품으로, 백성들은 이 작품을 보면서 대리 만족을 느꼈을 거야.
④ 당시 신분 사회에 대한 불만을 표현했지만 실제로 사회 제도를 개혁하지는 못했으므로, 시대적 한계를 보여 주는 작품이야.
⑤ 신분에 따라 사람을 차별하는 시대적 모순을 지적한 작품으로, 누구나 평등한 사회가 되기를 바랐던 작가의 이상을 엿볼 수 있어.

2 다음에서 인물의 심리를 직접 제시한 부분을 찾아 쓰시오.

연관 개념어 ▾ 직접 제시

바람 부는 서울의 뒷골목은 흉흉하고 을씨년스러웠다. 먼지는 물론 온갖 잡동사니들이 다 날아들어 가게 앞에 쓰레기 무더기를 만들었다. 쓸어도 쓸어도 당해 낼 도리가 없었다. 손님도 딴 날보다 적었고, 수남이는 까닭 없이 마음이 울적했다.

서술형

3 다음에서 간접 제시를 통해 드러나는 '나'의 성격을 10자 내외로 쓰시오.

연관 개념어 ▾ 직접 제시

그러자 할아버지는 언젠가 내 사촌을 시켜 내 뒤를 밟게 해서 들었던 것을 얘기했다.
"집을 나서서 곧장 학교로 오는 것이 아니라 사방을 돌아다니더라는 것입니다. 장다리꽃이 핀 남의 텃밭에 가서 쭈알거리고, 죽순이 올라오는 대밭에 가서 쭈알거리고, 심지어는 게 구멍 앞에서 민들레꽃을 들고 한나절을 있더랍니다." / 나는 도저히 참고 있을 수가 없었다.
"게가 꽃을 좇아 그만 달려 나올 것 같았거든요, 할아버지."

– 정채봉, 「별명을 찾아서」

136 **층암절벽**
층 層 바위 巖
끊을 絕 벽 壁

몹시 험한 바위가 겹겹으로 쌓인 낭떠러지
예 갑자기 길이 끊어지면서 층암절벽이 가로막아 오도 가도 못 하는 처지가 되었다.

137 **폐단**
나쁠 弊 바로잡을 端

어떤 일이나 행동에서 나타나는 옳지 못한 경향이나 해로운 현상
예 관청에 폐단을 일으키고 조정에 죄를 얻음은 전하께 알게 하려 함이었습니다.

138 **포도청**
사로잡을 捕 훔칠 盜
관청 廳

조선 시대에, 범죄자를 잡거나 다스리는 일을 맡아보던 곳
예 홍길동을 잡기 위해서는 포도청 군사를 동원해야 한다.

139 **푸념**

마음속에 품은 불평을 늘어놓음.
예 들볶는 푸념 속에서 큰아들에 대한 원망과 함께 기대가 곁들여 있는 것을 수남이는 느낄 수 있었다.

140 **할끔할끔**

곁눈으로 살그머니 계속 할겨 보는 모양
예 점순이는 제집께를 할끔할끔 돌아다보았다.

141 **함지박**

통나무의 속을 파서 큰 바가지같이 만든 그릇
예 어머니는 또 한 번 한숨을 쉬면서 함지박을 들고 부엌으로 들어갔다.

142 **해석**
풀 解 풀 釋

「1」 문장이나 사물 따위로 표현된 내용을 이해하고 설명함. 또는 그 내용
예 이 영어 문장은 해석이 잘 되지 않는다.
「2」 사물이나 행위 따위의 내용을 판단하고 이해하는 일. 또는 그 내용
예 문학 작품을 해석할 때에는 자신만의 판단 기준이 있어야 해.

시험에 꼭 나오는 필수 개념어

문학 작품에서 '해석'이란 독자가 나름의 가치 판단 기준을 가지고 문학 작품을 선택하여 읽고 객관적인 근거를 제시하여 평가하는 주체적인 활동이다.

■ **작품 해석의 다양한 요소**
① 작품 : 작품의 가치는 작품 자체에 존재하는 것이므로, 작품의 언어나 구조 등에 관심을 두고 작품 자체만을 중심으로 작품을 해석함.
② 작가 : 작가의 창작 의도, 심리 상태, 생애 등 작가와 작품의 관계에 초점을 맞추어 작품을 해석함.
③ 독자 : 작품이 독자에게 주는 감동과 교훈에 초점을 맞추어 작품을 해석함.
④ 사회(현실) : 작품 속에 반영된 세계와 작품이 대상으로 삼은 현실 세계에 대한 비교를 중심으로 작품을 해석함.

143 **혐오감**
싫어할 嫌 미워할 惡
느낄 感

병적으로 싫어하고 미워하는 감정
예 수남이는 아직도 그 마음만은 이해가 안 될 뿐더러 문득문득 혐오감까지 느끼고 있다.

144 **호송**
보호할 護 보낼 送

「1」 목적지까지 보호하여 운반함.
예 은행은 현금 수송 때 경찰에게 호송 요청을 한다.
「2」 죄지은 사람을 어떤 곳에서 목적지로 감시하면서 데려가는 일
예 감사는 길동의 말을 듣고 눈물을 흘리며 길동을 죄수 호송에 사용하는 수레에 태워 서울로 보냈다.

145 **혼비백산**
넋 魂 날 飛 혼 魄
흩어질 散

몹시 놀라 넋이 나가는 것
예 • 초란이 혼비백산하여 급히 부인에게 알리니 부인이 크게 놀랐다.
• 산에서 호랑이를 만난 선비는 혼비백산 달아났다.

146 **활동사진**
살 活 움직일 動
베낄 寫 참 眞

'영화'의 옛 용어. 움직이는 사진이라는 뜻으로, 초기 영화를 오늘날의 영화에 상대하여 이르는 말로도 쓰인다.
예 오늘 밤의 활동사진은 쌍권총을 든 사나이. 많이 구경 오이소!

147 **회심**
모일 會 마음 心

마음에 흐뭇하게 들어맞음. 또는 그런 상태의 마음
예 영감님 얼굴에 회심의 미소가 떠오른다.

148 **횡액**
가로 橫 재앙 厄

뜻밖에 닥쳐오는 불행을 뜻하는 '횡래지액'의 준말
예 • 서울 사람들은 바람의 의미를, 간판이 날아가는 횡액, 한없이 날아오는 먼지, 쓰레기 그것밖에 모른다.
• 그들은 산신이 노하면 횡액을 당한다고 이구동성으로 말했다.

149 **흉계**
흉할 凶 꾀 計

모질고 나쁜 꾀나 수단
예 길동은 집안에 자신을 해치려는 흉계가 있어 이를 물리치고 집을 나온다.

150 **힐난**
꾸짖을 詰 어려울 難

트집을 잡아 거북할 만큼 따지고 듦.
예 엿장수를 잡고 힐난을 한댔자 쉽사리 찾아질 것 같지도 않았다.

정답 및 해설 53p

필수 어휘

확인 문제

[1～5번] 다음 내용이 옳으면 ○표, 틀리면 ×표를 하시오.

1 병적으로 싫어하고 미워하는 감정을 '호감'이라고 한다. (   )

2 어떤 일이나 행동에서 나타나는 옳지 못한 경향이나 해로운 현상을 '폐단'이라고 한다. (   )

3 뜻밖에 닥쳐오는 불행을 뜻하는 '횡래지액'의 준말을 '횡재'라고 한다. (   )

4 마음에 흐뭇하게 들어맞거나 그런 상태의 마음을 '회심'이라고 한다. (   )

5 곁눈으로 살그머니 계속 할겨 보는 모양을 '새근새근'이라고 한다. (   )

[6～10번] 밑줄 친 단어의 뜻을 [보기]에서 찾아 기호를 쓰시오.

6 언니는 꼭 나쁜 짓을 하다가 들킨 사람처럼 <u>혼비백산</u>했다.
(   )

7 호랑이에게 쫓기던 토끼가 결국 <u>층암절벽</u> 아래로 떨어졌다.
(   )

8 옛날 거지들은 <u>함지박</u>에 밥을 얻으러 다녔다고 한다.
(   )

9 <u>활동사진</u>은 일제 강점기 때 서양 문물을 받아들이면서 찍을 수 있게 되었다.
(   )

10 아빠는 나에게 엄마에 대한 <u>푸념</u>을 늘어놓으셨다.
(   )

보 기

㉠ 몹시 험한 바위가 겹겹으로 쌓인 낭떠러지
㉡ 마음속에 품은 불평을 늘어놓음.
㉢ 통나무 속을 파서 큰 바가지같이 만든 그릇
㉣ 몹시 놀라 넋이 나가는 것
㉤ '영화'의 옛 용어. 움직이는 사진이라는 뜻

11 '1) 목적지까지 보호하여 운반함. 2) 죄지은 사람을 어떤 곳에서 목적지로 감시하면서 데려가는 일'의 뜻을 가지고 있는 단어는?

① 호송　② 직송　③ 배송　④ 운송　⑤ 운반

12 다음 [보기]의 설명에 해당하는 단어는?

> **보 기**
>
> 「1」 문장이나 사물 따위로 표현된 내용을 이해하고 설명함.
> 「2」 사물이나 행위 따위의 내용을 판단하고 이해하는 일

① 분석 ② 해석 ③ 설명 ④ 추론 ⑤ 비교

[13～15번] 다음에 제시된 뜻을 참고하여 초성에 해당하는 단어를 쓰시오.

13 [ㅎ] [ㄴ] : 트집을 잡아 거북할 만큼 따지고 듦.

14 [ㅍ] [ㄷ] [ㅊ] : 조선 시대에, 범죄자를 잡거나 다스리는 일을 맡아보던 곳

15 [ㅎ] [ㄱ] : 모질고 나쁜 꾀나 수단

[16～22번] 다음 문장의 (　　　) 안에 알맞은 단어를 찾아 서로 연결하시오.

16 사회가 낳은 (　　　)을/를 뿌리 뽑아야 한다. •	• 혐오감
17 죄인을 (　　　)하는 차량이 지나갔다. •	• 흉계
18 수남이는 도둑질을 한 형에게 (　　　)을/를 느꼈다. •	• 힐난
19 그는 편지 한 장 남기지 않고 집을 나서면서 집 쪽을 (　　　) 보았다. •	• 할끔할끔
20 새엄마와 언니들은 신데렐라를 괴롭히기 위해 (　　　)을/를 꾸몄다. •	• 호송
21 조선의 (　　　)은/는 지금의 경찰서와 비슷한 일들을 했다. •	• 폐단
22 모두 그의 잘못이라며 (　　　)했지만 돌이켜 생각해보면 나에게도 잘못이 있다. •	• 포도청

몇 문제 맞혔나요? (　　　　) / 22문항

맞힌 개수	20개 이상	13～19개	12개 이하
결과	다음 일차로 넘어가도 되겠어요!	이번 일차 한 번만 더 읽고 갈까요?	복습하고 넘어가야겠어요.

내신 대비

개념어 적용 문제

1 다음은 문학 작품의 '해석'에 대한 대화 내용이다. 문학 작품의 '해석'에 대해 잘못 이해하고 있는 학생은?

연관 개념어 ▾ 해석

기문 : 문학 작품의 해석이란, 독자가 나름의 가치 판단 기준을 가지고 문학 작품을 선택하여 읽고 근거를 제시하는 활동을 의미해.
용진 : 독자마다 관점이나 입장이 다르고, 문학 작품을 이해하는 독자의 인식 수준이 다르기 때문에 문학 작품의 해석도 다양할 수밖에 없겠네.
보람 : 그래서 문학 작품은 일반적인 의사소통에 비해 의미가 복합적이고 변화의 가능성이 많다는 특징이 있지.
진솔 : 그렇다면 문학 작품을 해석할 때에는 작품에 대한 독자의 주관적인 느낌이나 생각이 잘 드러나도록 작품을 해석하는 것이 가장 중요하겠군.
경준 : 문학 작품을 해석할 때에는 다른 사람들의 해석과 감상에 귀를 기울이고, 자신의 이해 방식과 타인의 이해 방식을 비교해 보는 것도 필요해.

① 기문 ② 용진 ③ 보람 ④ 진솔 ⑤ 경준

2 다음 ㉠~㉧에 나타나 있는 작품 해석의 요소를 [보기]에서 찾아 각각 쓰시오.

연관 개념어 ▾ 해석

㉠ 이육사의 시 '청포도'에는 의지적인 태도로 조국의 독립을 염원하는 독립 운동가로서의 모습이 담겨 있다. ( )
㉡ 소설 '하늘은 맑건만'은 깨끗하고 정직한 마음이 소중하다는 교훈을 주고 있다. ( )
㉢ 고전 소설 '홍길동전'에서는 조선 시대의 신분 제도와 부정부패의 문제가 강력히 제기되고 있다. ( )
㉣ 시 '돌담에 속삭이는 햇발'에서는 3음보 7 · 5조의 음수율과 문장 구조의 반복을 통해 운율을 형성하고 있다. ( )
㉤ 소설 '수난 이대'는 일제 강점과 6 · 25 전쟁으로 고통 받는 우리 민족의 모습을 그리고 있다. ( )
㉥ 소설 '옥상의 민들레꽃'은 가족 간의 관심과 사랑이 필요하다는 주제를 통해 물질 만능주의적인 태도로 살아가는 현대인들에게 문학적 감동을 주고 있다. ( )
㉦ 희곡 '오아시스 세탁소 습격 사건'은 탐욕스러운 사람들을 세탁기에 넣어 그들의 마음을 깨끗하게 만든다는 결말 부분의 내용에서 주제를 상징적으로 드러낸 작품이다. ( )
㉧ 시나리오 '달리는 차은'에서는 우리 사회에 만연한 외국인에 대한 편견과 다문화 사회를 다루고 있다. ( )

[보 기]

현실 독자 작품 작가

어휘줍기 Cartoon

■ 다음 그림을 보고, 그림 속 단어의 의미를 사전에서 찾아 보자.

- 호감 :
- 야박 :

Ⅲ 정보 전달하는 글

11 일차 정보 전달하는 글(1)

교과서 필수 어휘

151 **가늠**

「1」 목표나 기준에 맞고 안 맞음을 헤아려 봄.

「2」 사물을 어림잡아 헤아림.

예 도로 이름을 보면 건물 주변에 있는 도로의 크기를 가늠할 수 있다.

152 **갈무리**

물건 따위를 잘 정리하거나 간수함.

예 제철에 나는 식물성 재료를 그때 그때 갈무리해서 말린 뒤 반찬으로 만든 부각과 튀각이 있다.

153 **갈피갈피**

여러 갈피가 낱낱이 거듭되는 모양

예 미국쑥부쟁이는 흰색 꽃이 줄기에 갈피갈피 핀다.

154 **개항**

열 開 항구 港

외국과 물품을 사고팔 수 있게 항구를 개방하여 외국 선박의 출입을 허가함. 또는 그 항구

예 망초와 개망초는 19세기 말의 개항을 전후로 우리 땅에 들어와 살게 된 식물이다.

155 **권위**

권세 權 위엄 威

「1」 남을 지휘하거나 통솔하여 따르게 하는 힘

「2」 일정한 분야에서 사회적으로 인정을 받고 영향력을 끼칠 수 있는 위신

예 옛날로 거슬러 올라가면 의자는 오늘날과 같은 신체의 휴식 기능보다는 지배 계급의 권위를 표시하는 기능이 더 중시되었다.

156 **귀화**

돌아갈 歸 될 化

「1」 다른 나라의 국적을 얻어 그 나라의 국민이 되는 일

「2」 원산지가 아닌 지역으로 옮겨진 동식물이 그곳의 기후나 땅의 조건에 적응하여 번식하는 일

예 우리 주변에서 많은 귀화 식물을 쉽게 볼 수 있다.

157 **그래프 graph**

여러 가지 자료를 분석하여 그 변화를 한눈에 알아볼 수 있도록 나타내는 직선이나 곡선

시험에 꼭 나오는 필수 개념어

■ **그래프의 종류**

- 막대그래프 : 양의 크기를 막대의 길이로 표현하여 수량의 상대적 크기를 비교할 때 사용함.
- 꺾은선 그래프 : 막대그래프의 끝을 꺾은선으로 연결한 그래프로, 시간의 흐름에 따른 양의 변화를 나타내는 데 편리함.
- 원그래프 : 원 전체를 100퍼센트로 보고 각 부분의 비율을 원의 부채꼴 면적으로 표현한 그래프로, 전체와 부분 및 부분과 부분의 비율을 확인할 때 사용함.
- 띠그래프 : 띠 모양의 직사각형을 일정한 길이로 나누어서 그 구분된 직사각형으로 크기를 나타낸 그래프로, 전체와 부분의 비율이나 부분끼리의 비율을 비교할 때 유용함.
- 레이더 차트 : 여러 측정 목표를 함께 겹쳐 놓아 비교하기에 편리하고, 각 항목 간 비율뿐만 아니라 균형과 경향을 한눈에 파악할 수 있어 편리함.

158 **급습**
급할 急 공격할 襲

갑자기 공격함.
예 먼저 조선 수군의 전투선이 왜의 수군을 급습했다.

159 **꾸덕꾸덕**

물기 있는 물체의 거죽이 조금 마르거나 얼어서 꽤 굳어진 상태
예 자반은 1~2일 지난 다음에 꺼내서 다시 꾸덕꾸덕 말린 후 다른 항아리에 담았다가 요리해 먹기도 한다.

160 **노폐물**
늙을 老 폐할 廢 만물 物

「1」 낡아서 소용없는 물건
「2」 생물체의 신진대사 과정에서 만들어지는 불필요한 찌꺼기
예 소금은 우리 몸에 쌓인 각종 노폐물을 배출시킨다.

161 **녹진녹진**

「1」 물기가 약간 있어 녹녹하면서 끈끈한 모양
「2」 성질이 보드라우면서 끈기가 있는 모양
예 섭씨 900~1200℃로 펄펄 끓던 녹진녹진한 용암은 줄기를 이뤄 강물처럼 낮은 곳으로 흘러내리다가 서서히 식으면서 굳는다.

162 **누진**
포갤 累 나아갈 進

「1」 지위, 등급 따위가 차차 올라감.
「2」 가격, 수량 따위가 더하여 감에 따라 상대적으로 그에 대한 비율이 점점 높아짐.
예 직접세는 소득이나 재산에 따라 누진적으로 적용되는 경우가 많다.

163 **만회**
당길 挽 돌 回

바로잡아 회복함.
예 왜의 수군들은 연달은 패배를 만회하려고 했다.

164 **매체**
중매 媒 몸 體

어떤 작용을 한쪽에서 다른 쪽으로 전달하는 물체. 또는 그런 수단
예 매체에 따른 언어 사용 방식의 차이점을 이해해야 한다.

시험에 꼭 나오는 필수 개념어

■ **매체의 종류**
- 인쇄 매체 : 주로 문자 언어로 내용을 전달하는 매체로, 신문, 잡지, 책 등이 있다.
- 방송 매체 : 대표적으로 라디오와 텔레비전 매체가 있으며, 의사소통이 일방적으로 이루어진다는 특징이 있다.
- 통신 매체 : 문자 언어와 함께 음성 언어와 영상 등을 다양하게 활용하는 것으로, 내용을 거의 실시간으로 주고받는 등 상호 작용성이 강하게 나타난다. 인터넷, 휴대 전화 메시지 등이 있다.

165 **명성**
이름 名 소리 聲

세상에 널리 퍼져 평판 높은 이름
예 우리나라는 정보 통신 강국이라는 명성에 걸맞게 최첨단 기능을 갖춘 각종 정보 통신 기기가 연일 쏟아져 나오고 있다.

필수 어휘

확인 문제

정답 및 해설 53p

[1~6번] 다음 뜻에 알맞은 단어를 서로 연결하시오.

1 갑자기 공격함.	•	• 갈무리
2 바로잡아 회복함.	•	• 급습
3 물건 따위를 잘 정리하거나 간수함.	•	• 갈피갈피
4 사물을 어림잡아 헤아림.	•	• 명성
5 여러 갈피가 낱낱이 거듭되는 모양	•	• 가늠
6 세상에 널리 퍼져 평판 높은 이름	•	• 만회

[7~11번] 다음 (　　) 안에 알맞은 단어를 [보기]에서 찾아 쓰시오.

7 우리나라는 1876년 일본에 의해서 부산, 원산, 인천 항구를 (　　　　)하였다.

8 라디오와 텔레비전은 대표적인 방송 (　　　　)이다.

9 그는 미국인이지만 한국을 너무 사랑하여 한국에 (　　　　)하고 싶다는 뜻을 내비쳤다.

10 나이에 따른 스마트폰 중독률을 (　　　　)(으)로 보여 준다면 이해하기 쉬울 것이다.

11 정부는 전기 요금과 도시가스 요금을 몇 년에 걸쳐 (　　　　)(으)로 올리겠다고 발표했다.

보 기

그래프　　개항　　귀화　　매체　　누진적

12 다음 [보기]의 의미에 해당하는 단어는?

보 기

「1」 남을 지휘하거나 통솔하여 따르게 하는 힘
「2」 일정한 분야에서 사회적으로 인정을 받고 영향력을 끼칠 수 있는 위신

① 권력　　② 권세　　③ 권리　　④ 위력　　⑤ 권위

13 '물기 있는 물체의 거죽이 조금 마르거나 얼어서 꽤 굳어진 상태'를 나타낸 단어는?

① 뽀득뽀득 ② 갈피갈피 ③ 꾸덕꾸덕 ④ 녹진녹진 ⑤ 꼬물꼬물

[14, 15번] 다음 단어의 뜻을 [보기]에서 각각 2개씩 찾아 기호를 쓰시오.

14 노폐물 – ( ), ( ) 15 녹진녹진 – ( ), ( )

보 기

㉠ 성질이 보드라우면서 끈기가 있는 모양
㉡ 낡아서 소용없는 물건
㉢ 생물체의 신진대사 과정에서 만들어지는 불필요한 찌꺼기
㉣ 물기가 약간 있어 녹녹하면서 끈끈한 모양

[16～20번] 밑줄 친 단어를 활용하여 새로운 문장을 만드시오.

16 이 경기는 승패를 가늠하기 어려울 만큼 팽팽하게 진행되고 있다.

→

17 그의 명성은 익히 들어 알고 있지만, 직접 만나 본 적은 없다.

→

18 우리 아버지는 가장으로서의 권위를 너무 내세우신다.

→

19 바다의 왕자 장보고는 일본 함선을 먼저 급습하여 승리를 거두었다.

→

20 용화는 자신의 실수를 만회하기 위해 끊임없이 노력하였다.

→

몇 문제 맞혔나요? ( ) / 20문항

맞힌 개수	17개 이상	11～16개	10개 이하
결과	다음 일차로 넘어가도 되겠어요!	이번 일차 한 번만 더 읽고 갈까요?	복습하고 넘어가야겠어요.

내신 대비

개념어 적용 문제

1 **다음 중 그래프를 활용하기에 가장 효과적인 주제는?** 연관 개념어 ▾그래프

① 종이학 접는 방법
② 음식물의 소화 과정
③ 우리 지역의 문화재
④ 청소년의 흡연 실태
⑤ 각 지역 민요의 특징

2 **다음 중 인터넷 매체를 가장 바르게 사용하고 있는 사람은?** 연관 개념어 ▾매체

① 민우 : 최대한 신속하게 글을 작성하기 위해 줄임말을 많이 사용했어.
② 진희 : 많은 사람들이 주장하는 의견을 나도 그대로 따라서 댓글을 썼어.
③ 현수 : 정확한 의미 전달을 위해 어법을 파괴한 표현은 가급적 사용하지 않도록 노력했어.
④ 동현 : 글을 쓴 사람의 이름이 나와 있지 않아서 그 사람의 이름이 무엇인지 추적해 보았어.
⑤ 수진 : 내가 누구인지 알 수 없을 테니까 나와 반대 의견을 가진 누리꾼을 직설적으로 비난했어.

3 **라디오 매체의 특징과 가장 거리가 먼 것은?** 연관 개념어 ▾매체

① 억양이나 어조 등을 보조 수단으로 이용한다.
② 음성 언어와 문자 언어, 영상을 함께 사용한다.
③ 내용 전달이 일방적으로 이루어지는 경우가 많다.
④ 저장 매체를 사용하여 오랜 기간 보존할 수도 있다.
⑤ 시간과 공간을 초월하여 신속하게 내용을 전달할 수 있다.

4 **다음 그래프의 유형을 각각 쓰시오.** 연관 개념어 ▾그래프

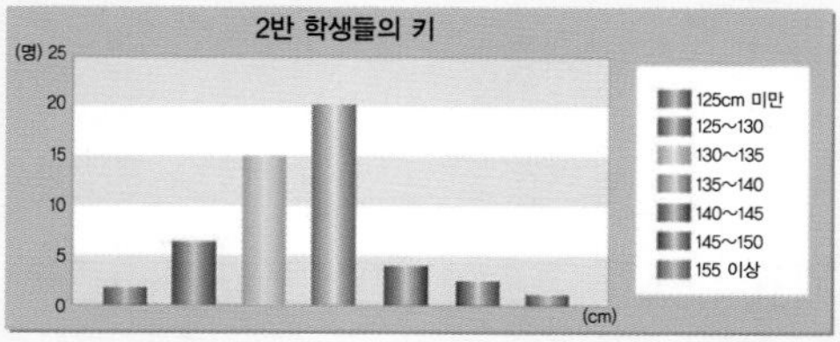

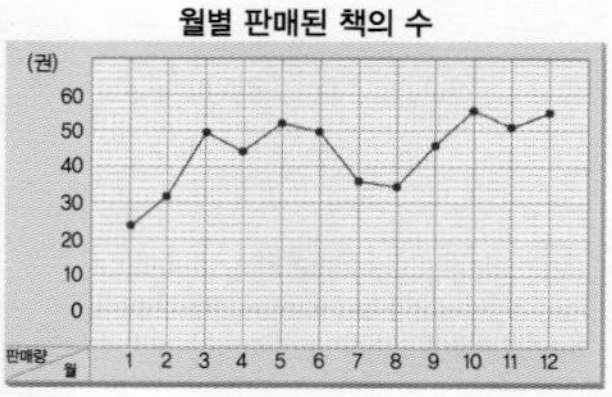

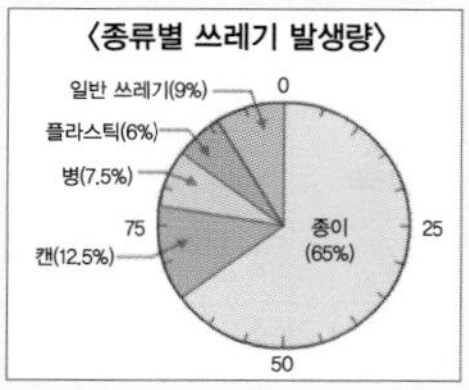

㉠ (　　　　　　) ㉡ (　　　　　　) ㉢ (　　　　　　)

정보 전달하는 글(2)

교과서 필수 어휘

12일차

166 **보급**
널리 普 미칠 及

널리 펴서 많은 사람들에게 골고루 미치게 하여 누리게 함.
예 인터넷 접속 기능이 있는 스마트폰이 빠른 속도로 보급되었다.

167 **보조 자료**
도울 補 도울 助
재물 資 헤아릴 料

내용의 전달 효과를 높이기 위해 사용된 도표, 그림, 사진 등의 자료
예 이 글에는 보조 자료를 제시해야 내용 이해가 더 쉽다.

시험에 꼭 나오는 필수 개념어

■ **보조 자료의 효과**
- 분석한 결과를 한눈에 알아볼 수 있음.
- 글로만 설명하는 것보다 내용을 생생하고 효과적으로 전달할 수 있음.
- 복잡한 내용을 간단하게 제시할 수 있으므로, 독자가 글의 내용을 쉽게 이해할 수 있음.
- 독자의 흥미를 유발할 수 있으며, 글의 내용을 분명하고 인상적으로 소개할 수 있음.

168 **부가 가치세**
붙을 附 더할 加
값 價 값 値 세금 稅

나라에서 걷는 세금의 하나로, 물건의 거래나 서비스 제공에서 발생하는 이익에 대해 내는 세금
예 간접세는 물건이나 서비스에 매겨지는 것으로 부가 가치세가 대표적이다.

169 **비옥**
살찔 肥 기름질 沃

땅이 걸고 기름짐.
예 농사 짓는 땅을 비옥하게 하려고 일부러 심는 자운영이라는 식물이 있다.

170 **석회암**
돌 石 재 灰 바위 巖

탄산칼슘을 주성분으로 하는 퇴적암. 수중 동물의 뼈나 껍질이 쌓여 생기며, 섞여 있는 광물의 종류에 따라 여러 가지 색깔을 띤다. 시멘트, 석회, 비료 따위의 원료로 쓴다.
예 석회 동굴은 이름처럼 석회암이 지하수나 빗물에 의해 조금씩 깎이거나 녹아서 만들어진 동굴이다.

171 **설명문**
말씀 說 밝을 明
글월 文

어떤 지식이나 정보 등 글쓴이가 알고 있는 것을 독자들이 쉽게 이해할 수 있도록 풀이하여 쓴 객관적인 글
예 설명문에 담긴 핵심 정보를 잘 기억해 둬.

시험에 꼭 나오는 필수 개념어

■ **설명문의 특징**
- 글쓴이의 주관적 생각이나 느낌을 피하여, 객관적인 입장에서 전달함.
- 전달하고자 하는 지식이나 정보를 실제 사실에 근거하여 설명함.
- 독자가 잘 이해할 수 있도록 쉽게 설명함.
- '처음 – 중간 – 끝'의 3단 구성으로 짜임새 있게 전개함.
  - 처음 : 글을 쓰게 된 동기, 글의 목적 등을 밝혀 독자의 관심을 유도하는 단계
  - 중간 : 여러 가지 설명 방법으로 대상을 구체적으로 설명하는 단계
  - 끝 : 설명한 내용을 간략하게 요약 · 정리하고 마무리하는 단계
- 뜻이 분명하게 전달되도록 간결하고 정확한 표현을 사용함.

172 **설명 방법**
말씀 說 밝을 明
모 方 법 法

설명하는 글에서 독자들에게 내용을 알기 쉽게 전달하기 위해서 사용하는 내용 전개 방법

예 설명하는 글을 읽을 때에는 글에 사용된 설명 방법이 무엇인지 생각해 봐야 돼.

시험에 꼭 나오는 필수 개념어

■ **대표적인 설명 방법**
- 정의 : '무엇은 무엇이다'라는 형식으로 어떤 대상의 뜻, 본질을 밝히어 풀이하는 방법
  예 표준어란 교양 있는 사람들이 두루 쓰는 현대 서울말을 말한다.
- 예시 : 어떤 대상에 대해 구체적인 예를 들어 알기 쉽게 설명하는 방법
  예 매체는 다양하다. 예를 들면 TV와 라디오, 인쇄 매체 등이 있다.
- 분류 : 대상을 공통되는 성질에 따라 종류별로 나누어 설명하는 방법
  예 문학은 일반적으로 시, 소설, 수필, 희곡 등으로 나뉜다.
- 분석 : 대상을 이루고 있는 구성 요소별로 나누어 설명하는 방법
  예 꽃은 암술, 수술, 꽃받침, 꽃잎 등으로 이루어져 있다.
- 비교 : 둘 이상의 대상에서 공통점을 취하여 설명하는 방법
  예 TV와 라디오는 모두 정보 전달을 하는 매체이다.
- 대조 : 둘 이상의 대상에서 차이점을 취하여 설명하는 방법
  예 TV는 영상과 음성을 사용하고, 라디오는 음성만을 사용한다.

173 **수렵**
사냥 狩 사냥 獵

총이나 활 또는 길들인 매나 올가미 따위로 산이나 들의 짐승을 잡는 일 = 사냥

예 수렵과 채집을 하던 원시 시대 사람의 똥은 아마도 바나나 모양에 가까웠을 것이다.

174 **수월하다**

까다롭거나 힘들지 않아 하기가 쉽다.

예 밑반찬은 식사 준비를 수월하게 한다.

175 **수취인**
받을 受 취할 取 사람 人

보내거나 내주는 것을 받는 사람

예 어떤 사람들은 말로 생각을 표현하고 이해하는 과정을 우편배달부와 수취인에 비유하기도 합니다.

176 **시래기**

무청이나 배추의 잎을 말린 것. 새끼 따위로 엮어 말려서 보관하다가 볶거나 국을 끓이는 데 쓴다.

예 시래기나 무말랭이는 햇볕에 말렸기 때문에 비타민 D가 더욱 풍부해진다.

177 **실태**
열매 實 모양 態

있는 그대로의 상태

예 인터넷 중독과 깊이 관련되어 있는 스마트폰 중독 실태를 알아본다.

178 **양성**
기를 養 이룰 成

가르쳐 유능한 사람을 길러 냄.

예 인터넷 중독을 예방하고 치료하기 위한 전문 인력을 더 많이 양성할 필요가 있다.

179 **염장**
소금 鹽 저장할 藏

소금에 절여 저장함.

예 채소를 염장하는 방식은 지방에 따라 제각기 다르다.

180 **영장류**
신령 靈 길 長 무리 類

가장 고등한 동물로, 얼굴이 짧으며 가슴에 한 쌍의 유방이 있는 동물. 원숭이류, 인류, 유인원류 등을 포함함.

예 대표적인 영장류인 침팬지, 오랑우탄, 고릴라 등은 지문이 있다.

정답 및 해설 54p

필수 어휘

확인 문제

[1~5번] 밑줄 친 단어의 뜻을 [보기]에서 찾아 기호를 쓰시오.

1 청소년 스마트폰 중독 실태를 조금 더 꼼꼼히 조사해 볼 필요가 있다. – (　　)

2 요즘은 컴퓨터가 널리 보급되어 많은 사람들이 컴퓨터로 일을 한다. – (　　)

3 설명하려는 내용의 이해를 돕기 위해 보조 자료를 활용하는 것이 좋다. – (　　)

4 축제 준비를 수월하게 하고 있는 듯 보였으나 실상은 매우 달랐다. – (　　)

5 우리나라는 예로부터 음식을 저장하는 방법으로 염장 방식을 사용했다. – (　　)

보 기

㉠ 내용의 전달 효과를 높이기 위해 사용된 도표, 그림, 사진 등의 자료
㉡ 있는 그대로의 상태
㉢ 까다롭거나 힘들지 않아 하기가 쉽다.
㉣ 널리 펴서 많은 사람들에게 골고루 미치게 하여 누리게 함.
㉤ 소금에 절여 저장함.

[6~12번] 다음의 뜻에 해당하는 단어를 [보기]에서 찾아 쓰시오.

6 무청이나 배추의 잎을 말린 것 – (　　　　)

7 총이나 활 또는 길들인 매나 올가미 따위로 산이나 들의 짐승을 잡는 일 – (　　　　)

8 세금의 하나로, 물건의 거래나 서비스 제공에서 발생하는 이익에 대해 내는 세금 – (　　　　)

9 가장 고등한 동물로, 얼굴이 짧으며 가슴에 한 쌍의 유방이 있는 동물 – (　　　　)

10 가르쳐 유능한 사람을 길러 냄. – (　　　　)

11 보내거나 내주는 것을 받는 사람 – (　　　　)

12 땅이 걸고 기름짐. – (　　　　)

보 기

영장류　　부가 가치세　　수렵　　비옥　　양성　　수취인　　시래기

13 다음 [보기]의 (　　　) 안에 공통적으로 들어갈 단어는?

보기

「1」 우리 학교의 목표는 미래의 훌륭한 지도자를 (　　　　　)하는 것입니다.
「2」 기업은 젊은 경영인을 (　　　　　)하여 보다 진보적인 발전을 꾀해야 할 것입니다.

① 발육　② 양성　③ 양육　④ 성장　⑤ 보육

[14～16번] 다음 빈칸에 알맞은 단어를 [보기]에서 찾으시오.

탄산칼슘을 주성분으로 하는 퇴적암, 즉 14□□□에 대한 정보를 전달하는 글인 15□□□을/를 쓴다고 가정해 보자. 이러한 글을 쓸 때에는 정의, 분석, 대조, 예시 등의 다양한 16□□ □□을/를 활용하여 독자들의 이해를 도울 수 있다.

보기

설명 방법　영장류　석회암　보조 자료　설명문

[17～24번] 다음의 뜻에 알맞은 단어를 말 상자에서 찾아 쓰시오.

17 가장 고등한 동물로, 얼굴이 짧으며 가슴에 한 쌍의 유방이 있는 동물
18 까다롭거나 힘들지 않아 하기가 쉽다.
19 탄산칼슘을 주성분으로 하는 퇴적암
20 총이나 활 또는 길들인 매나 올가미 따위로 산이나 들의 짐승을 잡는 일
21 설명하는 글에서 독자들에게 내용을 알기 쉽게 전달하기 위해서 사용하는 내용 전개 방법
22 어떤 지식이나 정보 등 글쓴이가 알고 있는 것을 독자들이 쉽게 이해할 수 있도록 풀이하여 쓴 객관적인 글
23 널리 펴서 많은 사람들에게 골고루 미치게 하여 누리게 함.
24 물건의 거래나 서비스 제공에서 발생하는 이익에 대해 내는 세금

수	태	조	기	다	하
염	렵	석	회	암	수
장	자	설	양	성	월
법	급	명	명	부	하
영	치	문	가	방	다
장	용	가	상	공	법
류	치	고	보	회	의
세	융	질	라	급	소

몇 문제 맞혔나요? (　　　　) / 24문항

맞힌 개수	22개 이상	15～21개	14개 이하
결과	다음 일차로 넘어가도 되겠어요!	이번 일차 한 번만 더 읽고 갈까요?	복습하고 넘어가야겠어요.

내신 대비

개념어 적용 문제

1 다음과 같은 글의 특성으로 알맞지 않은 것은? 연관 개념어 ▾설명문

사람의 손가락과 손바닥, 발바닥 등에는 작은 산과 계곡 모양의 선들로 이루어진 무늬가 있다. 이러한 피부의 무늬는 무늬가 있는 위치에 따라 손가락에 있는 지문(指紋), 손바닥에 있는 장문(掌紋), 발바닥에 있는 족문(足紋) 등으로 나뉜다. 이 중 지문은 손가락 안쪽 끝에 있는 피부의 무늬나 그것이 남긴 흔적을 말한다.

지문은 태아가 4~6개월째에 접어들면서 만들어지는데, 그 형태는 대개 유전자에 의해 결정된다. 하지만 엄마 뱃속에서의 태아의 위치나 태아가 받는 압력 등도 지문의 모양이 만들어지는 데 영향을 준다.

– 김형자, 「지문이 촉각을 위해 존재한다고?」

① '처음–가운데–끝'의 구조를 지닌다.
② 정확한 정보나 지식을 객관적으로 설명한다.
③ 정의, 예시 등의 다양한 설명 방법이 사용된다.
④ 정해진 형식 없이 자신의 생각을 자유롭게 쓴다.
⑤ 독자의 이해를 돕기 위해 다양한 보조 자료가 사용된다.

2 다음 글에 사용된 설명 방법에 대한 내용으로 알맞지 않은 것은? 연관 개념어 ▾설명 방법

소금은 짠맛을 지닌 백색의 물질로 나트륨 원자 하나가 염소 원소 하나와 결합한 분자들의 결정체이다. 사람에게 필요한 소금의 양은 하루에 3그램 정도로 적지만, 소금이 우리 몸에 들어가면 나트륨 이온과 염화 이온으로 나뉘어 생명 유지는 물론, 신진대사를 촉진시키기 위한 많은 일들을 한다. 예를 들어, 소금은 혈액과 위액 등 체액의 주요 성분일 뿐만 아니라 우리 몸에 쌓인 각종 노폐물을 배출시킴으로써 생리 기능을 조절하는 역할을 한다. 그러므로 사람뿐만 아니라 모든 동물이 소금 없이는 생명을 유지할 수 없는 것이다.

육식 동물은 먹이에 있는 염분을 통해 충분한 소금을 섭취할 수 있지만, 초식 동물은 풀과 나뭇잎의 염분만으로는 부족하기 때문에 몸에서 땀이나 오줌으로 소금이 빠져나가지 않도록 조심한다.

– 장인용, 「소금 없인 못 살아」

① 정의의 방법으로 소금의 개념을 설명하고 있다.
② 예시의 방법으로 소금의 역할을 설명하고 있다.
③ 분석의 방법으로 소금의 성분을 나누어 설명하고 있다.
④ 비교의 방법으로 소금이 우리 몸에서 하는 일을 설명하고 있다.
⑤ 대조의 방법으로 육식 동물과 초식 동물의 소금 섭취 방법의 차이를 설명하고 있다.

13 일차 정보 전달하는 글(3)

교과서 필수 어휘

181 **예측** 미리 豫 헤아릴 測

미리 헤아려 짐작함.

예 그의 성격에 대한 나의 예측이 빗나갔다.

시험에 꼭 나오는 필수 개념어

'예측하며 읽기'란 글의 결말, 구조, 글쓴이의 주장, 의도, 글쓴이가 사용할 근거, 글이 사회에 미칠 효과 등을 생각하며 읽는 것을 말한다. 내용을 예측하기 위해서는 글에 나타난 정보를 토대로 하되, 자신의 배경지식과 경험, 읽기의 상황 등을 고려하여 앞으로 전개될 내용이나 글에 나타나 있지 않은 정보를 추론해야 한다.

■ **예측하며 읽기의 효과**

① 배경지식이나 경험을 활용하면 글을 이해하기가 쉽고 더 오래 기억할 수 있다.
② 글의 내용에 집중하게 되고 사고력 신장에 도움이 된다.
③ 글의 내용을 분명하게 이해할 수 있으며, 글쓴이의 의도를 효과적으로 파악할 수 있다.
④ 능동적인 글 읽기와 비판적인 글 읽기를 할 수 있다.

182 **요약** 구할 要 묶을 約

말이나 글의 요점을 잡아서 간추림.

예 이 자습서는 요약이 잘 되어 있다.

시험에 꼭 나오는 필수 개념어

'요약'은 글에 제시된 정보와 자신의 경험을 종합하여 글의 내용을 압축하고 주제를 찾아내 자신의 언어로 표현하는 것이다.

■ **요약하기의 필요성**

글의 중심 내용을 파악하고, 그 내용을 오래 기억, 보존하기 위함.

■ **문단 요약하기의 방법**

- 삭제하기 : 덜 중요하거나 중복되는 내용은 지움.
- 선택하기 : 문단의 중심 내용이 분명하게 드러나는 문장이 있으면 그것을 선택함.
- 일반화하기 : 구체적인 개념이나 세부 정보를 포괄하는 단어로 바꿈.
- 재구성하기 : 중심 문장이 분명하게 드러나지 않으면 중심 내용을 다시 구성하여 새 문장을 만들어 냄.

183 **위계** 자리 位 층계 階

「1」 지위나 계층 따위의 등급

예 글을 읽을 때에는 구조를 중심으로 위계적으로 요약하는 것이 좋아.

「2」 벼슬의 품계 예 조선 시대에 의정부는 왕을 제외한 가장 높은 위계였다.

184 **잉여** 남을 剩 남을 餘

쓰고 난 후 남은 것. '나머지'로 순화

예 창고 안에는 해묵은 잉여의 물자들이 쌓여 있었다.

185 **잠입** 몰래 潛 들 入

남몰래 숨어듦.

예 왜의 수군들은 연달은 패배를 만회하려고 함대 72척을 이끌고 견내량에 잠입했다.

186 **전채**
앞 前 나물 菜

서양 요리에서, 식욕을 돋우기 위하여 식사 전에 나오는 간단한 요리

예 우리나라에서는 준비된 음식을 모두 한 상에 차려 놓고 먹는데, 전채부터 후식까지 순서대로 하나씩 나오는 서양식과는 그 방식이 확연히 다르다.

187 **정제**
자세할 精 지을 製

「1」 정성을 들여 정밀하게 잘 만듦.

「2」 물질에 섞인 불순물을 없애 그 물질을 더 순수하게 함.

예 정제 과정을 거치지 않은 소금 중에 천일염은 바닷물을 햇볕과 바람에 증발시켜 만든 소금이다.

188 **지질**
땅 地 바탕 質

땅을 이루는 여러 가지 암석이나 지층의 성질 또는 상태

예 동굴 모습이 저마다 다른 이유는 동굴이 있는 지역의 지질이나 환경이 서로 다르기 때문이다.

189 **초고**
거친 풀 草 원고 稿

맨 처음에 대강 하여 써 낸 원고

예 초고의 문제점을 찾고 교정한다.

190 **추상적**
뺄 抽 모양 象
과녁 的

「1」 어떤 사물이 직접 경험하거나 지각할 수 있는 일정한 형태와 성질을 갖추고 있지 않은 것

「2」 구체성이 없이 사실이나 현실에서 멀어져 막연하고 일반적인 것

예 중심 문장 없이 추상적인 내용들이 이어진다면, 이들을 자신의 목소리로 구성하여 중심 문장을 만들어 내야 해.

191 **추정**
옮을 推 정할 定

미루어 생각하여 판정함.

예 이번 연구는 일반적으로 넙다리뼈가 전체 키에서 차지하는 비율을 적용하여 평균 키를 추정하는 방식을 적용하였다.

192 **치안**
다스릴 治 편안할 安

국가와 사회의 질서를 유지하고 보전함.

예 나라를 지키는 국방이나 치안도 정부가 하는 일이다.

193 **탐방**
찾을 探 찾을 訪

「1」 어떤 사실이나 소식 따위를 알아내기 위하여 사람이나 장소를 찾아감.

「2」 훌륭한 경치와 역사적인 유적 따위를 구경하기 위하여 찾아감.

예 서양 고전 음악을 듣는 것은 문화 유적을 탐방하는 것과도 비슷할 것이다.

194 **파식**
물결 波 좀 먹을 蝕

물결이 육지의 표면을 깎아내는 일

예 동굴은 생기게 된 원인에 따라 석회 동굴, 용암 동굴, 파식 동굴로 나뉜다.

195 **황량하다**
거칠 荒 서늘할 凉

황폐하여 거칠고 쓸쓸하다.

예 북극곰도 이 황량한 땅에 살지 않는다.

필수 어휘

확인 문제

정답 및 해설 54p

[1~5번] 제시된 초성과 뜻을 참고하여 (　　) 안에 들어갈 단어를 쓰시오.

1 ㅇ ㅇ : 말이나 글의 요점을 잡아서 간추림.
예 그는 말하려는 내용을 (　　　　)하지 않고 장황하게 늘어놓는다.

2 ㅊ ㅇ : 국가와 사회의 질서를 유지하고 보전함.
예 우리 동네는 (　　　　)이 잘 되어 있어 범죄가 한 번도 일어난 적이 없다.

3 ㅊ ㄱ : 맨 처음에 대강 하여 써 낸 원고
예 글쓰기 단계에서 쓸 내용을 조직한 다음에는 (　　　　) 쓰기를 해야 한다.

4 ㅈ ㅇ : 남몰래 숨어듦.
예 간첩이 (　　　　)했다는 정보에 군인과 경찰들이 분주하게 움직이기 시작하였다.

5 ㅎ ㄹ 하다 : 황폐하여 거칠고 쓸쓸하다.
예 중국의 사막은 매우 (　　　　)하다.

[6~10번] ㉠~㉤의 뜻을 [보기]에서 찾아 번호를 쓰시오.

우리는 맛집 ㉠탐방을 하던 길에 ㉡파식으로 인해 생성된 것으로 ㉢추정할 수 있는 해안을 지나게 되었다. 그 웅장함은 말로 표현할 수 없을 정도로 대단했다. 이렇게 때로 ㉣예측하지 못한 풍경을 만나는 것이 여행의 참맛이 아닐까.

해안가를 따라 걸은 지 약 30분 만에 드디어 식당에 도착하였다. 그곳은 서양 음식을 전문으로 하고 있어서 주요리 전에 ㉤전채가 나왔는데, 그 맛이 매우 특별했다.

보 기

① 미리 헤아려 짐작함.
② 물결이 육지의 표면을 깎아내는 일
③ 서양 요리에서, 식욕을 돋우기 위하여 식사 전에 나오는 간단한 요리
④ 미루어 생각하여 판정함.
⑤ 어떤 사실이나 소식 따위를 알아내기 위하여 사람이나 장소를 찾아감.

6 ㉠ – (　　　　)　7 ㉡ – (　　　　)　8 ㉢ – (　　　　)

9 ㉣ – (　　　　)　10 ㉤ – (　　　　)

[11~15번] **다음 문장의 (　　) 안에 알맞은 단어와 그 단어의 뜻을 [보기1]과 [보기2]에서 찾으시오.**

11 어젯밤의 지진으로 인해 한반도 전역의 (　　　) 조사가 이루어질 계획이다. – (　　), (　　)

12 어떤 집단이든 (　　　) 질서는 확립되어야 한다. – (　　), (　　)

13 원유가 어떻게 (　　　)되는지 한 번쯤 생각해 보는 것도 좋지 않을까? – (　　), (　　)

14 삼촌의 말은 항상 그렇게 (　　　)이고 애매하여 잘 이해되지 않았다. – (　　), (　　)

15 (　　　)는 '나머지'로 순화해서 쓰는 것이 좋다. – (　　), (　　)

보기 1

① 추상적　② 잉여　③ 위계　④ 지질　⑤ 정제

보기 2

㉠ 쓰고 난 후 남은 것
㉡ 구체성이 없이 사실이나 현실에서 멀어져 막연하고 일반적인 것
㉢ 땅을 이루는 여러 가지 암석이나 지층의 성질 또는 상태
㉣ 물질에 섞인 불순물을 없애 그 물질을 더 순수하게 함.
㉤ 지위나 계층 따위의 등급

[16~19번] **문단 요약하기의 방법과 뜻을 서로 연결하시오.**

16 덜 중요하거나 중복되는 내용은 지움. •　　　• 재구성하기

17 문단의 중심 내용이 분명하게 드러나는 문장이 있으면 그것을 선택함. •　　　• 선택하기

18 구체적인 개념이나 세부 정보를 포괄하는 단어로 바꿈. •　　　• 삭제하기

19 중심 문장이 분명하게 드러나지 않으면 중심 내용을 다시 구성하여 새 문장을 만들어 냄. •　　　• 일반화하기

몇 문제 맞혔나요? (　　　) / 19문항

맞힌 개수	17개 이상	10~16개	9개 이하
결과	다음 일차로 넘어가도 되겠어요!	이번 일차 한 번만 더 읽고 갈까요?	복습하고 넘어가야겠어요.

내신 대비

개념어 적용 문제

1 글을 예측하며 읽을 때의 효과에 대해서 잘못 말한 것은? 연관 개념어 ▾예측

① 민정 : 글의 내용을 이해하기가 쉽고 더 오래 기억할 수 있어.
② 정희 : 글의 내용에 집중하면서 글을 능동적으로 읽을 수 있어.
③ 희철 : 글의 내용을 자신의 경험이나 배경지식과 관련지어 내면화할 수 있어.
④ 철진 : 글의 내용을 깊이 있게 이해할 수 있을 뿐 아니라 사고력을 키울 수 있어.
⑤ 진경 : 글쓴이에 대한 보다 많은 정보를 얻을 수 있어서 글쓴이의 의도를 파악하는 데 도움이 될 수 있어.

서술형

2 다음 글을 (　　) 안에 제시된 방법에 따라 요약하시오. 연관 개념어 ▾요약

(1) 첫째, 대기 오염은 각종 질환을 유발한다. 대기 오염을 일으키는 주원인인 아황산가스는 허파나 기도에 손상을 주어 호흡기 질환을 일으킨다. 또 오존층의 파괴로 말미암은 강한 자외선은 피부암, 백내장 등의 질환을 유발한다. **(선택하기)**

→ ______________________________

(2) 우리 형은 햄버거, 감자튀김, 피자, 치킨 등을 좋아한다. 하지만 우리 누나는 양상추, 토마토, 오이, 브로콜리 등을 좋아한다. 나는 닭고기, 소고기, 돼지고기 등을 좋아하지만, 달리기를 하거나 높이뛰기, 줄넘기 등을 하며 체중을 조절한다. **(일반화하기)**

→ ______________________________

3 (가), (나)를 요약하면서 사용한 방법을 각각 쓰시오. 연관 개념어 ▾요약

(가) 공부나 연구를 위해서 책을 읽을 때에는 전체를 빨리 읽는 것보다는 부분을 자세하게 읽어야 한다. 교양이나 취미를 위해서 책을 읽을 때에는 자세하게 읽는 것보다는 주로 처음부터 끝까지 부담 없이 내리읽어야 한다. 단순히 어떤 통계 자료나 단편적인 정보를 위해서 책을 읽을 때에는 전체를 훑듯이 읽어야 한다.
→ 책을 읽을 때에는 목적에 맞는 방법으로 읽어야 한다. : (　　　　　　　　)

(나) 만나서 즐거운 사람은 어떤 사람인가? 친절한 사람이다. 친절한 사람은 다른 사람의 일에 관심을 두고 함께 걱정하며 도우려고 애쓰는 사람이다. 친절한 사람은 다른 사람에게 용기와 희망을 주는 사람이다. 친절한 사람은 언제나 자신보다 남을 먼저 배려하는 사람이다.
→ 친절한 사람은 다른 사람의 일을 함께 걱정하며 도우려고 애쓰고, 다른 사람에게 용기와 희망을 주며, 자신보다 남을 먼저 배려한다. : (　　　　　　　　)

Ⅳ 주장하는 글

14 일차
15 일차
16 일차
17 일차

주장하는 글(1)

교과서 필수 어휘

196 **각축장**
뿔 角 물리칠 逐 마당 場

서로 이기려고 다투거나 경쟁을 하는 곳
예 전 세계 최고 브랜드들의 각축장으로 떠오르고 있는 우리나라 시장을 보면, 고급 아이스크림의 경우 경제적 불황에도 불구하고 매년 30~40%의 판매 신장률을 보인다.

197 **개간**
열 開 개간할 墾

거친 땅이나 버려 둔 땅을 일구어 논밭이나 쓸모 있는 땅으로 만듦.
예 숲을 개간하고 숲이나 화석 연료(석탄, 석유, 가스)를 태우게 되면 이산화탄소가 발생합니다.

198 **경신**
고칠 更 새로울 新

「1」 기록 경기에서, 이전의 기록을 깨뜨리고 더 좋은 기록을 냄.
예 이번 올림픽에서 그녀는 종전의 최고 기록을 경신했다.
「2」 이미 있던 제도나 기구 따위를 고쳐서 새롭게 함.
예 사람들은 기존의 낡은 제도를 경신하고 새롭게 시작하기를 바라고 있다.
㊌ 갱신 다시 更 새로울 新 다시 새로워짐.

199 **공생**
함께 共 살 生

서로 도우며 함께 삶.
예 악어와 악어새는 공생 관계에 있다.

200 **교란**
어지러울 攪 어지러울 亂

마음이나 상황 따위를 뒤흔들어 어지럽고 혼란하게 함.
예 각종 개발과 지구 온난화로 생태계가 심각하게 교란된 상황이 아닌가.

201 **구조**
만들어낼 構 지을 造

각 부분이나 요소를 모아 어떤 전체를 만듦.
예 글의 종류에 따라 글의 구조가 달라진다.

시험에 꼭 나오는 필수 개념어

논설문이나 설명문과 같이 논리적이고 체계적인 글은 일정한 글의 구조를 갖추고 있다. 일반적으로 글은 처음 – 가운데 – 끝으로 구성되는데, 논설문과 설명문은 다음과 같이 구별된다.

글의 구조	논설문	설명문
처음	서론	머리말
가운데	본론	본문
끝	결론	맺음말

202 **논거**
말할 論 근거할 據

주장이나 이론을 뒷받침하는 근거
예 논설문에서 글쓴이는 자신의 주장에 대한 논거를 효과적으로 제시해야 한다.
※ 근거 뿌리 根 의거할 據 어떤 일이나 의논, 의견에 그 근본이 됨. 또는 그런 까닭

시험에 꼭 나오는 필수 개념어

자신의 주장에 대해 근거를 들어 증명하는 방법을 '논증'이라고 한다. '논증'이 이루어지기 위해서는 의견과 논거가 있어야 하고, 그것을 바탕으로 추론이 이루어져야 한다.

• 주장 : 어떤 판단에 대한 옳다, 그르다 등의 생각이나 의견
• 논거 : 주장이나 의견을 뒷받침하는 근거
• 추론 : 의견과 논거를 이치에 맞게 전개하여 의견의 옳음을 밝히는 논리적인 전개 과정

203 **능동**
능할 能 움직일 動

「1」 스스로 내켜서 움직이거나 작용함.
예 글의 내용을 예측하여 읽으면 글의 의미를 능동적으로 이해할 수 있다.
유 수동 받을 受 움직일 動 스스로 움직이지 않고 남의 힘을 받아서 움직임.
「2」 행위자의 의지에 의해 동작이나 작용이 이루어짐.

204 **다문화**
많을 多 글월 文 될 化

여러 나라의 생활양식
예 최근 국제결혼이 증가하면서 다문화 교육의 필요성이 커지고 있다.
※ 다문화주의 : 하나의 사회나 국가 안에 다양한 문화가 공존한다는 것을 인정하면서 문화적 다양성을 존중하는 사상 또는 원칙

205 **담수**
묽을 淡 물 水

강이나 호수의 물처럼 소금기가 없는 물
예 해수를 담수화해서 먹고, 대형 탱크에 물을 저장하는 새로운 생활 방식을 만들고 있지만 이것으로는 매우 부족하다고 한다.
유 민물 강이나 호수의 물처럼 소금기가 없는 물
※ 담수화(淡水化) : 바닷물의 염분 농도를 묽게 하여 소금기가 없는 물로 만드는 것

206 **도표**
그림 圖 나타날 表

여러 가지 양을 분석하여 그 관계를 알아보기 쉽게 일정한 양식의 그림으로 나타낸 표
예 그것은 도표의 내용과 다르다.

207 **돈독하다**
도타울 敦 도타울 篤

서로의 관계에 매우 인정이 많고 믿음직하다.
예 모두 한마음이 되어서 열심히 연습을 하여 수련회 장기 자랑에서 멋진 공연을 보여줄 수 있었고, 우리 사이는 더욱 돈독해졌다.

208 **매립지**
묻을 埋 설 立 땅 地

「1」 쓰레기나 폐기물 따위를 파묻는 땅
예 메탄은 소의 방귀와 트림, 하수 오물 처리장, 매립지의 쓰레기, 석탄광 등에서 나옵니다.
「2」 강, 하천, 바다 등을 메워서 만든 땅
예 바닷가 매립지에 새로운 도시를 건설하려고 한다.

209 **멸종**
없어질 滅 종류 種

생물의 한 종류가 아주 없어짐.
예 양서류와 산호의 개체 수는 빠르게 줄고 있고, 전체 식물 종의 4분의 1이 멸종 위기에 처했다고 한다.

210 **목초지**
나무 木 풀 草 땅 地

소, 양 따위의 가축에게 먹일 풀이 자라고 있는 땅
예 사막 부근에 있는 목초지 풀을 가축이 먹거나 사람들이 경작에 사용해 목초지가 줄어들기도 한다.

필수 어휘

확인 문제

정답 및 해설 55p

[1～5번] 제시된 초성과 뜻을 참고하여 (　　　) 안에 들어갈 단어를 쓰시오.

1 ㄱ ㄹ : 마음이나 상황 따위를 뒤흔들어 어지럽고 혼란하게 함.
예 적을 (　　　　　)시켜야 공격했을 때 성공률이 높아진다.

2 ㄱ ㅊ ㅈ : 서로 이기려고 다투거나 경쟁을 하는 곳
예 우리나라 시장은 전 세계 최고 브랜드들의 (　　　　　　)으로 떠오르고 있다.

3 ㄱ ㅅ : 기록 경기에서, 이전의 기록을 깨뜨리고 더 좋은 기록을 냄.
예 이 분야에서 얼마 전에 드디어 최고 기록이 (　　　　　)되었다.

4 ㄷ ㅁ ㅎ : 여러 나라의 생활양식
예 하나의 사회나 국가 안에 다양한 문화가 공존한다는 것을 인정하면서 문화적 다양성을 존중하는 사상 또는 원칙을 (　　　　　　)주의라고 한다.

5 ㄷ ㄷ **하다** : 서로의 관계에 매우 인정이 많고 믿음직하다.
예 두 나라는 예전부터 매우 (　　　　　)한 관계를 유지하고 있다.

[6～9번] 밑줄 친 단어의 뜻을 [보기]에서 찾아 번호를 쓰시오.

6 문제 상황에 <u>능동</u>적으로 대처하는 자세가 중요하다.
(　　　)

7 <u>공생</u> 관계를 유지할 때 오히려 더 많은 이익을 얻을 수 있다.
(　　　)

8 <u>매립지</u>를 건설하려는 정부의 계획에 대해 주민들은 거세게 반발했다.
(　　　)

9 상대방을 설득하기 위해서는 반드시 타당하고 합리적인 <u>논거</u>를 제시해야 한다.
(　　　)

보 기

① 주장이나 이론을 뒷받침하는 근거
② 스스로 내켜서 움직이거나 작용함.
③ 쓰레기나 폐기물 따위를 파묻는 땅
④ 서로 도우며 함께 삶.

[10～12번] **다음 단어를 활용하여 새로운 문장을 만드시오.**

10 **도표** : 여러 가지 양을 분석하여 그 관계를 알아보기 쉽게 일정한 양식의 그림으로 나타낸 표

→ ______________________________

11 **멸종** : 생물의 한 종류가 아주 없어짐.

→ ______________________________

12 **개간** : 거친 땅이나 버려 둔 땅을 일구어 논밭이나 쓸모 있는 땅으로 만듦.

→ ______________________________

[13～15번] **밑줄 친 단어와 비슷한 의미로 쓰인 단어를 [보기]에서 찾아 쓰시오.**

13 이 섬에는 <u>민물</u>이 없어서 사람이 살기가 어렵다. → (　　　　)

14 소를 키워야 하는 <u>풀밭</u>이 점차 사막으로 바뀌고 있다. → (　　　　)

15 논설문은 일정한 <u>짜임</u>에 따라 논리적이고 체계적으로 쓰는 것이 중요하다. → (　　　　)

보 기

매립지　　구조　　개척　　목초지　　담수

[16～20번] **다음 빈칸에 들어갈 적절한 단어를 [보기]에서 골라 쓰시오.**

사람들은 바닷물을 16□□화하여 물 부족 문제를 해소하거나 삼림을 17□□하여 필요한 자원을 구한다. 그러나 지나친 환경 파괴는 생태계에 18□□을/를 일으켜 어떤 종은 19□□ 위기에 처할 수도 있다. 그러므로 인류는 개발을 하면서도 자연과 함께 20□□하려는 노력을 해야 한다.

보 기

개간　　담수　　멸종　　공생　　교란

몇 문제 맞혔나요? (　　　) / 20문항

맞힌 개수	17개 이상	11～16개	10개 이하
결과	다음 일차로 넘어가도 되겠어요!	이번 일차 한 번만 더 읽고 갈까요?	복습하고 넘어가야겠어요.

내신 대비

개념어 적용 문제

1 논설문에 대한 설명으로 적절한 것은? 연관 개념어 ▾구조

① 논설문에서는 글쓴이의 생각이 드러나서는 안 된다.
② 논설문은 일반적으로 서론 – 본론 – 결론의 구조를 갖추고 있다.
③ 논설문에서는 함축적이고 상징적인 표현을 많이 사용하는 것이 좋다.
④ 논설문이란 독자에게 새로운 정보를 알려주는 것을 목적으로 하는 글이다.
⑤ 논설문을 읽을 때는 글에 나타난 정보가 얼마나 많은지를 판단하며 읽어야 한다.

2 [보기]의 주장을 뒷받침할 수 있는 논거로 적절하지 <u>않은</u> 것은? 연관 개념어 ▾논거

[보 기]

일회용품 사용을 줄여야 한다.

① 자원의 낭비가 심하다.
② 쓰레기가 너무 많이 발생한다.
③ 일상생활이 좀 더 편리해진다.
④ 분해되는 시간이 너무 길어서 토양을 오염시킨다.
⑤ 일회용품을 태울 때 해로운 환경 호르몬이 발생한다.

서술형

3 [보기]의 글에 나타난 문제점을 [조건]에 맞게 쓰시오. 연관 개념어 ▾논거

[보 기]

사람들은 아이스크림을 좋아하고 많이 먹는다. 그런데 아이스크림은 몸에 해롭다. 아이스크림은 어린이에게 특히 해롭다. 그러므로 아이스크림을 많이 먹지 말아야 한다.

[조 건]

• '논설문에서는 ~해야 하는데, 이 글에서는 ~하고 있지 않다'의 형식에 맞춰 한 문장으로 쓸 것

211 **몰지각**
없어질 沒 알 知 깨달을 覺

깨달아 인식하거나 분별할 수 있는 능력이 없음.

예 성추행을 하는 사람에 대한 처벌을 강화하여 일부 몰지각한 남자들에게 경각심을 갖게 하는 것이 좀 더 확실한 대책이 될 수 있을 것입니다.

212 **무분별**
없을 無 나눌 分 나눌 別

사물의 이치나 도리에 맞게 판단하고 구별하는 능력이 없음.

예 산업화와 무분별한 개발이 가장 활발하게 진행되는 동남아시아, 남미에서 생물 종의 감소가 두드러진다는 사실이 그 증거이다.

213 **박제**
벗길 剝 지을 製

동물의 가죽을 벗기고 그 안에 솜이나 대팻밥 따위를 넣어 살아 있는 모양 그대로 만든 표본

예 북부의 항구 달빅의 민속 박물관에는 '표류 북극곰'의 박제가 전시되어 있다.

214 **반열**
나눌 班 벌일 列

품계나 신분, 등급 따위의 차례

예 이와 같은 다양성을 무기로 아이스크림은 이제 현대인이 가장 좋아하는 기호 식품의 반열에 올라 있다.

※ 품계(品階) : 벼슬자리에 매기던 등급

215 **배가**
곱 倍 더할 加

어떤 수량이나 분량을 두 번 합한 것 또는 몇 배로 늘어남.

예 포화 지방 위주의 식단을 좋아하는 사람이 당류 식품을 자주 먹는 경우, 심장병의 위험성이 배가한다고 발표했다.

216 **범람**
넘칠 氾 퍼질 濫

「1」 물이 넘쳐흐름.

예 홍수로 인해 물이 범람해서 근처의 집들이 모두 잠겼다.

「2」 바람직하지 못한 사상이나 물건, 세력 등이 마구 쏟아져 나와 퍼짐.

예 생태계를 파괴하는 외래종이 범람하고 있으나 대책은 어디에서도 찾아볼 수 없다.

217 **부작용**
버금 副 지을 作 쓸 用

「1」 어떤 일에 부수적으로 일어나는 바람직하지 못한 일

예 이로 인해 여러 가지 부작용이 생겨나고 있다.

「2」 약이 지닌 그 본래의 작용 이외에 부수적으로 일어나는 작용. 대개 좋지 않은 경우를 이른다.

218 **비약**
날 飛 뛸 躍

「1」 말이나 생각 따위가 일정한 단계나 순서를 따르지 않고 건너뜀.

예 너의 그 생각은 사실과 비교했을 때 비약이 너무 심하다.

「2」 빠른 속도로 발전하거나 향상되어 높은 수준이나 단계로 나아감.

예 '국민 소득 10% 증가'라는 겸손한 제목보다는 '국민 소득, 10% 비약적 신장!'이라는 제목이 더 어울린다.

「3」 나는 듯이 높이 뛰어오름.

예 이번 경기에서 그녀는 힘차게 비약하여 결국 장애물을 넘었다.

219 **상소**
위 上 트일 疏

예전에, 임금에게 글을 올리는 일이나 그 글을 이르던 말

예 조선 시대에는 임금의 잘못을 비판하는 상소를 많이 올렸다.

220 **서론**
차례 序 말할 論

주장하는 글에서 본격적인 논의에 들어가기 전, 논의의 앞부분에 그것의 목적이나 내용을 간단하게 밝힌 글

예 글의 서론 부분에서는 글의 목적을 밝히고 문제를 제기한다.

시험에 꼭 나오는 필수 개념어

서론은 글 전체의 인상을 결정하는 부분으로 글의 화제, 글을 쓴 동기와 목적이 드러나며 독자의 흥미와 주의를 끌 내용으로 구성된다.

■ **논설문의 구조**

서론	• 글을 쓰게 된 동기나 목적을 밝힘. • 앞으로 다룰 문제를 제시함.
본론	• 타당한 근거나 이유를 들어 주장을 논리적으로 전개함.
결론	• 주장을 요약 및 강조함. • 앞으로의 전망과 독자에 대한 당부 등을 제시함.

221 **서식**
살 棲 숨 쉴 息

생물 따위가 일정한 곳에 자리를 잡고 삶.

예 이 동물은 빅토리아와 뉴사우스웨일즈의 눈이 오는 산꼭대기에 있는 아주 작은 지역에서 서식합니다.

222 **시사**
알릴 示 부추길 唆

어떤 것을 미리 간접적으로 알려 줌.

예 바다 얼음이 줄어든다는 것은 북극곰의 사냥터가 사라진다는 것을 의미한다. 수영할 거리가 더 멀어진다는 것을 뜻하고 북극곰이 더 피로해지고 굶주린다는 것을 시사한다.

유 암시 어두울 暗 알릴 示 명확히 드러내지 않고 넌지시 알림.

223 **식재**
심을 植 묘목 栽

풀과 나무를 심어서 가꿈.

예 정부 또한 망그로나무 식재 등을 통해 해변 침식을 막았다.

224 **신장률**
펼 伸 넓힐 張
헤아릴 率

규모 따위를 이전보다 늘리거나 커지게 한 비율

예 이른바 고급 아이스크림의 경우 경제적 불황에도 불구하고 매년 30~40%의 높은 판매 신장률을 보인다.

225 **실효성**
열매 實 본받을 效
성질 性

어떤 일의 결과나 대상이 실제로 효과를 나타내는 성질

예 이 정책은 타당성과 실효성에 문제가 있다고 봅니다.

정답 및 해설 55p

필수 어휘

확인 문제

[1~6번] 다음의 뜻에 해당하는 단어를 [보기]에서 찾아 쓰시오.

1 물이 넘쳐흐름. → ________

2 풀과 나무를 심어서 가꿈. → ________

3 어떤 일에 부수적으로 일어나는 바람직하지 못한 일 → ________

4 깨달아 인식하거나 분별할 수 있는 능력이 없음. → ________

5 어떤 수량이나 분량을 두 번 합한 것 또는 몇 배로 늘어남. → ________

6 주장하는 글에서 본격적인 논의에 들어가기 전, 논의의 앞부분에 그것의 목적이나 내용을 간단하게 밝힌 글 → ________

보기

배가 몰지각 범람 부작용 서론 식재

[7~12번] 다음 뜻에 알맞은 단어를 서로 연결하시오.

7 말이나 생각 따위가 일정한 단계나 순서를 따르지 않고 건너뜀. •	• 반열
8 어떤 일의 결과나 대상이 실제로 효과를 나타내는 성질 •	• 비약
9 규모 따위를 이전보다 늘리거나 커지게 한 비율 •	• 서식
10 어떤 것을 미리 간접적으로 알려 줌. •	• 신장률
11 생물 따위가 일정한 곳에 자리를 잡고 삶. •	• 시사
12 품계나 신분, 등급 따위의 차례 •	• 실효성

[13～15번] 다음의 (　　　) 안에 적절한 단어를 [보기]에서 고르시오.

13 그 시대에는 관리들의 횡포가 심했기 때문에 백성들이 억울함을 호소하는 (　　　　　　) 이/가 끊이지 않았다.

14 그는 마치 살아 있는 듯한 늑대의 (　　　　　　)에서 눈을 뗄 수가 없었다.

15 사람들은 (　　　　　　)하게 나무를 베었고, 그 결과 사막의 넓이는 이전의 두 배가 되었다.

보 기

범람　　무분별　　서론　　상소　　신장률　　박제

16 밑줄 친 단어와 바꿔 쓰기에 알맞은 것은?

지금까지 밝혀진 몇 가지 사실들은 그가 결코 이기적인 사람만은 아니라는 것을 <u>암시</u>한다.

① 시사　　② 시비　　③ 시기　　④ 과시　　⑤ 무시

[17～22번] 다음 [보기]에 제시된 단어의 밑줄 친 부분을 참고하여 빈칸에 들어갈 단어를 완성하시오.

17 쓰레기를 함부로 버리는 것은 [ ][ㅈ][ㄱ]한 사람이나 하는 행동이다.

18 그의 끊임없는 노력은 그를 세계 최고라는 [ ][ㅇ]에 올려놓았다.

19 새로운 방법을 도입하니 그 효과가 [ ][ㄱ]되었다.

20 내 말을 [ ][ㅇ]하지 말고 있는 그대로 이해해줬으면 한다.

21 나무 [ ][ㅈ]은/는 홍수를 예방하고 대기 오염을 완화하는 데도 도움이 된다.

22 그런 비현실적인 정책은 [ㅅ][ㅎ][ ]이/가 거의 없다.

보 기

<u>몰</u>입　　<u>식</u>성　　<u>반</u>사　　토<u>성</u>　　<u>배</u>신　　<u>비</u>범

몇 문제 맞혔나요? (　　　) / 22문항

맞힌 개수	20개 이상	13～19개	12개 이하
결과	다음 일차로 넘어가도 되겠어요!	이번 일차 한 번만 더 읽고 갈까요?	복습하고 넘어가야겠어요.

내신 대비

개념어 적용 문제

1 다음 [보기]의 설명과 관련된 것은?

연관 개념어 ▾ 서론

[보 기]

- 주장을 요약 · 정리 · 강조함.
- 글을 마무리하면서 독자들에게 하고자 하는 당부 등을 제시함.

① 논거
② 주장
③ 서론
④ 본론
⑤ 결론

2 다음의 개요에 따라 글을 쓴다고 할 때, 서론에 들어가기에 가장 적절한 것은?

연관 개념어 ▾ 서론

서론	'클래식'이란 무엇인가에 대한 의문 제기
본론	• '클래식'의 어원 • 좁은 의미에서의 '클래식' • 넓은 의미에서의 '클래식'
결론	오늘날 사용되는 '클래식'에 대한 의미 정리

① 서양 고전 음악이 현대인의 정서에 가장 잘 맞는 것도 아니라면 왜 모두들 서양 고전 음악을 중요하게 여기는 것일까?
② 클래식은 고대 로마의 계급을 나타내는 라틴 어에서 비롯된 말로 '잘 정돈된, 품위 있는, 영구적이며 모범적인'이라는 뜻을 갖고 있다.
③ 결론적으로 오늘날 우리가 말하는 클래식은 유럽에서 유행했던 고전파 음악을 뿌리로 하는 19세기 말까지의 서양 음악이라 할 수 있다.
④ 요약하자면 서양 고전 음악은 과거 한 시대를 대표하는 음악이지만 그 시대, 한 계층의 음악만이 아닌, 인류를 대표하는 소중하고 자랑스러운 문화유산인 것이다.
⑤ 우리는 흔히 대중음악과 구분하는 뜻으로 클래식이라는 말을 사용한다. 그러나 클래식의 정확한 의미를 아는 사람은 많지 않은 것 같다. 클래식은 정확하게 무엇일까?

16 일차 주장하는 글(3)

교과서 필수 어휘

226 **심심찮다**

지루하거나 재미가 없지는 않을 정도로 괜찮다. 주로 '심심찮게', '심심찮은' 의 꼴로 쓰임.

예 심심찮게 화산이 폭발하는 황량한 이 땅엔 북극곰이 먹고 살 만한 육상 · 해양 생태계가 구성되어 있지 않다.

227 **아우르다**

(무엇이 둘 이상의 것을) 모아서 하나가 되게 하다.

예 전체 내용을 아우르는 중심 문장을 찾는다.

유 모으다 하나로 합치다.
묶다 따로 떨어지거나 흐트러지지 않도록 감아 매다.

228 **알선**
관리할 斡 돌 旋

남의 일이 잘되도록 도와주거나 일자리를 소개해 줌.

예 이주민들을 위한 쉼터 마련, 법률 지원, 취업 알선 등의 다양한 정책을 좀 더 적극적으로 시행해야 한다.

유 소개 소개할 紹 끼일 介 양편 사이에서 일이 이루어지도록 주선함.
주선 고루 미칠 周 돌 旋 일이 잘되도록 중간에서 여러 가지 방법으로 두루 힘을 씀.

229 **양상**
모양 樣 상태 相

이리저리 바뀌는 가운데 어떤 시점에서 드러나는 일의 모양이나 상태

예 그래프에는 지난 1년 동안의 소득 수준의 변동 양상이 한 달 단위로 표시되어 있다.

유 상태 형상 狀 모양 態 어떤 사물이나 현상 따위가 일정한 때에 처해 있는 형편이나 모양

230 **엄습**
가릴 掩 엄습할 襲

「1」(감각이나 감정 따위가) 갑자기 밀려옴.

예 바람이 세차게 불고 북극의 추위가 엄습하였다.

「2」(사람이나 사물이) 갑자기 습격함.

예 적의 엄습으로 많은 사람이 다쳤다.

231 **영구**
길 永 오랠 久

오랫동안 계속되어 끝없음. 끝없이 지속되거나 변함이 없음.

예 클래식은 고대 로마의 계급을 나타내는 라틴 어에서 비롯된 말로 '잘 정돈된, 품위 있는, 영구적이며 모범적인'이라는 뜻을 갖고 있다.

232 **온실가스**
따뜻할 溫 집 室 gas

지구의 대기 속에 있으면서 땅에서 방출되는 에너지를 일부 흡수하여 온실 효과를 일으키는 기체. 이산화탄소, 메탄, 프레온 등을 이름.

예 가장 좋은 방법은 지구 온난화의 주범인 온실가스의 양을 줄이는 것입니다.

※ 온실 효과 : 대기 중의 수증기나 이산화탄소, 오존 따위가 지표로부터 우주 공간으로 방출되는 열을 대부분 흡수하여 지표의 온도가 올라가는 일

233 **유기적**
있을 有 틀 機 과녁 的

생물체처럼 전체를 구성하고 있는 각 부분이 서로 밀접한 관련을 가지고 있어서 떼어낼 수 없는. 또는 그런 것

예 지구는 동식물이 서로 유기적으로 작용하는 거대한 '생태계'이다.

234 **왜곡**
비뚤 歪 굽을 曲

「1」 사실과 달리 그릇되게 하거나 진실과 다르게 함.
예 그 어떤 것도 왜곡한 것이 없으며 속임수도 쓰지 않았다.
「2」 비틀어 구부러지게 함.
예 막대를 물속에 넣었더니 모양이 왜곡되었다.

235 **외래종**
바깥 外 올 來 씨 種

다른 나라에서 들어온 씨나 품종
예 생태계를 파괴하는 외래종이 범람하고 있으나 대책은 어디에서도 찾아볼 수 없다.

236 **자생**
스스로 自 날 生

저절로 나서 자람.
예 자생 식물의 서식 환경이 그만큼 나빠진 셈이다.

237 **잠재**
잠길 潛 있을 在

겉으로 드러나지 않고 속에 숨어 있음.
예 무엇보다도 지하철을 이용하는 모든 남자를 잠재적인 범죄자로 취급하는 것은 옳지 못합니다.

238 **재구성**
다시 再 얽을 構 이룰 成

한 번 구성되었던 것을 여러 부분이나 요소들을 얽어 짜서 다시 새롭게 구성함.
예 글을 그림으로 재구성하면 이해가 쉬워진다.
유 재조직 다시 再 짤 組 조직할 織 한 번 무너진 구성체를 다시 조직함.

239 **정책**
정사 政 채찍 策

정부나 정치 단체, 개인 등이 정치적인 목적을 실현하거나 사회적인 문제를 해결하기 위하여 취하는 방침이나 수단
예 임금님께서는 농사를 중히 여긴 옛일을 본받으셔서 백성들이 굶주리거나 추위에 떠는 일이 없도록 하는 것을 가장 우선하는 정책으로 삼으셨습니다.

240 **주장**
주인 主 베풀 張

자신의 의견이나 견해를 굳게 내세움. 또는 그 의견이나 견해
예 글쓴이의 주장이나 의도, 글쓴이의 논리에 주목하며 글을 읽어야 한다.

시험에 꼭 나오는 필수 개념어

■ **주장하는 글**
어떤 문제에 대한 자신의 주장이나 의견을 논리적으로 전개하여 그 정당성을 증명하거나, 독자의 생각이나 태도를 설득하는 것을 목적으로 하는 글

■ **주장하는 글을 읽는 방법**
- 사실과 의견을 구분하며 읽는다.
- 각 문단의 중심 내용을 파악하며 읽는다.
- 주장에 대한 근거의 타당성을 판단하며 읽는다.
- 글의 구조와 주제를 파악하며 읽는다.

필수 어휘

확인 문제

정답 및 해설 56p

[1~7번] 다음 뜻에 알맞은 단어를 서로 연결하시오.

1 저절로 나서 자람. •	• 심심찮다
2 겉으로 드러나지 않고 속에 숨어 있음. •	• 왜곡
3 감각이나 감정 따위가 갑자기 밀려옴. •	• 정책
4 지루하거나 재미가 없지는 않을 정도로 괜찮다. •	• 주장
5 사실과 달리 그릇되게 하거나 진실과 다르게 함. •	• 엄습
6 자신의 의견이나 견해를 굳게 내세움. 또는 그 의견이나 견해 •	• 잠재
7 정부나 정치 단체, 개인 등이 정치적인 목적을 실현하거나 사회적인 문제를 해결하기 위하여 취하는 방침이나 수단 •	• 자생

[8~12번] 제시된 초성과 뜻을 참고하여 (   ) 안에 들어갈 단어를 쓰시오.

8 ㅇ ㅅ : 남의 일이 잘되도록 도와주거나 일자리를 소개해 줌.
예 그녀는 아는 사람의 (   )(으)로 겨우 취직할 수 있었다.

9 ㅇ ㄱ : 오랫동안 계속되어 끝없음.
예 이 기계는 (   )적으로 쓸 수 있다.

10 ㅇ ㅅ ㄱ ㅅ : 지구의 대기 속에 있으면서 땅에서 방출되는 에너지를 일부 흡수하여 온실 효과를 일으키는 기체
예 쓰레기를 함부로 버리면 (   )이/가 많이 발생된다.

11 ㅇ ㄱ ㅈ : 생물체처럼 전체를 구성하고 있는 각 부분이 서로 밀접한 관련을 가지고 있어서 떼어낼 수 없는. 또는 그런 것
예 결국 모든 사건들이 (   )(으)로 얽혀 있다는 것을 알게 되었다.

12 ㅇ ㄹ ㅈ : 다른 나라에서 들어온 씨나 품종
예 이 식물은 (   )(이)라 우리나라에서는 잘 자라지 않는다.

[13~15번] 밑줄 친 단어와 비슷한 의미로 쓰인 단어를 [보기]에서 찾아 문맥에 맞게 쓰시오.

13 가족, 친척, 친구들을 모두 모을 수 있는 행사를 준비해 보자.
( )

14 돌아가는 상태를 보니 생각보다 일이 잘 풀릴 것 같은 예감이 든다.
( )

15 여기저기 흩어져 있는 정보들을 재조직하면 뭔가 좋은 방법이 나올 것이다.
( )

보 기

최근에 문제가 되고 있는 환경오염의 양상을 모든 나라에 일반화하여 적용할 수는 없습니다. 그러나 그러한 양상들을 모두 아울러 대비할 수 있는 방안들을 지금 시점에서 재구성해 볼 필요는 있다고 생각합니다.

[16~24번] 다음의 뜻에 알맞은 단어를 말 상자에서 찾아 쓰시오.

16 겉으로 드러나지 않고 속에 숨어 있음.
17 끝없이 지속되거나 변함이 없음.
18 식물이 자연히 싹터서 자람.
19 이리저리 바뀌는 가운데 어떤 시점에서 드러나는 일의 모양이나 상태
20 지루하거나 재미가 없지는 않을 정도로 괜찮다.
21 지구의 대기 속에 있으면서 땅에서 방출되는 에너지를 일부 흡수하여 온실 효과를 일으키는 기체
22 한 번 구성되었던 것을 여러 부분이나 요소들을 얽어 짜서 다시 새롭게 구성함.
23 (무엇이 둘 이상의 것을) 모아서 하나가 되게 한다.
24 생물체처럼 전체를 구성하고 있는 각 부분이 서로 밀접한 관련을 가지고 있어서 떼어낼 수 없는. 또는 그런 것

자	생	점	검	하	다
유	의	점	잠	수	함
기	운	실	재	구	성
적	양	아	우	르	다
심	명	상	영	구	온
의	심	상	원	명	실
하	편	찮	하	확	가
다	스	리	다	한	스

몇 문제 맞혔나요? ( ) / 24문항

맞힌 개수	22개 이상	15~21개	14개 이하
결과	다음 일차로 넘어가도 되겠어요!	이번 일차 한 번만 더 읽고 갈까요?	복습하고 넘어가야겠어요.

내신 대비

개념어 적용 문제

1 **주장하는 글을 읽는 방법으로 적절하지 않은 것은?** 연관 개념어 ▾주장

① 사실과 의견을 구분하며 읽는다.
② 글의 구조와 주제를 파악하며 읽는다.
③ 각 문단의 중심 내용을 파악하며 읽는다.
④ 글쓴이의 개성과 창의성을 판단하며 읽는다.
⑤ 주장에 대한 근거의 타당성을 판단하며 읽는다.

2 **[보기]의 내용을 사실과 의견으로 가장 적절하게 구분한 것은?** 연관 개념어 ▾주장

[보 기]

한옥에는 한국인의 과학적 지혜가 숨어 있다. 한옥은 비 피해를 피할 수 있는 장소에 지어지며, 건물을 'ㄱ', 'ㄷ', 'ㅁ' 등의 형태로 지어 강풍을 막아 낼 수 있게 한다. 또한 지붕 밑을 지탱하는 서까래는 비가 벽에 스며들지 않게 해 준다. 아궁이에 3, 4시간 불을 때면 온종일 온기가 보존되도록 설계된 온돌은 건물을 뽀송뽀송하고 청결하게 해 준다.

지금까지 살펴본 바와 같이 한옥은 자연 소재, 건축미, 과학적 지혜가 만나 거기에 사는 사람들의 스트레스를 줄여 주는 평화로운 주거 환경을 만들어 낸다. 최근 한옥의 가치와 편안함을 이해하는 사람들이 늘어나는 것은 다행스러운 일이다. 앞으로도 한옥의 가치를 잘 이해하고 이를 계승 · 발전시키기 위해 노력하자.

	사실	의견
①	최근 한옥의 가치와 편안함을 이해하는 사람들이 늘어나는 것은 다행스러운 일이다.	앞으로도 한옥의 가치를 잘 이해하고 이를 계승 · 발전시키기 위해 노력하자.
②	지붕 밑을 지탱하는 서까래는 비가 벽에 스며들지 않게 해 준다.	최근 한옥의 가치와 편안함을 이해하는 사람들이 늘어나는 것은 다행스러운 일이다.
③	앞으로도 한옥의 가치를 잘 이해하고 이를 계승 · 발전시키기 위해 노력하자.	한옥은 비 피해를 피할 수 있는 장소에 지어지며, 건물을 'ㄱ', 'ㄷ', 'ㅁ' 등의 형태로 지어 강풍을 막아 낼 수 있게 한다.
④	아궁이에 3, 4시간 불을 때면 온종일 온기가 보존되도록 설계된 온돌은 건물을 뽀송뽀송하고 청결하게 해 준다.	지붕 밑을 지탱하는 서까래는 비가 벽에 스며들지 않게 해 준다.
⑤	한옥은 자연 소재, 건축미, 과학적 지혜가 만나 거기에 사는 사람들의 스트레스를 줄여 주는 평화로운 주거 환경을 만들어 낸다.	한옥은 비 피해를 피할 수 있는 장소에 지어지며, 건물을 'ㄱ', 'ㄷ', 'ㅁ' 등의 형태로 지어 강풍을 막아 낼 수 있게 한다.

교과서 필수 어휘

241 **정화**
깨끗할 淨 될 化

사물의 더러운 것을 없애 깨끗하게 함.

예 나무는 산소를 공급할 뿐만 아니라 대기의 오염물질을 흡수하여 정화를 해 주기도 한다.

242 **척박하다**
파리할 瘠 엷을 薄

「1」(땅이) 기름지지 못하고 메마르다.

예 모래와 바람만이 황량하게 펼쳐져 있어 생명체가 살기 어려운 척박한 땅입니다.

「2」(조건이나 상황 따위가) 넉넉하지 못하고 열악하다.

예 그는 척박한 환경에서도 묵묵히 노력하여 결국 꿈을 이뤘다.

243 **체계**
몸 體 이어질 系

각각의 것이 일정한 원리에 따라 계통적으로 결합된 조직

예 요약하기는 글의 내용을 체계적으로 기억하는 데 큰 도움을 준다.

244 **체류자**
막힐 滯 머무를 留 사람 者

다른 나라에서 일정 기간 동안 머물러 있는 사람

예 우리나라에 거주하고 있는 외국인은 취업을 목적으로 입국한 단기 체류자와 장기 체류자, 유학생, 결혼 이민자 등 매우 다양하다.

245 **촉발**
닿을 觸 쏠 發

어떤 일이 다른 어떤 일로부터 영향을 받거나 자극되어 일어남.

예 당과 지방을 함께 섭취하면 '대사 기능 악화'와 '콜레스테롤 상승'이 더욱 촉발된다.

246 **추론**
옮을 推 말할 論

「1」어떤 일을 이치에 따라 미루어 생각하여 하나의 주제를 다른 주제와 관련하여 논함.

예 이번 대회에서 그가 상을 받으리라는 것은 당연한 추론이다.

「2」미리 알려진 어떤 생각이나 주제를 근거로 삼아 새로운 판단, 또는 결론을 이끌어 냄.

예 이 세 가지 사실을 통해 그의 설명이 틀렸다는 것을 추론할 수 있다.

유 추리 옮을 推 다스릴 理 이미 알려진 어떤 사실을 전제로 하여 새로운 판단이나 결론을 이끌어 냄.

시험에 꼭 나오는 필수 개념어

■ **추론**

- 귀납 추론 : 하나하나의 구체적이고 특수한 사실을 종합하여 그것으로부터 일반적인 원리를 이끌어 내는 추론 방법

  예 까마귀 1은 검다.
  까마귀 2는 검다.
  까마귀 3은 검다.
  …… 그러므로 까마귀는 검다.

- 연역 추론 : 일반적이고 보편적인 사실이나 원리로부터 개별적이고 특수한 사실이나 원리를 이끌어 내는 추론 방법

  예 모든 포유동물은 새끼를 낳는다. 고래는 포유동물이다.
  그러므로 고래는 새끼를 낳는다.

247 **추세**
달릴 趨 기세 勢

어떤 일이나 현상이 변화하는 과정에서 일정한 방향을 주도하는 힘
예 다문화 가정의 자녀 수는 빠르게 증가하고 있는 추세이다.

248 **축적**
쌓을 蓄 쌓을 積

지식, 자금, 경험 등을 모아서 쌓음.
예 탄수화물과 지방이 함께 들어 있는 식품은 체내의 지방 축적 효소를 더 활성화시킨다고 보고되고 있다.

249 **토로**
토할 吐 이슬 露

마음속에 품고 있는 생각이나 감정 따위를 다 드러내어 말함.
예 루사마 목사는 허탈한 감정을 토로하기도 했다.

250 **폭염**
사나울 暴 뜨거울 炎

매우 심한 더위
예 가뭄, 폭염, 잘 꺼지지 않는 산불과 홍수 등이 더 많이 생길 것입니다.
유 불볕더위 햇볕이 강렬하게 내리쬐이는 몹시 심한 더위

251 **필적**
맞설 匹 대등할 敵

지식이나 힘, 능력, 재주 따위가 서로 비슷하게 견줄 만함.
예 그의 명성은 대통령에 필적할 만했다.

252 **할당**
나눌 割 균형 있을 當

일정한 양이나 수에서 각각의 몫을 나누어줌.
예 노르웨이 정부는 더 많은 여성이 기업의 고위직에 진출할 수 있도록 '여성 임원 40퍼센트 할당제'를 만들어 실행하도록 요구한 것입니다.
유 배분 짝지어 줄 配 나눌 分 일정하게 갈라서 나눔.

253 **혹사**
독할 酷 시킬 使

심하게 몰아서 일을 시킴.
예 우선 콜탄 광산에서 일하는 인부들이 혹사당하고 있다.

254 **활보**
트일 闊 걸음 步

「1」 제 세상처럼 기세등등하게 행동하고 다님.
예 애초 북극곰이 아이슬란드에 살 수 있다면, 이미 이 땅을 활보하고 다녔을 것이다.
「2」 발자국을 크게 떼며 거침없이 힘차고 당당하게 걸음.
예 거리를 계속 활보하고 다니는 저 사람의 정체는 뭘까?

255 **희귀**
드물 稀 귀할 貴

드물어서 매우 귀함.
예 희귀 야생화가 자생하는 태백 금대봉에도 외래종이 영역을 넓히고 있다.

정답 및 해설 56p

필수 어휘

확인 문제

[1~6번] 다음 뜻에 알맞은 단어를 서로 연결하시오.

1 매우 심한 더위	•	•	촉발
2 일정한 양이나 수에서 각각의 몫을 나누어줌.	•	•	체류자
3 다른 나라에서 일정 기간 동안 머물러 있는 사람	•	•	토로
4 마음속에 품고 있는 생각이나 감정 따위를 다 드러내어 말함.	•	•	폭염
5 어떤 일이 다른 어떤 일로부터 영향을 받거나 자극되어 일어남.	•	•	추세
6 어떤 일이나 현상이 변화하는 과정에서 일정한 방향을 주도하는 힘	•	•	할당

[7~11번] 밑줄 친 단어의 뜻을 [보기]에서 찾아 번호를 쓰시오.

7 일을 <u>체계</u>적으로 하면 훨씬 효율적이다.
( )

8 그가 주장하고자 하는 바가 무엇인지 <u>추론</u>해 보아라.
( )

9 그렇게 사람을 <u>혹사</u>시키면 결국 병이 들고 말 거예요.
( )

10 이곳은 땅이 <u>척박해서</u> 일을 열심히 해도 수확물이 많지 않다.
( )

11 저 강아지는 뭐가 그리 신이 나는지 온 동네를 <u>활보</u>하고 다닌다.
( )

보 기

① 심하게 몰아서 일을 시킴.
② (땅이)기름지지 못하고 메마르다.
③ 제 세상처럼 기세등등하게 행동하고 다님.
④ 각각의 것이 일정한 원리에 따라 계통적으로 결합된 조직
⑤ 어떤 일을 이치에 따라 미루어 생각하여 하나의 주제를 다른 주제와 관련하여 논함.

[12～15번] 다음 단어를 활용하여 새로운 문장을 만드시오.

12 **축적** : 지식, 자금, 경험 등을 모아서 쌓음.

→ ______________________________

13 **필적** : 지식이나 힘, 능력, 재주 따위가 서로 비슷하게 견줄 만함.

→ ______________________________

14 **희귀** : 드물어서 매우 귀함.

→ ______________________________

15 **정화** : 사물의 더러운 것을 없애 깨끗하게 함.

→ ______________________________

[16, 17번] 다음에 제시된 상황을 문장으로 표현할 때, 밑줄 부분에 적절한 단어를 [보기]에서 찾아 문맥에 맞게 쓰시오.

16

저 농부는 ________ 속에서도 산비탈의 ________ 땅에 열심히 곡식을 심었다.

17

외국인 장기 ________들은 비싼 병원비 때문에 제대로 진료를 받을 수 없다며 불만을 ________하였다.

보 기

토로　　폭염　　체류자　　척박하다

몇 문제 맞혔나요? (　　　) / 17문항

맞힌 개수	15개 이상	10～14개	9개 이하
결과	다음 일차로 넘어가도 되겠어요!	이번 일차 한 번만 더 읽고 갈까요?	복습하고 넘어가야겠어요.

내신 대비

개념어 적용 문제

1 다음 글을 통해 추론한 내용으로 적절하지 않은 것은? 연관 개념어 ▾추론

> 최근 '알파 걸'이라는, 새로 만들어진 말을 들어 본 적이 있을 것입니다. '알파 걸'은 똑똑하고 유능한 여학생을 이르는 말입니다. 성차별이 심했던 과거에는 오빠나 남동생을 위해 자신의 꿈을 희생한 여성이 많았습니다. 그러나 요즘은 아이를 한두 명씩만 낳다 보니 부모들은 성별에 상관없이 할 수 있는 한 모든 지원을 해서 자식이 자신의 꿈을 펼 수 있게 도와주려고 합니다. 그리하여 사회 여러 분야에서 능력을 발휘하는 '알파 걸'이 많이 등장하고 있습니다.

① '알파 걸'은 과거에는 없었던 말이다.
② 요즘에는 성차별이 예전만큼 심하지 않다.
③ 과거에 비해 요즘에는 자녀를 많이 낳지 않는다.
④ 요즘에는 모든 분야에서 여성이 최고의 자리를 차지하고 있다.
⑤ 요즘에는 사회에서 활발하게 활동하는 여성들이 증가하고 있다.

2 다음 중, 귀납 추론으로 가장 적절한 것은? 연관 개념어 ▾추론

① 아이들은 착하다. 어른들도 착하다. 여자들도 착하다. 그러므로 남자들도 착하다.
② 나는 예쁘다. 내 친구도 예쁘다. 내 친구의 친구도 예쁘다. 그러므로 내 친구의 친구의 친구도 예쁠 것이다.
③ A 동물원에는 기린이 있다. A 동물원에는 사자도 있다. A 동물원에는 코끼리도 있다. 그러므로 A 동물원에는 바다에 사는 동물은 없다.
④ 행복동의 A 빵집 단팥빵은 맛있다. 행복동의 B 빵집 단팥빵도 맛있다. 행복동의 C 빵집 단팥빵도 맛있다. 그러므로 행복동에 있는 모든 빵집의 단팥빵은 맛있다.
⑤ 우리 반의 1번은 감기에 걸렸다. 우리 반의 2번은 운동을 못 한다. 우리 반의 3번은 키가 크다. 그러므로 우리 반 학생들은 모두 자주 아프고, 운동을 못 하고, 키가 크다.

서술형

3 [보기]의 ㉠에 들어갈 내용을 [조건]에 맞게 쓰시오. 연관 개념어 ▾추론

[보 기]

> 모든 사람은 죽는다.
> 소크라테스는 사람이다.
> 그러므로, ______㉠______

[조 건]

> • 앞의 두 문장을 통해 연역 추론을 할 것 • 한 문장으로 쓸 것

어휘줍기 Cartoon

▪ 다음 그림을 보고, 그림 속 단어의 의미를 사전에서 찾아 보자.

- 틀 : ______________________________
- 안주 : ______________________________
- 한계 : ______________________________

V 쓰기 · 듣기 · 말하기

18 일차
19 일차
20 일차

18 일차

쓰기·듣기·말하기(1)

교과서 필수 어휘

256 **개요**
대개 槪 요긴할 要

간결하게 추려 낸 주요 내용
예 사건의 개요를 서술해 보자.

시험에 꼭 나오는 필수 개념어

- 개요는 글의 설계도라고 할 수 있다. 글을 쓸 때 전체적인 윤곽을 마련하는 것으로, 보다 논리적이고 체계적인 글쓰기에 도움을 준다.
- **일반적인 개요의 예**

처음	글을 쓰는 이유, 목적, 문제 제기
중간	자신의 감상이나 주장에 대한 구체적인 서술
끝	내용 마무리, 정리

257 **곁길**

기본 방향에서 벗어난 딴 방향
예 글을 써 나가다 보면 원래 의도했던 것과 다르게 곁길로 빠져 버리는 사람이 있죠.

258 **고차원**
높을 高 버금 次
으뜸 元

생각이나 행동 따위가 뛰어나고 높은 수준
예 방금 고차원적으로 문제를 해결하는 능력이라고 하셨는데, 이런 말들을 쉽게 설명 좀 해 주세요.

259 **공감적 대화**
함께 共 느낄 感
과녁 的 대할 對
말할 話

상대방의 말을 분석하거나 비판하기보다는 상대방의 관점에서 문제를 바라보고 이해하려고 노력하는 대화
예 공감적 대화의 기본 태도는 상대방에 대한 배려에서 비롯된다.

시험에 꼭 나오는 필수 개념어

다른 사람과의 대화에서 나의 입장만 고집하며, 상대의 의견을 무시하며 말하는 태도는 상대의 공감을 이끌어 내지 못할 뿐만 아니라 상대의 마음을 상하게 할 수 있다. 따라서 대화할 때에는 상대의 의견을 진지하게 받아들이고 서로를 배려하고 공감하는 태도를 가져야 한다.

- **공감하며 대화하는 방법**
  - 상대의 말을 잘 듣고 적극적인 반응을 보인다.
  - 상대에게 들은 내용을 적절히 간추려서 확인한다.
  - 진심을 담아 상대방의 말에 공감한다는 것을 보인다.
  - 상대의 말에 대한 자신의 생각을 진지하게 표현한다.

260 **공유**
함께 共 있을 有

두 사람 이상이 한 물건을 공동으로 소유함.
예 학년이 바뀌면 개인적으로 가지고 있던 사진을 학급의 여러 친구와 공유하기가 힘들더라구요.

261 **과묵**
적을 寡 묵묵할 默

말이 적고 침착함.
예 현호의 장래 희망은 놀랍게도 개그맨입니다. 평소에 과묵한 편인데 말이에요.

262 **과언**
지날 過 말씀 言

정도가 지나친 말. 흔히 '아니다'와 함께 씀.
예 지금 우리 현실을 보면 청소년들이 자신의 욕구를 표현할 적절한 창이 거의 없다고 해도 과언이 아니죠.

263 **관습**
버릇 慣 익힐 習

어떤 사회에서 오랫동안 지켜 내려와 그 사회 성원들이 널리 인정하는 질서나 풍습
예 일반적인 글쓰기의 규칙과 관습에 대한 지식 등이 두루 필요하거든요.

264 **군락**
무리 群 떨어질 落

「1」 같은 지역에 모여 생활하는 많은 부락
「2」 같은 생육 조건에서 떼를 지어 자라는 식물 집단
예 이 숲에는 동백나무들이 무려 16,500 제곱미터나 되는 넓이에 군락을 이루고 있다고 합니다.

265 **금슬**
거문고 琴 비파 瑟

거문고와 비파를 아울러 이르는 말로, 부부간의 사랑을 뜻함.
예 옛날 어떤 섬에 금슬 좋은 부부가 살았습니다.

266 **기절초풍**

기절하거나 까무러칠 정도로 몹시 놀라 질겁을 함.
예 '기절초풍 산천어 맨손 잡기'는 지독히 짜릿짜릿한 체험이다.

267 **논제**
말할 論 제목 題

논설이나 논문, 토의, 토론 따위의 주제나 제목
예 오늘 우리가 토의할 논제는 환경오염에 관한 것이다.

시험에 꼭 나오는 필수 개념어

■ **논제의 유형**
- 사실 논제 : 어떤 상황인지, 그 상황이 어떤 환경에 놓여 있는지, 그것을 어떻게 정의할 수 있는지를 논의함.
  예 인간은 이기적인 존재인가?
- 가치 논제 : 어떤 사물이나 인간, 상황 등에 대해 그것이 바람직한지 바람직하지 않은지에 대한 판단을 요구함.
  예 봉사 활동의 제도화는 바람직한가?
- 정책 논제 : 문제를 해결하거나 원하는 바를 실현하기 위한 구체적인 실행 방안을 논의하는 데 중점을 둠.
  예 바람직한 청소년 문화를 어떻게 만들어 가야 하는가?

268 **단청**
붉을 丹 푸를 靑

옛날식 집의 벽, 기둥, 천장 따위에 여러 가지 빛깔로 그림이나 무늬를 그림. 또는 그 그림이나 무늬
예 대웅전은 단청의 색이 바래서 나뭇결이 그대로 보입니다.

269 **단호하다**
끊을 斷 어조사 乎

말투나 행동에 맺고 끊음이 분명하다.
예 "안 돼."라는 엄마의 단호한 말투가 아들에게 더 말해 볼 여지가 없게 했습니다.

270 **대웅전**
큰 大 수컷 雄 절 殿

절에서 석가모니 상을 모신 법당
예 몇 걸음 더 걸으니 선운산을 배경으로 자리한 대웅전이 우리를 맞이해 주더군요.

필수 어휘

확인 문제

정답 및 해설 57p

[1~6번] 제시된 뜻과 초성을 참고하여 빈칸에 알맞은 단어를 쓰시오.

1 기본 방향에서 벗어난 딴 방향

예 우리는 한눈을 팔다 ㄱ ㄱ로 빠져서 길을 잃었다.

2 상대방의 관점에서 문제를 바라보고 이해하려고 노력하는 대화

예 ㄱ ㄱ ㅈ 대화는 먼저 자신의 견해를 개입시키지 않고 상대방의 말을 들어 주는 데 있다.

3 어떤 사회에서 오랫동안 지켜 내려와 그 사회 성원들이 널리 인정하는 질서나 풍습

예 다른 사람을 오래도록 기다리게 하는 것은 우리의 ㄱ ㅅ으로 보아 예의가 없는 행동이다.

4 논설이나 논문, 토의, 토론 따위의 주제나 제목

예 오늘 우리가 토의할 ㄴ ㅈ는 '봉사활동의 제도화는 바람직한가?'이다.

5 간결하게 추려 낸 주요 내용

예 짜임새 있는 글을 쓰기 위해서 ㄱ ㅇ 를 작성하는 습관을 가질 필요가 있다.

6 두 사람 이상이 한 물건을 공동으로 소유함.

예 마을 사람들 모두가 그 땅을 ㄱ ㅇ 하고 있다.

7 다음 빈칸에 공통적으로 들어갈 단어를 쓰시오.

- ㄱㅈㅊㅍ할 만큼 충격적인 소식에 얼굴이 하얗게 질렸다.
- 그는 이야기를 듣자 ㄱㅈㅊㅍ하여 그 자리에 철퍼덕 주저앉고 말았다.
- 적장은 딱 부릅뜬 그의 부리부리한 눈을 보자 그만 ㄱㅈㅊㅍ이 되어 온몸을 떨기 시작했다.

8 다음에 제시된 단어의 쓰임과 뜻을 참고하여 빈칸에 공통적으로 들어갈 말을 쓰시오.

단어의 쓰임	단어의 뜻
• ㄱㄹ 생활을 해야 하는 그들에겐 위생상의 문제를 피할 수 없었다. • 마당 주변의 텃밭에는 무성하게 ㄱㄹ 을 이룬 실망초며 개망초며 명아주며 비름이며 강아지풀이 한창 자라고 있었다.	「1」 같은 지역에 모여 생활하는 많은 부락 「2」 같은 생육 조건에서 떼를 지어 자라는 식물 집단

[9～13번] 다음 빈칸에 들어갈 적절한 단어를 [보기]에서 찾아 쓰시오.

9 그 아이는 몸집도 좋은 데다가 □□해서 나이보다 어른스럽게 보였다.

10 그의 지시가 너무 □□했으므로 나는 거절할 수가 없었다.

11 한국 음식의 참맛은 장에서 나온다고 해도 □□이/가 아니다.

12 논술같이 □□□적인 사고가 필요한 능력은 하루아침에 이루어지는 게 아니다.

13 그 부부는 □□이/가 좋아 늘 서로를 아끼며 살았다.

보 기

일차원　　고차원　　과묵　　과언　　단호　　관습　　금슬

[14～19번] 다음 빈칸에 알맞은 단어를 쓰시오.

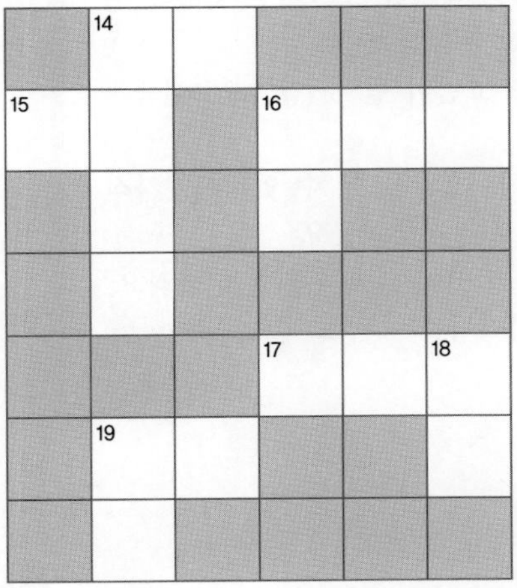

가・로・열・쇠

14 옛날식 집의 벽, 기둥, 천장 따위에 여러 가지 빛깔로 그림이 나 무늬를 그림. 또는 그 그림이나 무늬

15 가을철에 털갈이하여 새로 돋아난 짐승의 가는 털. 매우 적거나 조금인 것을 비유적으로 이르는 말

16 생각이나 행동 따위가 뛰어나고 높은 수준

17 절에서 석가모니 상을 모신 법당

19 말이 적고 침착함.

세・로・열・쇠

14 말투나 행동에 맺고 끊음이 분명하다.

16 학비를 스스로 벌어서 고생하며 배움.

18 몹시 무섭거나 두려워 몸이 벌벌 떨림.

19 정도가 지나친 말

몇 문제 맞혔나요? (　　　) / 22문항

맞힌 개수	20개 이상	13～19개	12개 이하
결과	다음 일차로 넘어가도 되겠어요!	이번 일차 한 번만 더 읽고 갈까요?	복습하고 넘어가야겠어요.

내신 대비

개념어 적용 문제

1 다음은 어느 학생이 자신의 상황과 고민에 대해 쓴 글이다. 이 학생의 처지에 공감하는 댓글로 적절하지 않은 것은?

연관 개념어 ▾공감적 대화

저는 아주 어려서부터 어머니 없이 아버지와 함께 살고 있습니다. 집안 형편은 넉넉하지 않았지만 저를 아끼고 사랑해 주시는 아버지 덕분에 항상 행복했어요. 그래서 아버지를 실망시키지 않기 위해 열심히 공부도 하고 있고요.

그런데, 얼마 전에 제 어머니에 대해 알게 되었습니다. 어머니가 베트남 사람이며 저를 만나고 싶어 한다는 것을요. 저는 지금도 충분히 행복한데, 어머니를 꼭 만나야 하는지 당황스럽고 혼란스럽습니다. 어머니 얼굴도 기억나지 않는데, 이런 제가 어머니를 꼭 만나야 하는 것일까요?

댓글보기(5개) | 엮인글보기

ㄴ피는 물보다 진하다는 말도 있잖아요. 엄마와 마주하는 순간 고민이 사라질 수도 있어요. … ①

ㄴ베트남 사람인 엄마를 만난다는 상황은 생각지도 못했을 텐데, 정말 고민이 많을 것 같네요. … ②

ㄴ당신과 같은 상황이라면 저도 고민이 될 것 같아요. 신중히 생각하고 결정하길 바랄게요. … ③

ㄴ어떻게 엄마를 만나지 않겠다는 생각을 할 수 있지요? 자식으로서의 기본적인 도리도 모르는 사람이군요. … ④

ㄴ엄마를 만나지 않는다면 계속 고민이 되고 후회할지 몰라요. 엄마를 만나 마음을 터놓고 이야기를 나눠 보세요. … ⑤

2 다음의 ㉠~㉢에서 다루고 있는 논제의 유형을 각각 쓰시오.

연관 개념어 ▾논제

㉠ 지구 온난화가 생태계에 미치는 영향은 무엇인가?
㉡ 에너지 절약을 위해 가정에서 실천할 수 있는 일에는 무엇이 있을까?
㉢ 10대 청소년의 연예계 진출은 바람직한가?

서술형

3 글쓰기에서 개요 작성을 통해 얻을 수 있는 효과는 무엇인지, '개요'의 의미와 관련지어 20자 내외의 한 문장으로 쓰시오.

연관 개념어 ▾개요

271 **마인드맵**
mind map

마음속에 지도를 그리듯이 줄거리를 이해하며 정리하는 방법

예 우리 모둠이 정한 화제에 대해 마인드맵을 만들어 보자.

시험에 꼭 나오는 필수 개념어

마인드맵은 의미 지도라고도 하는데, 글을 쓰기 전에 주제와 관련된 다양한 소재를 찾는 좋은 방법이다. 한 가지 주제에 대해 꼬리에 꼬리를 무는 연결된 생각의 고리를 이어 나가며 마치 지도를 그리듯 표시해 나간다. 그 중에서 주제와 관련된 것들은 선택하고, 그렇지 않은 것들은 제외시킬 수 있다.

272 **망부석**
바랄 望 남편 夫 돌 石

아내가 멀리 떠난 남편을 기다리다 그대로 죽어 화석이 되었다는 전설적인 돌. 또는 아내가 그 위에 서서 남편을 기다렸다는 돌

예 동백꽃 전설에는 일종의 망부석 설화가 공통적으로 나타난다.

273 **민망하다**
민망할 憫 멍할 惘

답답하고 딱하여 안타깝다.

예 가끔 텔레비전을 보면 듣기 민망한 언어를 사용하는 프로그램이 적잖습니다.

274 **반언어적 표현**
반 半 말씀 言
말씀 語 과녁 的
드러낼 表 나타낼 現

언어와 함께 의사소통의 수단으로 사용하는 억양, 어조, 강약, 높낮이 등으로 표현하는 방법

예 억양에 따라 "공부해"라는 말이 명령으로도, 질문으로도 들릴 수 있는데, 이때 억양이 반언어적 표현이다.

시험에 꼭 나오는 필수 개념어

■ 반언어적 의사소통과 비언어적 의사소통의 비교

반언어적 의사소통	비언어적 의사소통
• 억양, 어조, 강약, 높낮이 등 • 발음 기관을 통해 만들어지지만 완전한 언어는 아님. • 언어의 의미를 구분하는 역할을 하기도 하며, 표현하고자 하는 내용을 더 자연스럽고 효과적으로 말할 수 있도록 함.	• 표정, 몸짓, 손짓, 태도 등 • 발음 기관과는 전혀 관련이 없으므로 언어가 아님. • 언어와 함께 사용하며 효율적인 의사소통에 기여함.

275 **발품**

걸어 다니는 수고

예 열심히 발품을 팔아 도서관에 있는 자료를 뒤지고, 손품을 팔면서 인터넷에 있는 자료를 찾아 모으는 노력을 해야 합니다.

276 **백미**
흰 白 눈썹 眉

흰 눈썹이라는 뜻으로, 여럿 가운데에서 가장 뛰어난 사람이나 훌륭한 물건을 비유적으로 이르는 말

예 이곳 산천어 축제의 백미는 산천어 낚시이다.

277 **본격적**
바탕 本 바로잡을 格 과녁 的

제 궤도에 올라 제격에 맞게 적극적인 것
예 이제 본격적으로 토의를 시작하겠습니다.

278 **분별력**
나눌 分 나눌 別 힘 力

세상 물정에 대하여 옳고 그른 것을 판단하는 능력
예 어른하고 대화할 때와 저희끼리 대화할 때를 구분하는 분별력쯤은 갖고 있습니다.

279 **분비**
나눌 分 분비할 泌

세포가 침이나 땀, 소화액, 호르몬 따위의 물질을 세포 밖으로 배출하는 일
예 피지는 모공 안쪽의 피지샘에서 만들어져 모공을 통해 분비되는 기름 물질이다.

280 **블로거** blogger

자신의 관심사에 따라 자유롭게 칼럼, 일기, 취재 기사 따위를 올리는 웹 사이트인 블로그를 운영하는 사람
예 오른편에는 인기 블로거인 희망 중학교 1학년 유진열 학생 나오셨습니다.

281 **비색**
물총새 翡 빛 色

고려청자의 빛깔과 같은 푸른색
예 해강 도자 미술관에는 중국인들도 감탄해 마지않는 천하제일의 비색을 지닌 고려청자가 전시되어 있다.

282 **상황 맥락**
형상 狀 상황 況 줄기 脈 이을 絡

대화가 이루어지고 있는 장소 · 시간 · 말하는 사람 · 듣는 사람 · 매체 · 배경지식 등과 같이 대화를 둘러싼 상황
예 효과적 의사소통을 위해서는 상황 맥락을 이해해야 한다.

시험에 꼭 나오는 필수 개념어

'상황 맥락'이란, 대화 상황이나 글의 의미를 해석하는 데 관련되는 다양한 요인을 말한다. 예를 들어 "잘했다!"라는 말도 경기에 출전해서 상을 받은 경우에는 칭찬의 의미이지만, 집안에서 뛰다가 화분을 깬 상황에서는 꾸중의 의미를 지닌다. 이처럼 같은 표현이지만 상황 맥락에 따라 뜻이 달라지므로 대화의 분위기, 상대방의 감정, 대화의 주제 등을 고려해야 한다.

283 **새겨듣다**

「1」 잊지 아니하도록 주의해서 듣다.
「2」 말하고자 하는 본뜻을 잘 헤아려 듣다.
예 말을 잘 새겨듣는다는 것은 겉으로 드러나는 의미만 이해하는 것이 아니라, 그 속에 담긴 의미까지 파악하는 것을 뜻합니다.

284 **소개하기**

어떤 대상에 대해 잘 모르는 사람에게 그 대상에 대한 정보를 전달하거나 설명하는 말하기
예 소개하기는 듣는 사람과 정보를 공유함으로써 의사소통의 목적을 이룰 수 있다.

시험에 꼭 나오는 필수 개념어

■ **소개하기의 목적**
- 소개할 대상에 대한 정보를 다른 사람들에게 전달한다.
- 자신의 관심 대상을 다른 사람과 능동적으로 공유하여 관계 형성에 도움을 준다.

285 **속세**
풍속 俗 세상 世

불가(불교를 믿는 사람. 또는 그들의 사회)에서 말하는 일반 사회 또는 인간 세계를 이르는 말
예 동백꽃은 속세의 때가 묻지 않은 시골 아낙네의 사랑이 뿜어져 나온다.

정답 및 해설 57p

필수 어휘

확인 문제

[1~6번] 제시된 초성과 뜻을 참고하여 (　　) 안에 들어갈 단어를 쓰시오.

1 ㅁ ㅇ ㄷ ㅁ : 마음속에 지도를 그리듯이 줄거리를 이해하며 정리하는 방법
예 (　　　　　　)은/는 의미 지도라고도 하는데, 글을 쓰기 전에 주제와 관련된 다양한 소재를 찾는 좋은 방법이다.

2 ㅂ ㅍ : 걸어 다니는 수고
예 그 일은 (　　　　)이/가 들기는 하지만 수입도 있고 보람도 있다.

3 ㅂ ㄱ ㅈ : 제 궤도에 올라 제격에 맞게 적극적인 것
예 그 가수는 상반기부터 (　　　　　)인 활동을 재개하였다.

4 ㅂ ㅂ ㄹ : 세상 물정에 대하여 옳고 그른 것을 판단하는 능력
예 그는 (　　　　　) 없는 이기심으로 주위의 비난을 받는다.

5 ㅂ ㅂ : 세포가 침이나 땀, 소화액, 호르몬 따위의 물질을 세포 밖으로 배출하는 일
예 모처럼의 음식물 자극에 과도한 위산의 (　　　　)이/가 생겨 그런 통증을 유발하게 되었다.

6 ㅁ ㅁ 하다 : 답답하고 딱하여 안타깝다.
예 나는 지난번 일이 (　　　　)해서 한동안 그에게 말도 붙이지 못했다.

[7~12번] 다음의 뜻에 알맞은 단어를 서로 연결하시오.

7 고려청자의 빛깔과 같은 푸른색 •	• 소개하기
8 대화가 이루어지고 있는 장소 · 시간 · 말하는 사람 · 듣는 사람 · 매체 · 배경지식 등과 같이 대화를 둘러싼 상황 •	• 비색
9 불가에서 말하는 일반 사회 또는 인간 세계 •	• 상황 맥락
10 아내가 멀리 떠난 남편을 기다리다 그대로 죽어 화석이 되었다는 전설적인 돌 •	• 속세
11 어떤 대상에 대해 잘 모르는 사람에게 그 대상에 대한 정보를 전달하거나 설명하는 말하기 •	• 반언어적 표현
12 언어와 함께 의사소통의 수단으로 사용하는 억양, 어조, 강약, 높낮이 등으로 표현하는 방법 •	• 망부석

13 밑줄 친 부분과 관련이 깊은 한자어를 2음절로 쓰시오.

중국의 위 · 촉 · 오나라가 서로의 세력을 넓히려고 다툴 무렵, 촉나라에 마량이라는 자가 있었다. 마량은 제갈량과 목숨을 내놓아도 아깝지 않을 정도의 친한 친구 사이였는데, 뛰어난 덕과 지혜를 갖추어서 남쪽 지방의 오랑캐들을 무찌르는 데 큰 활약을 했다. 마속을 포함하여 마량의 형제는 다섯이었고 그중 맏이인 마량은 태어날 때부터 <u>눈썹에 흰 털</u>이 섞여 있었다. 마량의 다섯 형제는 모두 재주가 뛰어나 그 이름이 널리 알려졌는데, 그 중에서도 마량이 가장 뛰어났다.

14 다음 (　　) 안에 공통적으로 들어갈 단어로 알맞은 것은?

- 나는 분에 못 이겨 (　　　　)을 잃었다.
- 군인은 용기가 필요하다. 그러나 그 용기는 쓸 때 써야 빛이 난다. (　　　　) 없이 덤벙대는 용기보다는 차라리 (　　　　) 있는 겁쟁이가 훨씬 낫다.

① 결단력　② 분별력　③ 창의력　④ 생활력　⑤ 친화력

[15～17번] **밑줄 친 단어의 뜻을 [보기]에서 찾아 번호를 쓰시오.**

15 라디오 프로그램을 진행할 때에는 <u>반언어적 표현</u>을 효과적으로 활용해야 한다.
(　　)

16 선생님의 말씀을 잘 <u>새겨듣다</u>.
(　　)

17 그녀는 인기 있는 <u>블로거</u>로 활동 중이다.
(　　)

보 기

① 잊지 아니하도록 주의해서 듣다.
② 언어와 함께 의사소통의 수단으로 사용하는 억양, 어조, 강약, 높낮이 등으로 표현하는 방법
③ 자신의 관심사에 따라 자유롭게 칼럼, 일기, 취재 기사 따위를 올리는 웹 사이트인 블로그를 운영하는 사람

몇 문제 맞혔나요? (　　　) / 17문항

맞힌 개수	15개 이상	10～14개	9개 이하
결과	다음 일차로 넘어가도 되겠어요!	이번 일차 한 번만 더 읽고 갈까요?	복습하고 넘어가야겠어요.

내신 대비

개념어 적용 문제

1 다음과 같은 마인드맵은 글쓰기의 과정 중 어느 단계에 해당하는지 [보기]에서 찾아 쓰시오.

연관 개념어 ▾마인드맵

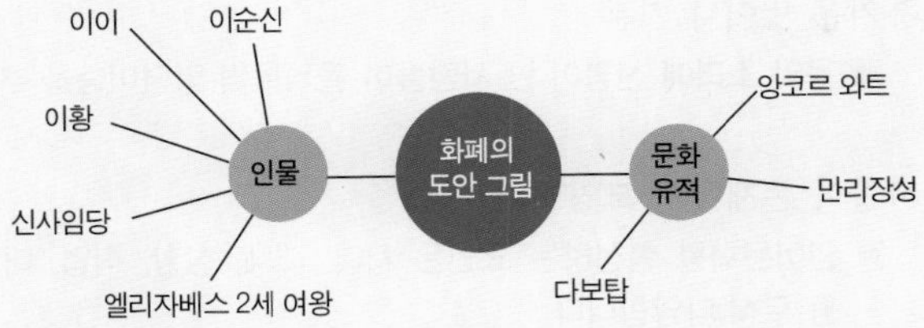

[보 기]

계획하기 　 내용 생성하기 　 내용 조직하기 　 표현하기 　 고쳐쓰기

2 다음의 ㉠~㉣을 반언어적 표현과 비언어적 표현으로 구분하시오.

연관 개념어 ▾반언어적 표현

최강 : (㉠울먹이는 목소리로) 말 시키지 마. 감정선이 흐트러지잖아.
최강 : (㉡째려보고 계속 쓴다.)
최강 : (㉢진지한 이야기를 할 것 같이 벌떡 일어서며 큰 소리로) 야! (㉣작은 소리로) 외상도 돼?

3 다음 대화 중 상황 맥락에 대한 이해로 적절하지 않은 것은?

연관 개념어 ▾상황 맥락

① 호준 : 같은 말이라 할지라도 대화의 상황 맥락에 따라 그 의미가 달라질 수 있어.
② 성빈 : 맞아. 그래서 상황 맥락을 잘 이해해서 정확한 뜻을 파악하는 것이 중요해.
③ 영준 : 상황 맥락이란 대화가 이루어지는 장소, 시간, 주체 등의 대화를 둘러싼 상황을 의미해.
④ 가은 : 상황 맥락을 잘 이해하지 못하면 대화 당사자들 사이에 오해가 생기기도 하지.
⑤ 다영 : 상황 맥락을 이해하기 위해서는 객관적인 시선에서 보아야 해.

서술형

4 다음과 같은 말하기의 일반적인 목적은 무엇인지 20자 내외의 한 문장으로 쓰시오.

연관 개념어 ▾소개하기

[보 기]

안녕, 내 이름은 도울 원 자, 기쁠 희 자 조원희야. 부모님께서 다른 사람들을 도우며 즐겁게 살라고 지어 주신 이름이야. 그래서인지 나는 다른 사람을 잘 돕고 기분을 좋게 하는 말을 잘해. 찰리 채플린이라는 배우가 이런 말을 한 적이 있대. "웃음 없는 하루는 낭비한 하루이다." 너희들 매일 매일 공부 걱정하느라 웃을 일이 별로 없을 텐데, 나랑 있으면 많이 웃게 될 거야. 그래서 나를 아는 사람들은 나를 '웃음 바이러스'라고 불러.

20 일차 쓰기·듣기·말하기(3)

교과서 필수 어휘

286 신명

흥겨운 멋이나 기분

예 음악 소리에 신명이 난 사람들이 들썩들썩 엉덩이춤을 추었다.

287 양태
모양 樣 모습 態

사물이 존재하는 모양이나 형편

예 언어문화를 형성하는 요인은 시대, 매체, 상황, 직업, 대화 상대자의 언어 사용 양태 등 무척 다양합니다.

288 영감
신령 靈 느낄 感

「1」 신령스러운 예감이나 느낌
「2」 창조적인 일의 계기가 되는 기발한 착상이나 자극

예 처음 글을 쓰기 시작할 때, 어떤 사람은 펜과 종이를 멀리하면서 막연하게 영감을 기다리기도 한다.

289 의사소통
뜻 意 생각 思
통할 疏 통할 通

가지고 있는 생각이나 뜻이 서로 통함.

예 다음은 듣기와 말하기의 의사소통 과정을 설명한 글입니다.

시험에 꼭 나오는 필수 개념어

언어생활에서 의사소통이란 두 사람 이상의 사람들 간에 언어적, 비언어적 수단을 통하여 그들의 생각이나 정보, 감정, 태도 등을 전달하고 반응을 주고받으며 상호간의 의미를 공유하는 과정을 말한다.

■ **의사소통의 구성 요소**

① 말하는 이와 듣는 이 : 같은 말이라도 누가 하느냐에 따라 다르게 받아들여질 수 있고, 같은 내용이라도 듣는 이의 나이와 지적 수준 등에 따라 이해하는 정도가 다를 수 있다.
② 상황 : 같은 말이라도 시간이나 장소 등의 상황에 따라 그 의미가 달라진다.
③ 전달 내용 : 말하는 이와 듣는 이가 의사소통을 위해 주고받는 정보, 지식, 생각 등을 말한다.

290 일주문
한 一 기둥 柱 문 門

절 같은 데서 기둥을 한 줄로 배치한 문

예 돌아오는 길에 일주문 밖에 시인 서정주의 시비가 있어 둘러보았습니다.

291 정갈하다

깨끗하고 깔끔하다.

예 선운사를 배경으로 정갈하게 자리한 대웅전이 있다.

292 정연하다
우물 井 그럴 然

짜임새와 조리가 있다.

예 아이디어 조직 단계에서는 생성된 많은 아이디어를 가지치기해서 질서 정연한 체계로 다듬어야 해요.

293 정체성
바를 正 몸 體 성품 性

변하지 아니하는 존재의 본질을 깨닫는 성질

예 언어문화란 한 집단의 정체성을 언어라는 형식으로 드러내는 것이라고 할 수 있습니다.

294 **제언**
끌 提 말씀 言

의견이나 생각을 내놓음.

예 학부모님께서 좋은 제언을 해 주셨습니다.

295 **중건**
거듭할 重 세울 建

절이나 왕궁 따위를 보수하거나 고쳐 지음.

예 선운사는 정유재란 때 불타서 조선 광해군 때 중건했다.

296 **질풍노도**
병 疾 바람 風
성낼 怒 물결 濤

몹시 빠르게 부는 바람과 무섭게 소용돌이치는 물결

예 청소년기를 이른바 '질풍노도의 시기'라고 하지 않습니까?

297 **탈피**
벗을 脫 가죽 皮

「1」 파충류, 곤충류 따위가 자라면서 허물이나 껍질을 벗음.

예 장수풍뎅이를 집에서 기를 때에는 알이나 애벌레 상태에서부터 기를 수도 있고, 탈피를 끝낸 성충을 사다가 기를 수도 있습니다.

「2」 일정한 상태나 처지에서 완전히 벗어남.

예 후진국에서 탈피하여 선진국 대열로 들어서다.

298 **토의**
칠 討 의논할 議

어떤 문제에 대하여 검토하고 협의함.

예 다음은 청소년들의 언어문화에 대한 토의이다.

시험에 꼭 나오는 필수 개념어

'토의'는 공동의 문제를 해결하기 위해 여러 사람이 정보나 지식, 의견 등을 서로 나누고, 이를 토대로 최선의 해결 방안을 찾아 나가는 협동적인 의사소통 방법이다.

■ **토의의 유형**

① 포럼 : 어떤 문제에 대해 의견이 서로 다른 토의자가 한 사람씩 해결 방안을 발표한 뒤, 청중이 직접 참여하여 의견을 교환함.

② 패널 토의(배심 토의) : 3~6명의 토의자들이 일반 청중 앞에서 토의 문제에 대한 해결 방안을 발표하고 의견을 조정하여 해결책을 모색하는 형태로, 청중의 참여는 사회자의 유도에 따라 선택적으로 이루어짐.

③ 심포지엄 : 주제를 여러 측면으로 나누어 그에 대한 전문가가 각자의 의견을 개별적으로 발표하여 해결책을 제안함.

④ 원탁 토의 : 10명 내외의 소규모 집단이 둥근 탁자에 앉아서 특별한 절차나 규칙을 정하지 않고 자유롭게 의견을 나눔.

■ **토론** : 토론은 어떤 논제에 대하여 찬성자와 반대자가 각각 논리적인 근거를 발표하고 상대방의 논거가 부당하다는 것을 명백하게 밝히는 의사소통 방법이다.

※ 토의와 토론의 차이점 : '토의'는 어떠한 사안에 대해 '협의'하는 것이 목적이고, '토론'은 '찬반 토론'처럼 서로 다른 주장을 가지고 있는 사람들이 자기의 주장을 펼쳐 상대방을 설득하는 것이 목적이다.

299 **통찰력**
꿰뚫을 洞 살필 察
힘 力

사물을 깊이 헤아려 훤히 꿰뚫어 보는 힘

예 고등 정신 기능이 있는 사람은 현대 사회의 문제를 해결하는 통찰력이 있다고 할 수 있죠.

300 **형형색색**
모양 形 모양 形
빛 色 빛 色

형상과 빛깔 따위가 서로 다른 여러 가지

예 우아한 곡선미에 형형색색 오묘한 빛을 발하는 도자기들에 반하여 축제객들의 긴 줄이 이어진다.

필수 어휘

확인 문제

정답 및 해설 58p

[1~6번] 다음 (　　　) 안에 알맞은 단어를 [보기]에서 찾아 쓰시오.

1 그녀의 반듯하고 (　　　　)한 이마가 오래도록 내 기억에서 사라지지 않았다.

2 지섭은 더 이상 망설일 필요가 없었다. 그는 이제 그가 할 일이 더없이 분명하고 (　　　　) 해 보였다.

3 연곡사는 임진왜란 때 가까운 화엄사와 함께 불타버린 것을 (　　　　)하였다가, 6 · 25 때 다시 화재를 당하고 말았다.

4 그 문제에 대한 전문가의 (　　　　)을/를 검토한 후에 결정을 하기로 하자.

5 청소년기는 자신의 (　　　　)을/를 확립하는 시기이다.

6 그는 뛰어난 (　　　　)(으)로 그 문제에 대해 정확히 분석했다.

보 기

정연　　중건　　정갈　　정체성　　통찰력　　성찰　　창의력　　제언

[7~10번] 다음에서 토의의 유형과 형태를 서로 연결하시오.

7 어떤 문제에 대해 의견이 서로 다른 토의자가 한 사람씩 해결 방안을 발표한 뒤, 청중이 직접 참여하여 의견을 교환함. •

8 3~6명의 토의자들이 일반 청중 앞에서 토의 문제에 대한 해결 방안을 발표하고 의견을 조정하여 해결책을 모색하는 형태로, 청중의 참여는 사회자의 유도에 따라 선택적으로 이루어짐. •

9 10명 내외의 소규모 집단이 둥근 탁자에 앉아서 특별한 절차나 규칙을 정하지 않고 자유롭게 의견을 나눔. •

10 주제를 여러 측면으로 나누어 그에 대한 전문가가 각자의 의견을 개별적으로 발표하여 해결책을 제안함. •

• 원탁 토의

• 포럼

• 심포지엄

• 패널 토의

11 다음 빈칸에 공통적으로 들어갈 단어를 쓰시오.

- 기세가 오른 적군이 [ㅈ][ㅍ][ㄴ][ㄷ]처럼 밀려오고 있다.
- 갑자기 일어난 [ㅈ][ㅍ][ㄴ][ㄷ]로 배가 뒤집히는 사고가 발생했다.
- 그들의 추격은 정말 끈질기고 [ㅈ][ㅍ][ㄴ][ㄷ] 같이 신속해서 방향을 가늠하기 힘들었다.

12 다음 예문과 단어의 뜻을 참고하여 빈칸에 알맞은 말을 쓰시오.

불꽃축제가 벌어져서 [ㅎ][ㅎ][ㅅ][ㅅ]의 불꽃이 밤하늘을 수놓고 있었다.
➜ 단어의 뜻 : 형상과 빛깔 따위가 서로 다른 여러 가지

[13～25번] 다음의 뜻에 알맞은 단어를 말 상자에서 찾아 쓰시오.

13 흥겨운 멋이나 기분
14 사물이 존재하는 모양이나 형편
15 신령스러운 예감이나 느낌, 창조적인 일의 계기가 되는 기발한 착상이나 자극
16 가지고 있는 생각이나 뜻이 서로 통함.
17 절 같은 데서 기둥을 한 줄로 배치한 문
18 깨끗하고 깔끔하다.
19 짜임새와 조리가 있다.
20 변하지 아니하는 존재의 본질을 깨닫는 성질
21 의견이나 생각을 내놓음.
22 절이나 왕궁 따위를 보수하거나 고쳐 지음.
23 파충류, 곤충류 따위가 자라면서 허물이나 껍질을 벗음.
24 어떤 문제에 대하여 검토하고 협의함.
25 사물을 깊이 헤아려 훤히 꿰뚫어 보는 힘

신	토	론	양	태	정
명	의	장	사	체	연
인	영	원	성	질	하
통	감	정	갈	하	다
찰	리	일	의	제	주
력	주	체	사	사	언
문	중	건	소	탈	피
경	사	분	통	취	사

몇 문제 맞혔나요? (　　　) / 25문항

맞힌 개수	23개 이상	16～22개	15개 이하
결과	다음 일차로 넘어가도 되겠어요!	이번 일차 한 번만 더 읽고 갈까요?	복습하고 넘어가야겠어요.

내신 대비

개념어 적용 문제

1 ㉠~㉢을 통해 알 수 있는 토의의 유형을 각각 쓰시오. 연관 개념어 ▾토의

> ㉠ 오늘은 상 · 벌점제에 대해 서로 다른 의견을 가진 분들을 모시고 토의를 진행하고자 합니다. 상 · 벌점제 도입을 찬성하는 분의 의견을 먼저 듣고, 이어서 반대하는 분의 의견을 듣겠습니다. 토의자들의 발표가 끝나면 청중 여러분의 질문과 의견을 받겠습니다. (　　　　　　)
>
> ㉡ 오늘은 네 분의 패널들을 모시고 '중 · 고등학생들의 봉사 활동 제도는 과연 바람직한가?'라는 주제로 토의하겠습니다. 패널들의 토의가 끝나면 청중 여러분들과 질의 · 응답 시간을 갖도록 하겠습니다. (　　　　　　)
>
> ㉢ 지금부터 '청소년기의 스트레스를 효과적으로 관리하는 방안은 무엇인가'라는 주제로 제3회 청소년 교육 토의를 시작하겠습니다. 이에 대해 네 분의 전문가를 모시고 말씀을 나눠보도록 하겠습니다. 먼저, '청소년기의 스트레스 유형과 원인'이라는 제목으로 건강 병원 청소년 정신과 최정신 박사님께서 발표해 주시겠습니다. (　　　　　　)

2 다음 중 토의에 대한 설명으로 알맞지 <u>않은</u> 것은? 연관 개념어 ▾토의

① 집단적이고 협동적인 말하기이다.
② 민주 시민으로 성장하는 계기가 될 수 있다.
③ 포럼, 패널 토의, 심포지엄, 원탁 토의 등의 유형이 있다.
④ 혼자서는 쉽게 해결할 수 없는 문제의 해결 방향을 찾을 수 있다.
⑤ 어떤 문제에 대해 자신의 의견을 밝힘으로써 상대방을 설득하기 위한 과정이다.

3 다음과 같은 의사소통 상황에서 ㉠과 ㉡을 <u>잘못</u> 이해한 것은? 연관 개념어 ▾의사소통

가

나

① ㉠과 ㉡은 상황에 따라 전달 내용이 다른 예를 보여 주고 있어.
② ㉠은 창문을 닫으라는 의미를 담고 있네.
③ ㉡은 옷을 따뜻하게 입으라는 의미를 담고 있어.
④ ㉠을 말할 때는 몸을 움츠리는 동작을 함께 사용하는 것이 적절해.
⑤ ㉡을 말할 때에는 딸을 훈계하는 어조로 말하는 것이 좋겠어.

Ⅵ 문법·한자성어·속담·관용어

21 일차 문법(1)

교과서 필수 어휘

301 **가변어**
옳을 可 변할 變 말씀 語

활용*을 하는 말. 우리말에서는 동사, 형용사와 서술격 조사 '이다'가 이에 해당함.

예 '학교가 멀다.'에서 가변어는 '멀다'이다.

반 **불변어** 아니 不 변할 變 말씀 語 체언이나 관형사, 부사, 감탄사, 조사 따위와 같이 형태가 변하지 않는 말

* 활용 : 용언의 어간이나 서술격 조사에 변하는 말이 붙어 문장의 성격을 바꾸는 일

시험에 꼭 나오는 필수 개념어

단어는 형태의 변화 여부에 따라 나눌 수 있다. 형태가 변하지 않는 것은 '불변어'라고 하고, 형태가 변하는 것은 '가변어'라고 한다. 형태가 변한다는 것은 기본형을 중심으로 의미는 비슷하게 유지하되 모양이 바뀌는 것을 말한다. 가령, '먹다'는 기본형 '먹다' 외에 '먹고, 먹어서, 먹으니, 먹으면' 등으로 변할 수 있다.

	꽃이 예쁘다.	영이가 달리다.
불변어	꽃, 이	영이, 가
가변어	예쁘다	달리다

302 **감탄사**
느낄 感 읊을 歎 말씀 詞

감탄이나 놀람, 부름, 명령 등 강한 느낌을 나타내는 말 = 느낌씨

예 그 아이는 들판의 꽃을 보자마자 '와' 하고 감탄사를 외쳤다.

303 **거센소리**

공기를 세게 내뿜어 거세게 나오는 장애음. 우리말에서는 파열음인 'ㅋ, ㅌ, ㅍ'과 파찰음인 'ㅊ'이 있다. = 격음 물결 부딪혀 흐를 激 소리 音

시험에 꼭 나오는 필수 개념어

한글의 자음은 소리의 세기나 느낌에 따라 예사소리(평음), 된소리(경음), 거센소리(격음)로 나누어진다.

소리 나는 곳 / 세기나 느낌	두 입술	윗잇몸과 혀끝		센입천장과 혓바닥	여린입천장과 혀 뒤	목청 사이
예사소리(평음)	ㅂ	ㄷ	ㅅ	ㅈ	ㄱ	ㅎ
된소리(경음)	ㅃ	ㄸ	ㅆ	ㅉ	ㄲ	
거센소리(격음)	ㅍ	ㅌ		ㅊ	ㅋ	

304 **경구개**
단단할 硬 입 口 덮을 蓋

입천장 앞쪽의 단단한 부분 = 센입천장

예 뜨거운 물을 급하게 마셔서 경구개 쪽을 모두 데었다.

305 **고유어**
굳을 固 있을 有 말씀 語

본래부터 그 나라나 고장에서 써 온 말. 외래어나 한자어에 상대되는 말 = 토박이말

예 '온'은 숫자 100을 의미하는 고유어이다.

306 **단일**
홑 單 하나 一

「1」 사물의 구성이나 내용이 단 하나로 되어 있음.
예 이 가게는 김치찌개 단일 메뉴이다.
「2」 복잡하지 않고 단순한 상태
예 이 장난감의 몸체는 단일한 구조로 되어 있다.

307 **된소리**

소리를 내는 기관에 강한 근육 긴장을 일으켜 발음하는 자음. 'ㄲ', 'ㄸ', 'ㅃ', 'ㅆ', 'ㅉ' 소리 = 경음 단단할 硬 소리 音
예 된소리를 많이 쓰면 다소 강한 인상을 주게 된다.

308 **모음**
어미 母 소리 音

성대의 진동을 받은 소리가 목구멍이나 입, 코와 같은 발음 기관을 지날 때, 그 통로가 좁아지거나 막히는 따위의 장애를 받지 않고 나는 소리 = 홀소리
예 '청도'에서 모음은 'ㅓ'와 'ㅗ'이다.
※ 자음(子音) : 발음할 때에, 발음 기관에 의하여 날숨이 장애를 받으며 나오는 소리. 우리말의 기본 자음은 'ㄱ, ㄴ, ㄷ, ㄹ, ㅁ, ㅂ, ㅅ, ㅇ, ㅈ, ㅊ, ㅋ, ㅌ, ㅍ, ㅎ' 14개이다.

309 **목청소리**

목에서 울려 나오는 소리. 'ㅎ' 소리 = 목구멍소리, 후음 목구멍 喉 소리 音

310 **본질**
근본 本 바탕 質

사물을 그 자체이도록 하는 고유한 성질
예 우정의 본질은 과연 무엇일까?

311 **비음**
코 鼻 소리 音

입안의 통로를 막고 코로 공기를 내보내면서 내는 소리. 'ㄴ, ㅁ, ㅇ' 소리 = 콧소리
예 비음을 심하게 내면 듣기에 좀 답답하게 느껴진다.
※ 유음(流音) : 혀끝을 윗잇몸에 가볍게 댔다가 떼거나 또는 댄 채 날숨을 양옆으로 흘려보내며 내는 소리. 자음 'ㄹ' 소리 = 흐름소리

312 **순화**
순일할 醇 될 化

「1」 잡스러운 것을 없애고 순수한 것이 되게 함.
예 언어를 순화하려는 노력이 많이 필요하다.
「2」 사람을 덕으로 가르쳐 그 마음을 바르고 아름답게 함.
예 어머니의 끈질긴 노력으로 그는 결국 순화되었다.

313 **새말**

「1」 새로 생기거나 지은 말 = 신어 새로울 新 말씀 語
예 젊은이들 사이에 새말이 많이 생기고 있다.
「2」 새로 들어온 말
예 외국에서 개발된 신기술과 관련된 새말이 계속 들어오고 있다.

314 **실질**
열매 實 바탕 質

형식이나 외모가 아닌 실제를 이루는 바탕
예 새로운 제도로 인해 실질 수입은 오히려 줄어들었다.

315 **어근**
말씀 語 뿌리 根

한 단어에서 더 이상 나눌 수 없이 의미의 중심이 되는 요소. 여기에 접사나 어미가 붙어서 단어가 이루어짐. '아름답다', '밝다', '덧버선'에서 '아름-', '밝-', '버선'이 어근에 해당함.
예 다음 밑줄 친 말들이 어근인지 접사인지 구분해 봅시다.

필수 어휘

확인 문제

정답 및 해설 59p

[1~7번] **다음 뜻에 알맞은 단어를 서로 연결하시오.**

1 감탄이나 놀람, 부름, 명령 등 강한 느낌을 나타내는 말 •	• 목청소리
2 본래부터 그 나라나 고장에서 써 온 말 •	• 고유어
3 사물의 구성이나 내용이 단 하나로 되어 있음. •	• 거센소리
4 입천장 앞쪽의 단단한 부분 •	• 감탄사
5 공기를 세게 내뿜어 거세게 나오는 장애음 •	• 모음
6 목에서 울려 나오는 소리 •	• 단일
7 성대의 진동을 받은 소리가 목구멍이나 입, 코와 같은 발음 기관을 지날 때, 그 통로가 좁아지거나 막히는 따위의 장애를 받지 않고 나는 소리 •	• 경구개

[8~12번] **제시된 초성과 뜻을 참고하여 (　　) 안에 들어갈 단어를 쓰시오.**

8 ㅇ ㄱ : 한 단어에서 더 이상 나눌 수 없이 의미의 중심이 되는 요소

예 (　　　　)에 접사가 붙어서 이루어진 단어를 파생어라고 한다.

9 ㄱ ㅂ ㅇ : 활용을 하는 말. 동사, 형용사와 서술격 조사 '이다'가 이에 해당함.

예 (　　　　)은/는 형태가 변하는 말이고 불변어는 형태가 변하지 않는 말이다.

10 ㅂ ㅇ : 입안의 통로를 막고 코로 공기를 내보내면서 내는 소리

예 그녀는 말할 때 (　　　　)을/를 많이 내서 꼭 아이가 말하는 것 같다.

11 ㄷ ㅅ ㄹ : 소리를 내는 기관에 강한 근육 긴장을 일으켜 발음하는 자음

예 'ㄲ, ㄸ, ㅃ, ㅆ, ㅉ'을 (　　　　)(이)라고 한다.

12 ㅅ ㅎ : 잡스러운 것을 없애고 순수한 것이 되게 함.

예 학생들이 말을 너무 거칠게 하는 경향이 있으므로 이를 (　　　　)시킬 수 있는 방안이 필요하다.

[13～15번] 다음 단어를 활용하여 새로운 문장을 만드시오.

13 **실질** : 형식이나 외모가 아닌 실제를 이루는 바탕

→ ______________________________

14 **본질** : 사물을 그 자체이도록 하는 고유한 성질

→ ______________________________

15 **새말** : 새로 생기거나 지은 말

→ ______________________________

[16～20번] 밑줄 친 말과 바꿔 쓸 수 있는 단어를 [보기]에서 찾아 쓰시오.

16 '즐감'은 최근에 생긴 신어이다.
( )

17 '온'은 숫자 100을 나타내는 고유어이다.
( )

18 '빵'에서 경음에 해당하는 소리는 'ㅃ'이다.
( )

19 '오', '아', '우'는 홀소리만으로 이루어진 글자이다.
( )

20 'ㅊ', 'ㅋ', 'ㅌ', 'ㅍ'은 자음 중에서 거센소리로 분류된다.
( )

보 기

된소리 격음 새말 모음 토박이말

몇 문제 맞혔나요? ( ) / 20문항

맞힌 개수	17개 이상	11～16개	10개 이하
결과	다음 일차로 넘어가도 되겠어요!	이번 일차 한 번만 더 읽고 갈까요?	복습하고 넘어가야겠어요.

내신 대비

개념어 적용 문제

1 [보기]에서 가변어와 불변어를 바르게 분류한 것은?

연관 개념어 ▾ 가변어

[보 기]

우정, 웃다, 아름다운, 빵, 매우, 자전거, 먹자

번호	가변어	불변어
①	웃다, 아름다운, 먹자	우정, 빵, 매우, 자전거
②	우정, 웃다, 매우, 먹자	아름다운, 빵, 자전거
③	우정, 빵, 자전거	웃다, 아름다운, 매우, 먹자
④	우정, 빵, 매우, 자전거	웃다, 아름다운, 먹자
⑤	아름다운, 매우, 먹자	우정, 웃다, 빵, 자전거

2 [보기]에서 자음을 다음 기준에 맞게 분류한 것은?

연관 개념어 ▾ 거센소리

[보 기]

라면은 뜨거워야 제 맛이고, 매운탕은 얼큰해야 제 맛이다.

번호	예사소리	된소리	거센소리
①	ㄸ	ㅅ, ㅈ, ㅎ	ㅋ, ㅌ
②	ㄴ, ㄹ, ㅁ, ㅇ	ㄱ, ㅋ	ㄷ, ㅌ
③	ㄱ, ㄷ, ㅅ, ㅈ, ㅎ	ㄸ	ㅋ, ㅌ
④	ㄱ, ㄴ, ㄷ, ㄹ	ㅁ, ㅅ, ㅇ, ㅈ	ㅎ
⑤	ㅋ, ㄸ, ㅌ	ㄱ, ㄷ	ㅅ, ㅎ

3 [보기]의 단어들에서 형식적으로 나타나는 차이가 무엇인지 설명하시오.

연관 개념어 ▾ 거센소리

[보 기]

단단하다 / 딴딴하다 / 탄탄하다

316 **어간**
말씀 語 줄기 幹

활용어가 활용할 때 변하지 않는 부분. 예를 들어 '잡아, 잡으니 / 예뻐, 예쁘니'의 활용에서 '잡-, 예쁘-'에 해당하는 부분

※ 어미(語尾) : 어간에 붙어 그 쓰임에 따라 다양하게 활용되는 부분. '잡아, 잡으니, 예뻐, 예쁘니' 등의 활용에서 '-아, -으니, -어, -으니'에 해당하는 부분임.

317 **음운**
소리 音 소리 韻

말의 뜻을 구별해 주는 가장 작은 소리의 단위. 우리말의 음운에는 '자음'과 '모음', '모음의 길이' 등이 있음.

예 '물'의 음운은 'ㅁ', 'ㅜ', 'ㄹ'이다.

318 **의성어**
흉내 낼 擬 소리 聲 말씀 語

사물의 소리를 흉내 낸 말. '야옹야옹', '드르륵', '쨍그랑', '탕탕' 등

예 '멍멍'은 의성어이다.

※ 의태어(擬態語) : 사람이나 사물의 모양 또는 움직임 따위를 흉내 내어 만든 말. '가물가물', '보송보송', '힐끔힐끔' 따위

319 **자의**
방자할 恣 뜻 意

제멋대로 하는 생각

예 그러한 해석은 지나치게 자의적이다.

※ 자의성(恣意性) : 언어에서 소리와 의미의 관계가 사회적 약속에 의하여 임의적으로 이루어지는 특성

예 를 국어는 '나무[나무]', 영어는 'tree[트리]', 중국어는 '木[무]'라고 한다.

320 **전설 모음**
앞 前 혀 舌 어미 母 소리 音

혀의 앞부분과 경구개 사이에서 소리 나는 모음. 국어의 'ㅣ, ㅐ, ㅔ, ㅟ, ㅚ' 등이 이에 해당한다.

시험에 꼭 나오는 필수 개념어

모음은 발음할 때 혀의 최고점이 앞쪽에 있으면 전설 모음, 뒤쪽에 있으면 후설 모음으로 나눈다.

전설 모음	ㅣ, ㅐ, ㅔ, ㅟ, ㅚ
후설 모음	ㅏ, ㅓ, ㅗ, ㅜ, ㅡ

321 **접사**
사귈 接 말 辭

단어의 어근(語根) 앞이나 뒤에 붙어, 어떤 뜻을 더하거나 품사를 바꿈으로써 새로운 단어를 만드는 형태소

시험에 꼭 나오는 필수 개념어

접사는 단어에서 어근의 앞이나 뒤에 붙는데, 앞에 붙으면 접두사, 뒤에 붙으면 접미사이다.

접두사	햇곡식, 풋고추, 덧버선 등
접미사	허풍쟁이, 지우개, 사기꾼 등

322 **조어**
만들 造 말씀 語

「1」 이전에 없던 새로운 말을 만듦. 또는 그 만든 말

예 새로운 현상을 가리키기 위한 조어들이 많이 생기고 있다.

「2」 실질 형태소에 다른 실질 형태소나 여러 가지 접사를 결합하여 새로운 단어를 만드는 일

예 접미사 '-꾼'으로 만들 수 있는 조어는 '소리꾼, 사기꾼, 짐꾼' 등이다.

323 **청유**
청할 請 권할 誘

다른 사람에게 자기와 어떤 행동을 함께 할 것을 요청함.

예 나는 그의 간곡한 청유에 어쩔 수 없이 남았다.

324 **치조음**
이 齒 나무통 槽 소리 音

혀끝과 잇몸 사이에서 나는 소리. 자음에서 'ㄴ', 'ㄷ', 'ㄹ', 'ㄸ', 'ㅌ'이 이에 속함.

예 '땅콩'에서 치조음은 'ㄸ'이다.

325 **파생**
물갈래 派 태어날 生

「1」 사물이나 현상이 어떤 근원으로부터 갈려 나와 생김.

예 한 제품이 인기를 끌자 새로운 파생 상품이 나왔다.

「2」 단어의 어근에 접사를 붙여서 새로운 단어를 만듦. 또는 그 방법

예 단일어에 접사를 붙여서 단어를 파생시킬 수 있다.

시험에 꼭 나오는 필수 개념어

■ **단일어와 복합어**

단일어	하나의 어근으로만 이루어진 단어	
복합어	합성어	둘 이상의 어근으로 이루어진 단어 예 논+밭 → 논밭, 큰+형 → 큰형
	파생어	어근과 접사가 결합된 단어 예 풋(접두사)+사과 → 풋사과, 말썽+꾸러기(접미사) → 말썽꾸러기

326 **파찰음**
깨뜨릴 破 마찰할 擦 소리 音

파열음*과 마찰음*의 두 가지 성질이 함께 일어나는 자음. 예사소리 'ㅈ', 된소리 'ㅉ', 거센소리 'ㅊ'이 이에 속함.

시험에 꼭 나오는 필수 개념어

자음은 발음하는 방법에 따라 파열음, 마찰음, 파찰음으로 나누어진다. 여기에 속하지 않는 자음은 비음(ㅁ, ㄴ, ㅇ)과 유음(ㄹ)으로 나누어진다.

소리를 만드는 방법	자음
파열음	ㄱ, ㄲ, ㅋ, ㄷ, ㄸ, ㅌ, ㅂ, ㅃ, ㅍ
마찰음	ㅅ, ㅆ, ㅎ
파찰음	ㅈ, ㅉ, ㅊ

* 파열음(破裂音) : 폐에서 나오는 공기를 일단 막았다가 그 막은 자리를 터뜨리면서 내는 소리

* 마찰음(摩擦音) : 입안이나 목청 따위의 조음 기관이 좁혀진 사이로 공기가 비집고 나오면서 마찰하여 나는 소리

327 **품사**
품별할 品 말씀 詞

공통된 성질을 가진 단어끼리 모아 놓은 단어의 갈래. 흔히 문법적 기능, 형태, 의미에 따라 나눔. 현재 학교 문법에서는 명사, 대명사, 수사, 조사, 동사, 형용사, 관형사, 부사, 감탄사의 아홉 가지로 나누고 있음.

시험에 꼭 나오는 필수 개념어

불변어	체언	명사	사물의 이름을 나타내는 단어 예 진아, 우유, 태양, 희망
		대명사	명사를 대신하여 지시하는 말 예 나, 너, 우리, 그, 그녀, 이것, 저것
		수사	사물의 수량이나 차례를 가리키는 단어 예 하나, 둘, 첫째, 둘째
	수식언	관형사	체언 앞에서 그 체언을 꾸며 주는 말 예 헌 신문지, 맨 꼭대기
		부사	용언을 꾸며 주는 말 예 훨훨 날다, 매우 덥다
	독립언	감탄사	화자의 부름, 느낌, 놀람, 대답을 나타내는 말 예 여보, 아뿔사, 아차, 예
	관계언	조사	앞에 오는 체언이 문장 안에서 일정한 자격을 하도록 해 주는 말 예 영이가, 동생은, 선생님께서
가변어	용언	동사	주어의 동작을 나타내는 말 예 자다, 쓰다, 타다
		형용사	주어의 성질이나 상태를 나타내는 말 예 아름답다, 차갑다, 맵다

328 **필연**
반드시 必 그러할 然

반드시 그렇게 되도록 되어 있는 일
예 너와 내가 다시 만난 것은 필연이다.
반 우연 뜻하지 아니할 偶 그러할 然 뜻하지 않게 일어난 일

329 **형태소**
모양 形 모양 態 흴 素

의미를 가진 가장 작은 말의 단위
예 '김밥'의 형태소는 '김'과 '밥'이다.

330 **활용**
살 活 쓸 用

「1」 용언의 어간이나 서술격 조사에 변하는 말이 붙어 문장의 성격을 바꿈. 또는 그런 일. '잡다'가 '잡는다, 잡느냐, 잡아라, 잡자, 잡아, 잡게, 잡지, 잡고' 등으로 바뀌는 것을 말함.
「2」 이리저리 잘 이용함.
예 여가를 잘 활용하면 삶이 보다 즐거워진다.

필수 어휘

확인 문제

정답 및 해설 59p

[1～6번] 다음의 뜻에 해당하는 단어를 [보기]에서 찾아 쓰시오.

1 제멋대로 하는 생각 → ____________

2 의미를 가진 가장 작은 말의 단위 → ____________

3 반드시 그렇게 되도록 되어 있는 일 → ____________

4 혀끝과 잇몸 사이에서 나는 소리 → ____________

5 공통된 성질을 가진 단어끼리 모아 놓은 단어의 갈래 → ____________

6 다른 사람에게 자기와 어떤 행동을 함께 할 것을 요청함. → ____________

보 기

자의　　형태소　　필연　　청유　　치조음　　품사

[7～10번] 밑줄 친 단어의 뜻을 [보기]에서 찾아 번호를 쓰시오.

7 과거에는 없던 물건들이 생산되면서 새로운 조어도 많이 생겨난다. (　　)

8 '햇과일'에서 접사 '햇-'은 '과일' 앞에 붙어서 '그 해에 새로 난'이라는 의미를 더하고 있다. (　　)

9 '소리꾼'은 '-꾼'이라는 접사(또는 접미사)가 '소리' 뒤에 붙어 파생된 단어에 해당한다. (　　)

10 시에서 의성어나 의태어를 많이 사용하면 훨씬 더 생동감이 느껴진다. (　　)

보 기

① 사물의 소리를 흉내 낸 말
② 이전에 없던 새로운 말을 만듦. 또는 그 만든 말
③ 단어의 어근에 접사를 붙여서 새로운 단어를 만듦.
④ 단어의 어근 앞이나 뒤에 붙어, 어떤 뜻을 더하거나 품사를 바꿈으로써 새로운 단어를 만드는 형태소

[11~15번] 다음 뜻에 알맞은 단어를 서로 연결하시오.

11 파열음과 마찰음의 두 가지 성질이 함께 일어나는 자음 •　　　• 어간

12 활용어가 활용할 때 변하지 않는 부분 •　　　• 음운

13 말을 뜻을 구별해 주는 가장 작은 소리의 단위 •　　　• 전설 모음

14 혀의 앞부분과 경구개 사이에서 소리 나는 모음 •　　　• 파찰음

15 용언의 어간이나 서술격 조사에 변하는 말이 붙어 문장의 성격을 바꿈. 또는 그런 일 •　　　• 활용

[16~22번] 다음 빈칸을 채우시오.

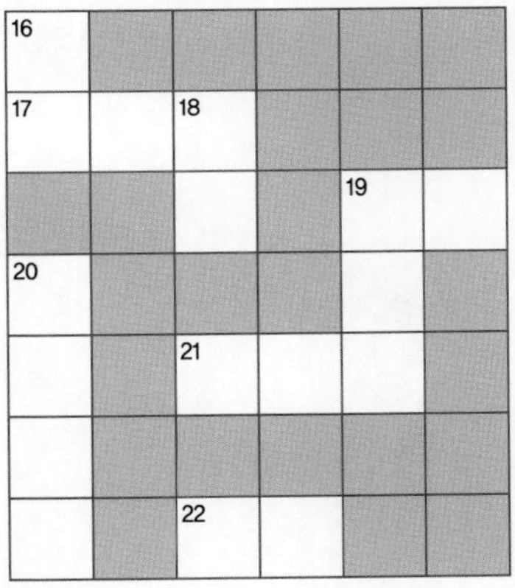

가・로・열・쇠

17 사물의 소리를 흉내 낸 말

19 단어의 어근에 접사를 붙여서 새로운 단어를 만듦. 또는 그 방법

21 혀끝과 잇몸 사이에서 나는 소리

22 말의 뜻을 구별해 주는 가장 작은 소리의 단위

세・로・열・쇠

16 제멋대로 하는 생각

18 활용어가 활용할 때 변하지 않는 부분

19 파열음과 마찰음의 두 가지 성질이 함께 일어나는 자음

20 혀의 앞부분과 경구개 사이에서 소리 나는 모음

몇 문제 맞혔나요? (　　　) / 23문항

맞힌 개수	21개 이상	13~20개	12개 이하
결과	다음 일차로 넘어가도 되겠어요!	이번 일차 한 번만 더 읽고 갈까요?	복습하고 넘어가야겠어요.

내신 대비

개념어 적용 문제

1 [보기]에서 전설 모음만을 모은 것은?

연관 개념어 ▾ 전설 모음

[보 기]

준수는 어제 외갓집에 갔습니다.

① ㅔ, ㅚ, ㅣ ② ㅜ, ㅡ, ㅓ ③ ㅏ, ㅓ, ㅡ

④ ㅓ, ㅚ, ㅜ ⑤ ㅐ, ㅏ, ㅣ

2 다음 복합어 중에서 성격이 다른 하나는?

연관 개념어 ▾ 파생

① 지우개 ② 풋고추 ③ 덧버선

④ 감나무 ⑤ 대장장이

3 다음 중 파찰음이 있는 단어는?

연관 개념어 ▾ 파찰음

① 밥풀 ② 저축 ③ 콩고물

④ 홍수 ⑤ 개떡

서술형

4 [보기]에서 밑줄 친 형태소의 공통점과 차이점을 [조건]에 맞게 설명하시오.

연관 개념어 ▾ 접사

[보 기]

왕만두 – 거짓말쟁이

[조 건]

- 밑줄 친 형태소의 이름을 밝힐 것
- 밑줄 친 형태소의 공통점은 기능 차원에서, 차이점은 형식 차원에서 설명할 것

331 **감언이설**
달 甘 말씀 言
이로울 利 말씀 說

다른 사람을 자신의 생각대로 꾀어내기 위해 그 사람에게 이로운 조건을 내세우면서 기분을 맞춰주는 달콤한 말
예 나는 그의 감언이설에 잠시 혹해서 중요한 정보를 넘겨줄 뻔 했다.

332 **권선징악**
권할 勸 착할 善
혼낼 懲 악할 惡

착한 일을 권장하고 악한 일을 징계함.
예 흥부전의 주제는 권선징악이다.

333 **노심초사**
근심할 勞 마음 心
애태울 焦 생각 思

마음속으로 애를 쓰며 속을 태움.
예 아침에 못 일어나는 아이를 억지로 깨우고 아침밥을 안 먹을까 노심초사하면서 수저와 밥그릇을 들고 따라다닌다.

334 **무아지경**
없을 無 나 我
~의 之 지경 境

마음이 어느 한곳으로 온통 쏠려 자신의 존재를 잊고 있는 경지
예 그는 그녀를 보자마자 무아지경에 빠졌다.
유 무아경 없을 無 나 我 지경 境

335 **박장대소**
칠 拍 손바닥 掌
클 大 웃을 笑

손뼉을 치며 크게 웃음.
예 엄마는 아이의 재롱에 박장대소하였다.

336 **섬섬옥수**
고운 비단 纖 고운
비단 纖 옥 玉 손 手

가냘프고 고운 여자의 손을 이르는 말
예 그녀의 섬섬옥수가 나를 가리키자 심장이 멎을 듯하였다.

337 **소탐대실**
작을 小 탐할 貪
클 大 잃을 失

작은 것을 탐하다가 큰 것을 잃음.
예 지금 당장 손해를 보지 않으려고 하는 너의 행동은 결국 소탐대실의 결과를 가져올 것이다.

338 **수구초심**
머리 首 언덕 丘
처음 初 마음 心

여우가 죽을 때 제가 살던 굴이 있는 언덕 쪽으로 머리를 둔다는 뜻으로, 고향을 그리워하는 마음을 이르는 말
예 수구초심이라고 나이가 드니 고향 생각이 더 난다.

339 **수수방관**
소매 袖 손 手
곁 傍 볼 觀

팔짱을 끼고 보고만 있다는 뜻으로, 간섭하거나 거들지 아니하고 그대로 버려둠을 이르는 말
예 쓰레기 매립장을 건설하는 문제로 지역 주민들과 시가 큰 갈등을 일으키고 있는데도 정부는 대책을 마련하지 못하고 수수방관만 하고 있었다.

340 **언중유골**
말씀 言 가운데 中
있을 有 뼈 骨

말 속에 뼈가 있다는 뜻으로, 무심하게 지나치듯 하는 말 속에 깊은 속뜻이 숨어 있음을 비유적으로 이르는 말
예 언중유골이라고, 아버지에게 하시는 할아버지의 말씀에는 언제나 깊은 뜻이 담겨 있는 것 같다.

341 **언행일치**
말씀 言 행할 行
하나 一 도달할 致

말과 그에 따른 행동이 같음.

예 다른 사람에게 믿음을 주기 위해서는 언행일치를 해야 한다.

342 **일석이조**
하나 一 돌 石
둘 二 새 鳥

돌 하나로 두 마리의 새를 잡는다는 뜻으로, 한 가지의 일로 두 가지 또는 그 이상의 이득을 얻음을 이르는 말

예 맛있는 것도 먹고 친구도 새로 사귈 수 있으니 이런 모임이야말로 일석이조다.

유 일거양득 하나 一 들 擧 둘 兩 얻을 得 한 가지 일을 하여 두 가지 이익을 얻음.

343 **자수성가**
스스로 自 손 手
이룰 成 집 家

물려받은 재산이 없이 자기 힘으로 벌어 살림을 이루고 재산을 모음.

예 고아였던 그는 자수성가하여 이제 어엿한 사장님이 되었다.

344 **지란지교**
지초 芝 난초 蘭
~의 之 사귈 交

지초(芝草)와 난초(蘭草)의 사귐이라는 뜻으로, 벗 사이의 높고 맑은 사귐을 이르는 말

예 학생들은 새로 입학한 학교에서 아름다운 지란지교를 꿈꾼다.

유 금란지계 쇠 金 난초 蘭 ~의 之 맺을 契 쇠처럼 단단하고 난초 향기처럼 그윽한 사귐의 의리를 맺는다는 뜻

345 **측은지심**
슬퍼할 惻 감출 隱
~의 之 마음 心

인간의 본성(本性)에서 우러나오는 마음씨로, 다른 사람의 불행을 불쌍히 여기는 마음을 이름.

예 불행을 당한 사람에게 불쌍한 마음을 가지는 것은 누구에게나 있는 측은지심이다.

346 **타산지석**
다를 他 뫼 山
~의 之 돌 石

다른 산의 나쁜 돌이라도 자신의 산의 옥돌을 가는 데에 쓸 수 있다는 뜻으로, 다른 사람의 하찮은 언행 또는 허물과 실패까지도 자신을 수양하는 데 도움이 된다는 말

예 희주는 지혜의 행동을 타산지석 삼아 자신은 절대 경솔하게 행동하지 않겠다고 결심하였다.

347 **태평성대**
클 太 다스릴 平
성스러울 聖 시대 代

나라에 혼란 따위가 없어 백성들이 편안히 지내는 시대 = 태평성세 클 太 다스릴 平 성스러울 聖 해 歲

예 임금이 나라를 잘 다스리면 태평성대를 누릴 수 있다.

348 **천신만고**
일천 千 괴로워할 辛
일만 萬 고생할 苦

(흔히 '끝에'와 함께 쓰여) 온갖 고생을 하고 애를 씀.

예 그는 천신만고 끝에 목적지에 도착할 수 있었다.

정답 및 해설 60p

필수 어휘

확인 문제

[1~8번] 다음의 뜻에 알맞은 한자성어를 서로 연결하시오.

1 온갖 고생을 하고 애를 씀. •	• 무아지경(無我之境)
2 가냘프고 고운 여자의 손을 이르는 말 •	• 섬섬옥수(纖纖玉手)
3 벗 사이의 높고 맑은 사귐을 이르는 말 •	• 수수방관(袖手傍觀)
4 다른 사람의 불행을 불쌍히 여기는 마음 •	• 지란지교(芝蘭之交)
5 간섭하거나 거들지 아니하고 그대로 버려둠을 이르는 말 •	• 측은지심(惻隱之心)
6 마음이 어느 한곳으로 온통 쏠려 자신의 존재를 잊고 있는 경지 •	• 천신만고(千辛萬苦)
7 다른 사람의 하찮은 언행 또는 허물과 실패까지도 자신을 수양하는 데 도움이 된다는 말 •	• 수구초심(首丘初心)
8 고향을 그리워하는 마음을 이르는 말 •	• 타산지석(他山之石)

[9~13번] 제시된 한자성어의 뜻을 참고하여 (　　) 안에 들어갈 말을 쓰시오.

9 ㅌ ㅍ ㅅ ㄷ : 나라에 혼란 따위가 없어 백성들이 편안히 지내는 시대
예 전쟁이 없고 모든 국민들이 편안하게 사는 (　　　　　)는 언제쯤 올까?

10 ㅇ ㅎ ㅇ ㅊ : 말과 그에 따른 행동이 같음.
예 아버지는 언제나 (　　　　　)를 강조하셨고, 몸소 실천하셨다.

11 ㅇ ㅈ ㅇ ㄱ : 말 속에 뼈가 있다는 뜻으로, 무심하게 지나치듯 하는 말 속에 깊은 속뜻이 숨어 있음을 비유적으로 이르는 말
예 무심한 듯 툭 던지는 그의 말은 은근히 (　　　　　)이다.

12 ㅅ ㅌ ㄷ ㅅ : 작은 것을 탐하다가 큰 것을 잃음.
예 눈앞의 이익만 생각하고 행동하면 (　　　　　)할 확률이 크다.

13 ㄴ ㅅ ㅊ ㅅ : 마음속으로 애를 쓰며 속을 태움.
예 엄마는 혹시라도 아이가 다칠까봐 (　　　　　)하였다.

[14~17번] **다음의 뜻에 해당하는 한자성어를 [보기]에서 찾아 쓰시오.**

14 손뼉을 치며 크게 웃음. → ____________

15 착한 일을 권하고 악한 일을 징계함. → ____________

16 물려받은 재산이 없이 자기 힘으로 벌어 살림을 이루고 재산을 모음. → ____________

17 다른 사람을 자신의 생각대로 꾀어내기 위해 그 사람에게 이로운 조건을 내세우면서 기분을 맞춰주는 달콤한 말 → ____________

보 기
감언이설(甘言利說)　권선징악(勸善懲惡)　박장대소(拍掌大笑)　자수성가(自手成家)

18 **㉠에 들어가기에 적절한 한자성어는?**

보 기
이번 여행은 새롭고 신나는 경험을 할 수 있으면서 그 나라의 언어와 문화까지도 동시에 배울 수 있으니 (　　㉠　　)의 기회라고 할 수 있습니다.

① 무아지경(無我之境)　② 유비무환(有備無患)　③ 언중유골(言中有骨)
④ 소탐대실(小貪大失)　⑤ 일석이조(一石二鳥)

19 **다음의 밑줄 친 부분과 의미가 통하는 한자성어는?**

진석이는 우리 반 반장이다. 반장 선거 때 진석이는 우리 반 친구들을 위해 희생하고 열심히 봉사하겠다고 말했다. 진석이의 말에서 진심이 느껴졌기에 우리는 모두 진석이를 반장으로 뽑았다. 그런데 진석이는 어느 날부터인가 실망스러운 행동을 보였다. 장애를 가진 반 친구를 노골적으로 무시하는가 하면, 수행평가를 미처 해 오지 못한 친구들이 도움을 청해도 못 본 척했다. <u>진석이는 반장 선거에서 자신이 한 말이 생각나지 않는 것일까? 엄마는 항상 다른 사람에게 신뢰를 얻으려면 말과 행동이 같아야 한다고 하셨는데……</u>.

① 자수성가(自手成家)　② 천신만고(千辛萬苦)　③ 언행일치(言行一致)
④ 섬섬옥수(纖纖玉手)　⑤ 권선징악(勸善懲惡)

몇 문제 맞혔나요? (　　　) / 19문항

맞힌 개수	17개 이상	10~16개	9개 이하
결과	다음 일차로 넘어가도 되겠어요!	이번 일차 한 번만 더 읽고 갈까요?	복습하고 넘어가야겠어요.

내신 대비

어휘력 확장 문제

1 다음의 상황에 가장 어울리는 한자성어는?

① 권선징악(勸善懲惡)　② 감언이설(甘言利說)　③ 일석이조(一石二鳥)
④ 태평성대(太平聖代)　⑤ 지란지교(芝蘭之交)

2 밑줄 친 부분과 의미가 통하는 한자성어는?

윤주 : 경호야, 주말에 시간 되면 우리 영화나 보러 갈까? 재미있는 영화 개봉했대.
경호 : 글쎄……. 나 이번에 중간고사를 망쳐서 엄마가 허락해 주실지 모르겠어. 누구처럼 시험을 잘 봐서 자유롭게 놀러 다닐 처지가 못 돼.
윤주 : 어머! 너 말 속에 뼈가 있다. 그 '누구'가 혹시 나를 가리키는 거니?

① 노심초사(勞心焦思)　② 언중유골(言中有骨)　③ 언행일치(言行一致)
④ 측은지심(惻隱之心)　⑤ 박장대소(拍掌大笑)

3 [보기]의 ○○ 건설을 비판하기에 적절한 한자성어를 쓰시오.

[보 기]

방금 들어온 사고 소식입니다. 서울 △△구의 한 주상복합 건물 일부가 붕괴되었다고 합니다. 아직 입주 전이라 다행히 인명 피해는 없는 것으로 전해졌습니다. 이 건물은 우리나라의 대표적 건설사인 ○○ 건설이 얼마 전에 완공한 것입니다. 조사에 따르면 이 건설사는 최근 부동산 경기 침체로 자금 조달이 어려워지자 부적합 판정을 받은 값싼 자재를 사용하였고, 공사비를 아낀다는 명목으로 건물 안전 조치도 거의 하지 않았다고 합니다. 그런데 이번 붕괴 사고로 인한 건설사의 피해 금액이 무려 공사비의 세 배에 달한다고 합니다. 눈앞의 이익에만 급급하다가 오히려 더 큰 대가를 치룬 셈입니다.

24 일차 속담

교과서 필수 어휘

349 **같은 말이라도 아 다르고 어 다르다**

비슷한 말이라도 어떻게 하느냐에 따라 듣기 좋은 말이 되기도 하고 듣기 싫은 말이 되기도 하므로 말을 가려 해야 한다는 말

예 같은 말이라도 아 다르고 어 다른 법인데, 너는 꼭 그렇게 말을 비꼬아서 해야겠니?

유 아 해 다르고 어 해 다르다.

---

350 **구슬이 서 말이라도 꿰어야 보배다**

아무리 훌륭하고 좋은 것이라도 다듬고 정리하여 쓸모 있게 만들어 놓아야 값어치가 있다는 것을 비유적으로 이르는 말

예 구슬이 서* 말*이라도 꿰어야 보배라고, 수집을 많이 해 놓고도 활용하지 않는 정보는 무의미하다.

유 가마 속의 콩도 삶아야 먹는다. / 솥에 넣은 팥이라도 익어야 먹지. / 청산 속에 묻힌 옥도 갈아야 빛이 난다.

* 서 : '돈', '말', '발', '푼' 따위의 단위를 나타내는 말 앞에 쓰여, 그 수량이 셋임을 나타내는 말

* 말 : 곡식이나 가루, 액체 따위의 부피의 단위를 나타내는 말

예 금 서 돈, 쌀 서 말

---

351 **고슴도치도 살 친구가 있다**

「1」 누구에게나 친하게 사귀면서 지내는 친구가 있기 마련이라는 말

예 친구를 아직 못 사귀었다고 너무 실망하지 마. 고슴도치도 살 친구가 있다고 너에게도 언젠가는 친구가 생길 거야.

「2」 아무리 괴팍하고 몹쓸 사람이라도 뜻이 맞는 짝이나 친구가 있음을 비유적으로 이르는 말

예 고슴도치도 살 친구가 있다고 그 사람에게도 친구는 있겠지?

---

352 **그믐밤에 홍두깨**

전혀 생각하지 못했던 일이 갑자기 일어나거나 뜻밖의 말을 불쑥 꺼내는 것을 비유적으로 이르는 말

예 내가 하지도 않은 짓을 했다며 벌금을 내라니, 정말 그믐밤에 홍두깨*다.

유 아닌 밤중에 홍두깨 / 자다가 봉창* 두드린다.

* 홍두깨 : 빨래한 옷감을 감아서 다듬잇돌 위에 얹어 놓고 반드럽게 다듬는, 단단한 나무로 만든 방망이

* 봉창 : 빛이 잘 들어오고 바람이 통하게 하기 위해 벽을 뚫어서 작은 구멍을 내고 창틀이 없이 안쪽으로 종이를 발라서 봉한 창

---

353 **낮말은 새가 듣고 밤말은 쥐가 듣는다**

비밀은 결국 지켜지지 않는다는 뜻으로, 늘 말조심을 해야 함을 비유적으로 이르는 말

예 낮말은 새가 듣고 밤말은 쥐가 듣는다고 말은 경솔하게 하지 않는 게 좋아.

---

354 **눈이 와야 솔이 푸른 줄 안다**

어려운 상황이 되어야 그것을 이기는 것을 보고 사람의 진짜 됨됨이를 알 수 있게 된다는 말

예 눈이 와야 솔이 푸른 줄 안다고, 만날 동생을 구박하던 누나가 동생이 아프다니까 제일 잘 챙기네.

355 **들으면 병이요 안 들으면 약이다**

들어서 걱정될 일이라면 차라리 듣지 않는 것이 더 나음을 이르는 말

예 들으면 병이요 안 들으면 약이랬다고, 그 사건이 나와 관련도 없는데 괜히 들어서 신경 쓰고 싶지 않아.

356 **말은 해야 맛이고 고기는 씹어야 맛이다**

마땅히 할 말은 해야 한다는 말

예 말은 해야 맛이고 고기는 씹어야 맛이라고, 할 말이 있으면 분명하게 해야 상대방도 자신의 문제점을 정확하게 알 거야.

357 **무심코 던진 돌에 개구리는 맞아 죽는다**

사소한 말이나 행동이 다른 사람에게는 큰 피해나 상처가 될 수 있음을 이르는 말

예 무심코 던진 돌에 개구리는 맞아 죽는다는 속담처럼, 네가 아무 뜻 없이 한 말에 어떤 사람은 큰 상처를 받는단다.

358 **발 없는 말이 천 리 간다**

말이란 순식간에 멀리까지 퍼져 나가므로 말을 삼가야 함을 비유적으로 이르는 말

예 발 없는 말이 천 리 간다고 말은 순식간에 퍼진다.

359 **빈대 잡으려고 초가삼간 태운다**

손해를 크게 볼 것은 생각하지 않고 당장에 마음에 들지 않는 것을 없애려고 그저 덤비기만 하는 경우를 비유적으로 이르는 말

예 빈대* 잡으려고 초가삼간* 태운다고 잡초를 제거하기 위해 철새 도래지인 낙동강 유역에 뿌린 제초제 때문에 철새와 곤충들까지 피해를 입게 되었다.

유 빈대 미워 집에 불 놓는다.

* 빈대 : 사람의 피를 빨아먹는 작은 곤충

* 초가삼간 : 세 칸 되는 초가라는 뜻으로, 아주 작은 집을 비유적으로 이르는 말

360 **산 입에 거미줄 치랴**

아무리 살기가 어려워도 사람은 죽지 않고 그럭저럭 먹고살아 가기 마련임을 비유적으로 이르는 말

예 걱정 마라, 산 입에 거미줄 치랴? 어떻게든 살아갈 방법이 있겠지.

361 **서당 개 삼 년이면 풍월을 읊는다**

어떤 분야에 대하여 지식과 경험이 전혀 없는 사람이라도 그 부문에 오래 있으면 얼마간의 지식과 경험을 갖게 됨을 비유적으로 이르는 말

예 서당 개 삼 년이면 풍월*을 읊는다고 어려서부터 카센터에서 잡일을 도맡아 하다 보니 이젠 혼자서 자동차 수리도 할 수 있다.

유 맹자 집 개가 맹자 왈 한다. / 산 까마귀 염불한다.

* 풍월 : 정식으로 배우지 않고 어깨너머로 배운 짧은 지식

362 **숭어가 뛰니까 망둥이도 뛴다**

남이 한다고 하니까 분별없이 덩달아 나섬을 비유적으로 이르는 말

예 숭어가 뛰니까 망둥이도 뛴다더니 희수가 서울로 공부하러 간다는 소리를 듣고 미정이도 서울로 보내 달라고 떼를 쓰더라고.

363 **식혜 먹은 고양이 속**

지은 죄가 드러날 것을 두려워하는 마음을 비유적으로 이르는 말

예 그는 자기가 한 짓을 들킬까봐 하루 종일 식혜 먹은 고양이 속이었다.

364 **피는 물보다 진하다**

혈육의 정은 다른 어떤 것보다 깊다는 말

예 피는 물보다 진하다는 말처럼, 평소에 아무리 미워해도 결정적인 순간에는 자기 식구를 감싼다.

정답 및 해설 60p

필수 어휘

확인 문제

[1~4번] 다음 설명에 해당하는 속담을 [보기]에서 찾아 쓰시오.

1 비밀은 결국 지켜지지 않는다는 뜻으로, 늘 말조심을 해야 함을 비유적으로 이르는 말

→ ______________________

2 어려운 상황이 되어야 그것을 이기는 것을 보고 사람의 진짜 됨됨이를 알 수 있게 된다는 말

→ ______________________

3 아무리 훌륭하고 좋은 것이라도 다듬고 정리하여 쓸모 있게 만들어 놓아야 값어치가 있다는 것을 비유적으로 이르는 말 → ______________________

4 어떤 분야에 대하여 지식과 경험이 전혀 없는 사람이라도 그 부문에 오래 있으면 얼마간의 지식과 경험을 갖게 됨을 비유적으로 이르는 말 → ______________________

보 기

- 눈이 와야 솔이 푸른 줄 안다.
- 구슬이 서 말이라도 꿰어야 보배다.
- 서당 개 삼 년이면 풍월을 읊는다.
- 낮말은 새가 듣고 밤말은 쥐가 듣는다.

[5~9번] 다음의 설명에 알맞은 속담을 서로 연결하시오.

5 마땅히 할 말은 해야 한다는 말 •

6 들어서 걱정될 일이라면 차라리 듣지 않는 것이 더 나음을 이르는 말 •

7 누구에게나 친하게 사귀면서 지내는 친구가 있기 마련이라는 말 •

8 말이란 순식간에 멀리까지 퍼져 나가므로 말을 삼가야 함을 비유적으로 이르는 말 •

9 아무리 살기가 어려워도 사람은 죽지 않고 그럭저럭 먹고살아 가기 마련임을 비유적으로 이르는 말 •

• 산 입에 거미줄 치랴.

• 발 없는 말이 천 리 간다.

• 고슴도치도 살 친구가 있다.

• 들으면 병이요 안 들으면 약이다.

• 말은 해야 맛이고 고기는 씹어야 맛이다.

[10, 11번] 다음 상황에 가장 적절한 속담을 [보기]에서 찾아 쓰시오.

10

→ ______________________

11

→ ______________________

보 기

- 무심코 던진 돌에 개구리는 맞아 죽는다.
- 같은 말이라도 아 다르고 어 다르다.

[12~16번] (　　) 안에 가장 적절한 속담을 [보기]에서 찾아 쓰시오.

12 (　　　　　　　　　)(라)더니 갑자기 일을 그만두겠다고 하면 어쩌란 말입니까?

13 동생이 아버지가 아끼는 화분을 깨뜨리고 노심초사하는 것이 꼭 (　　　　　　　　　) 같다.

14 (　　　　　　　　　)(라)더니 늘 아웅다웅 다투던 누나가 아프자 누구보다도 동생이 열심히 병간호를 하는 것이었다.

15 (　　　　　　　　　)(라)고 그깟 조무래기에 신경 쓰다가는 일당 전부를 놓칠 수도 있어.

16 (　　　　　　　　　)(라)고 우진이가 미국 간다고 너도 보내달라는 거니?

보 기

- 식혜 먹은 고양이 속
- 빈대 잡으려고 초가삼간 태운다.
- 숭어가 뛰니까 망둥이도 뛴다.
- 그믐밤에 홍두깨
- 피는 물보다 진하다.

몇 문제 맞혔나요? (　　　) / 16문항

맞힌 개수	14개 이상	9~13개	8개 이하
결과	다음 일차로 넘어가도 되겠어요!	이번 일차 한 번만 더 읽고 갈까요?	복습하고 넘어가야겠어요.

내신 대비

어휘력 확장 문제

1 [보기]의 속담과 의미가 가장 가까운 것은?

[보 기]

발 없는 말이 천 리 간다.

① 빈대 잡으려고 초가삼간 태운다.
② 들으면 병이요 안 들으면 약이다.
③ 같은 말이라도 아 다르고 어 다르다.
④ 낮말은 새가 듣고 밤말은 쥐가 듣는다.
⑤ 말은 해야 맛이고 고기는 씹어야 맛이다.

2 [보기]의 윤희를 위로하기 위해 활용할 수 있는 속담은?

[보 기]

영승 : 윤희야, 오랜만이야. 초등학교 졸업하고 우리 처음 보는 거지? 잘 지냈어?
윤희 : (시무룩한 표정으로) 그렇게 잘 지내지 못했어. 우리 반에는 나와 같은 초등학교를 나온 애가 아무도 없어서 입학한 지 한 달이 다 되어 가는데도 난 아직 혼자 있을 때가 많아.

① 친구 따라 강남간다.
② 산 입에 거미줄 치랴.
③ 고슴도치도 살 친구가 있다.
④ 걸어가다가도 친구 보면 타고 가자고 한다.
⑤ 친구는 옛 친구가 좋고, 옷은 새 옷이 좋다.

3 [보기]의 상황에서 엄마가 아들에게 쓸 수 있는 속담을 쓰시오.

[보 기]

아들 : 엄마, 성적표 나왔어요.
엄마 : (성적표를 보고 나서 한숨을 쉬며) 이것도 성적이라고 성적표에 찍혀 나오는구나……. 종이가 아까운 건 왜일까…….
아들 : (전혀 기죽지 않고) 엄마, 걱정 마세요. 제가 이번에 놀아서 그렇지 마음만 먹으면 반에서 1등은 금방이에요.
엄마 : (어두운 표정으로) 아들아, 네가 성적표 받아 올 때마다 그렇게 말한 지 어느덧 3년이 다 되어 가는구나. 너에게 엄청난 능력이 있다는 건 엄마도 알지만 그러면 뭘 하니? 그 능력이 전혀 빛을 발하지 못하고 있는 걸.

365 **관용어**
버릇 慣 쓸 用 말씀 語

둘 이상의 단어가 습관적으로 함께 쓰여 새로운 의미를 나타내며, 마치 하나의 단어처럼 사용되는 말. '관용적 표현'이라고도 부른다.

366 **골머리를 앓다**

어떻게 해야 할지 몰라서 고민하거나 생각에 몰두하다.

예 동네 사람들마다 창고의 먹을거리를 훔쳐가는 도둑고양이 때문에 골머리를 앓고 있다.
유 골치를 앓다.

367 **눈을 씻고 보다**

몹시 애타게 찾다.

예 아무리 눈을 씻고 봐도 새로 산 지갑을 찾을 수가 없다.

368 **딴죽을 걸다**

이미 동의하였거나 약속했던 일에 대하여 엉뚱한 짓을 하며 어기다.

예 철석같이 약속해 놓고 이제 와서 딴죽을 걸면 어쩌자는 거냐?
※ 딴죽 : 태껸이나 씨름에서, 발로 상대방의 다리를 옆으로 치거나 끌어당겨서 넘어뜨리는 일

369 **목이 빠지게 기다리다**

몹시 애타게 기다리다.

예 아이는 시장에 간 엄마가 빨리 돌아오기를 목이 빠지게 기다렸다.
유 눈(이) 빠지게 기다리다. / 턱이 떨어지게 기다리다.

370 **미주알고주알 캔다**

일의 속사정을 자질구레한 것까지 속속들이 자세히 조사한다는 말

예 별로 친하지도 않은 사람에게 그런 개인적인 일들을 미주알고주알 캐려고 하는 건 실례인 것 같다.
※ 미주알고주알 : 사소한 것까지 모두 다

371 **뼈에 사무치다**

(원한이나 고통 따위가) 뼛속에 파고들 정도로 깊고 강하다.

예 가족에 대한 그의 그리움은 뼈에 사무쳤다.
※ 사무치다 : (감정이나 느낌이 몸이나 마음속에) 강하게 느껴지다.

372 **손이 맞다**

함께 일을 할 때 생각이나 방법 따위가 서로 잘 어울리다.

예 그 둘은 무엇을 해도 손이 맞아서 일을 빨리 끝내곤 한다.

373 **시치미를 떼다**

매를 훔친 사람이 시치미를 떼어 내고 자기 매인 것처럼 행세한다는 뜻으로, 자기가 하고도 짐짓 하지 않은 체하거나 알고도 모르는 체하다.

예 분명 본인이 했음에도 불구하고 그는 그 일에 대해 시치미를 떼며 모른 척 했다.
※ 시치미 : 매의 임자를 밝히기 위해 주소를 적어서 매의 꽁지 털 속에 매어 둔 네모난 뿔

374 **아귀가 맞다**

앞뒤 관계가 들어맞다.

예 어제 우리가 계획한 대로 일의 아귀가 맞아 들어간다.
※ 아귀 : 물건의 갈라진 곳

375 **안면을 바꾸다**

잘 알고 지내던 사람을 일부러 모른 체하다.

예 그동안 그토록 친하게 지냈던 사람들이 사업이 망하자 안면을 바꾸어 버렸다.

376 **오금이 저리다**

공포감 따위에 맥이 풀리고 마음이 졸아들다.

예 영화가 너무 무서운 나머지 누가 옆에서 건드리기만 해도 오금이 저린다.

※ 오금 : 무릎 관절 안쪽의 오목한 부분

377 **운을 떼다**

이야기의 첫머리를 꺼내다.

예 그가 자신의 과거에 대해 운을 떼자 모두 관심을 가졌다.

378 **애를 먹다**

속이 상하도록 심하게 어려움을 겪다.

예 어머니는 새로 운전을 배우시느라 애를 먹고 계셨다.

379 **일손을 놓다**

하던 일을 중도에 그만두다.

예 버스 운전사들은 대우를 개선해 주지 않으면 일손을 놓겠다고 으름장을 놓았다.

380 **재수 옴 붙었다**

재수가 아주 없다는 말

예 오늘은 재수가 옴 붙었는지 하는 일마다 되는 게 없다.

※ 옴 : 옴벌레가 옮아 붙어서 생기는 전염 피부병. 손가락 사이나 발가락 사이가 짓무르기 시작하여, 차차 온몸에 퍼지며 몹시 가렵다.

381 **코웃음 치다**

무엇에 대해서 가소롭다는 듯 깔보고 비웃다.

예 문기는 증거를 보이느라고 이쪽저쪽 주머니를 털어 보이는 것이나 수만이는 흥 하고 코웃음을 친다.

382 **파김치가 되다**

몹시 지쳐서 기운이 아주 나른하게 되다.

예 그는 고된 일을 마치고 파김치가 되어 집에 돌아왔다.

383 **허울 좋다**

실속은 없으면서 겉으로는 번지르르하다.

예 박지원은 허울 좋은 명분만 내세우는 선비들을 좋게 생각하지 않았다.

정답 및 해설 61p

필수 어휘 확인 문제

[1~5번] 밑줄 친 관용어의 뜻을 [보기]에서 찾아 번호를 쓰시오.

1 윤수는 마지막 수학 문제가 풀리지 않아서 골머리를 앓았다.
( )

2 청훈이는 용돈을 올려 달라고 말하기 위해 엄마에게 운을 뗐다.
( )

3 내가 제일 싫어하는 그 녀석을 아침부터 보다니 오늘 재수에 옴 붙었다.
( )

4 환경을 보호하자는 말과 일회용품이 필요하다는 말은 서로 아귀가 맞지 않는다.
( )

5 친구와 나는 무슨 일을 해도 손이 맞아서 싸움 한번 한 적이 없다.
( )

보 기

① 재수가 아주 없다는 말
② 이야기의 첫머리를 꺼내다.
③ 앞뒤 관계가 들어맞다.
④ 어떻게 해야 할지 몰라서 고민하거나 생각에 몰두하다.
⑤ 함께 일을 할 때 생각이나 방법 따위가 서로 잘 어울리다.

[6~9번] 다음의 관용어를 활용하여 새로운 문장을 만드시오.

6 **뼈에 사무치다** : (원한이나 고통 따위가) 뼛속에 파고들 정도로 깊고 강하다.

→

7 **딴죽을 걸다** : 이미 동의하였거나 약속했던 일에 대하여 엉뚱한 짓을 하며 어기다.

→

8 **오금이 저리다** : 공포감 따위에 맥이 풀리고 마음이 졸아들다.

→

9 **미주알고주알 캔다** : 일의 속사정을 자질구레한 것까지 속속들이 자세히 조사한다는 말

→

[10, 11번] 다음의 상황에서 사용할 수 있는 관용어를 [보기]에서 찾아 쓰시오.

10

→ ____________________

11

→ ____________________

보 기

애를 먹다　　시치미를 떼다　　일손을 놓다　　눈을 씻고 보다

[12~15번] (　　) 안에 적절한 관용어를 [보기]에서 골라 문맥에 맞게 쓰시오.

12 명절 때마다 그녀는 마을 어귀까지 나가 서울에 있는 오빠가 오기를 (　　　　　　)

13 그는 평소처럼 마치 아무 일도 없었다는 듯이 (　　　　　　) 앉아 있었다.

14 이곳 장수 마을 노인들은 수명이 다할 때까지 (　　　　　　) 않는다.

15 아버지는 앞으로는 말을 잘 듣겠다는 말썽꾸러기 아들의 말에 (　　　　　　)

보 기

- 코웃음 치다
- 일손을 놓다
- 목이 빠지게 기다리다
- 시치미를 떼다

[16~18번] 다음의 설명에 알맞은 관용어를 서로 연결하시오.

16 몹시 지쳐서 기운이 아주 나른하게 되다. •　　　• 허울 좋다

17 실속은 없으면서 겉으로는 번지르르하다. •　　　• 파김치가 되다

18 잘 알고 지내던 사람을 일부러 모른 체하다. •　　　• 안면을 바꾸다

몇 문제 맞혔나요? (　　　) / 18문항

맞힌 개수	16개 이상	12~15개	11개 이하
결과	다음 일차로 넘어가도 되겠어요!	이번 일차 한 번만 더 읽고 갈까요?	복습하고 넘어가야겠어요.

내신 대비

어휘력 확장 문제

1 다음의 대화 상황에서 ㉠에 들어가기에 가장 적절한 표현은?

형석 : 민주야, 주말 잘 보냈어?
민주 : 응. 재미있게 잘 놀았어.
형석 : 뭐 하고 놀았는데?
민주 : 친구들하고 놀고, 부모님이랑 외식도 하고, 내가 좋아하는 만화책도 봤거든.
형석 : 친구 누구? 뭐하고 놀았는데? 부모님이랑은 어디 가서 뭐 먹었어? 네가 좋아하는 만화책은 뭔데?
민주 : 형석아, ______㉠______

① 너 진짜 오금이 저리는구나.
② 너 정말 딴죽을 잘 거는구나.
③ 너 그렇게 시치미를 뗄 거니?
④ 너 너무 미주알고주알 캐는 거 아니니?
⑤ 너 정말 코웃음 치게 질문하는 거 알아?

서술형

2 [보기]는 관용어를 처음 본 학생들의 반응이다. 이를 통해 알 수 있는 관용어의 특징을 [조건]에 맞게 설명하시오.

[보 기]

• 애를 먹다 → '애'는 동물의 쓸개를 말하는 건데… 애를 먹는다고? 이게 무슨 뜻이지?
• 손이 맞다 → 손이 맞는다는 건 손이 서로 부딪히는 건데, 그럼 박수를 치는 건가?
• 코웃음 치다 → 코웃음이 뭐지? 콧방귀를 말하는 건가? 근데, 코웃음 치면 뭐가 어때서?
• 시치미를 떼다 → '시치미'는 매에 달린 꼬리표 같은 거라던데, 그걸 떼면 무슨 일이 일어나지?
• 눈을 씻고 보다 → 눈을 씻고 보면 더 잘 보이나? 이게 무슨 뜻이지?

[조 건]

• [보기]에 제시된 학생들 반응의 공통점을 바탕으로 관용어가 가지는 특징을 쓸 것
• '관용어는 ~ '으로 시작하여 한 문장으로 쓸 것

어휘줍기 Cartoon

■ 다음 그림을 보고, 그림 속 단어의 의미를 사전에서 찾아 보자.

- 둥지 :
- 이상 :
- 틀다 :

이룸이앤비의 특별한 중등 국어교재 시리즈

숨마 주니어® 중학국어 어휘력 시리즈

중학교 국어 실력을 완성시키는 **국어 어휘 기본서** (전 3권)

- 중학국어 **어휘력 ❶**
- 중학국어 **어휘력 ❷**
- 중학국어 **어휘력 ❸**

숨마 주니어® 중학국어 비문학 독해 연습 시리즈

모든 공부의 기본! 글 읽기 능력을 향상시키는
국어 비문학 독해 기본서 (전 3권)

- 중학국어 **비문학 독해 연습 ❶**
- 중학국어 **비문학 독해 연습 ❷**
- 중학국어 **비문학 독해 연습 ❸**

숨마 주니어® 중학국어 문법 연습 시리즈

중학국어 **주요 교과서** 종합!
중학생이 꼭 알아야 할 **필수 문법서** (전 2권)

- 중학국어 **문법 연습 1** 기본
- 중학국어 **문법 연습 2** 심화

T H I N K M O R E A B O U T Y O U R F U T U R E

숨마 주니어®

내신 만점을 위한

중학 국어 어휘력 1

5분 테스트 Book + 정답 및 해설

중학프리미엄 EBS 인터넷강의 교재

교보문고 · YES24 · 알라딘 · 쿠팡 1위 중학 국어 판매 6년 연속

혁신적인 중등 브랜드 숨마 주니어 자기주도 학습서

5분 테스트 Book

1회 ~ 20회
정답 및 해설

1회 시

※ 본책에서 공부한 내용을 잘 이해했는지 점검해 보고, 틀린 문제는 복습해 보세요.

[1~4번] 다음 내용이 옳으면 ○표, 틀리면 ×표를 하시오.

1 일정한 형식 없이 자유롭게 쓴 시를 '정형시'라고 한다. (　　)

2 시에서 운율을 이루는 기본 단위를 '음보'라고 한다. (　　)

3 나이에 비해 어려 보이는 느낌이 있는 것을 '앳되다'라고 하는데, '애띠고 고운 얼굴'에서 '애띠다'는 '앳되다'의 방언이다. (　　)

4 감각에 의해 느낀 것을 마음속에서 재생하는 것으로, 구체적인 대상을 추상적으로 표현하는 것을 '심상'이라고 한다. (　　)

[5~8번] 다음의 뜻에 알맞은 단어를 서로 연결하시오.

5 다른 것을 본뜨거나 본받음.	•	• 절의
6 신념을 굽히지 않는 꿋꿋한 태도와 사람으로서 마땅히 지켜야 할 도리를 함께 이르는 말	•	• 여정
7 사람의 마음에 일어나는 여러 가지 감정	•	• 모방
8 여행 중에 거쳐 가는 길이나 여행의 과정	•	• 정서

[9~12번] 제시된 초성과 뜻을 참고하여 (　　) 안에 들어갈 단어를 쓰시오.

9 ㄸ ㅇ ㅂ : 여름날에 강하게 내리쬐는 몹시 뜨거운 볕

예 그는 (　　　　) 아래에서 꼼짝도 하지 않고 서 있었다.

10 ㄴ ㅅ : 크게 소리를 내어 글을 읽거나 욈.

예 시인은 자작시를 사람들 앞에서 (　　　　)하였다.

11 ㅇ ㅇ : 강이나 바다의 바닥이 얕거나 폭이 좁아 물살이 세게 흐르는 곳

예 아이들은 더운지 (　　　　) 가에서 물장난을 쳤다.

정답 및 해설 42p

12 ㅇ ㅁ : 언어의 문자 배열에 일정한 규칙을 만들어 운율이 형성된 글

예 시는 (   )에 속하고, 소설은 산문에 속한다.

[13～15번] (   ) 안에 들어갈 단어를 [보기]에서 찾아 문맥에 맞게 쓰시오.

13 새로 산 옷의 (   ) 느낌이 좋다.

➜ 단어의 뜻 : 꽤 보드라운 느낌이 있다.

14 햇살이 바다 위로 떨어져서는 수평선 위에 (   ) 물결을 황금빛으로 물들였다.

➜ 단어의 뜻 : 물결이나 불 따위가 넘실거리거나 바람에 가볍게 흔들리다.

15 나는 (   ) 햇살을 맞으며 창가에 앉아 있었다.

➜ 단어의 뜻 : 조금 따뜻하다.

보 기

넘놀다　　일다　　다사하다　　보드레하다

몇 문제 맞혔나요? (   ) / 15문항

맞힌 개수	13개 이상	10～12개	9개 이하
결과	다음 회로 넘어가도 되겠어요!	이번 회 한 번만 더 읽고 갈까요?	복습하고 넘어가야겠어요.

※ 본책에서 공부한 내용을 잘 이해했는지 점검해 보고, 틀린 문제는 복습해 보세요.

[1~4번] 다음 내용이 옳으면 ○표, 틀리면 ×표를 하시오.

1 세 개의 장으로 나누어진 악곡이나 시조의 첫 번째 행을 '종장'이라고 한다. (　　)

2 시에서 느껴지는 말의 가락으로, 소리의 반복을 통해 얻게 되는 음악적 느낌을 '운율'이라고 한다. (　　)

3 추상적인 개념이나 사물을 구체적인 사물로 나타내는 것을 '상징'이라고 한다. (　　)

4 표현하려는 대상을 다른 대상에 빗대어 나타냄으로써 그 대상을 더욱 뚜렷하고 살아있는 것처럼 표현하는 방식을 '비유'라고 한다. (　　)

[5~8번] 다음의 뜻에 알맞은 단어를 서로 연결하시오.

5 땅속 깊은 밑바닥. 죽은 사람의 영혼이 돌아가는 곳을 이르는 말 •	• 윗목
6 '새색시'의 경상도 방언. 갓 결혼한 여자 •	• 유년
7 어린 나이나 때. 또는 어린아이 •	• 구천
8 온돌방에서의 위쪽 방바닥 •	• 새악시

[9~12번] 제시된 초성과 뜻을 참고하여 (　　) 안에 들어갈 단어를 문맥에 맞게 쓰시오.

9 ㅊ ㅂ ㄱ ㄹ ㄷ : 얕은 물이나 질퍽한 땅을 거칠게 밟거나 치는 소리를 자꾸 내다.
예 윤수는 시냇물을 (　　　　　　) 뛰어다녔다.

10 ㅈ ㅊ : 아주 흔하게 있는 것을 이르는 말
예 마을 뒷산에는 산나물이 (　　　　)이다.

11 ㅈ ㅈ ㄹ ㅈ ㅈ ㄹ : 물건이 어지럽게 많이 매달려 있는 모양을 나타내는 말
예 현우는 과수원을 지나며 포도나무에 (　　　　　　　　　) 열린 포도를 보고 군침을 삼켰다.

12 ㅈ ㄴ ㄲ ㅂ : 비가 섞여 내리는 눈

예 하루 종일 (   )가 내려 거리가 엉망이 되었다.

[13～15번] (   ) 안에 들어갈 단어를 [보기]에서 찾아 문맥에 맞게 쓰시오.

13 창수는 (   ) 생각하느라 내가 부르는 소리를 듣지 못했다.

➔ 단어의 뜻 : 한 가지 일에 온 정신을 쏟아 딴 생각이 없다.

14 바다가 가까워지자 어린 강물은 엄마 손을 더욱 꼭 (   ) 채 놓지 않았습니다.

➔ 단어의 뜻 : 당겨서 손 안에 잡다.

15 어제 보았던 그녀의 얼굴이 눈앞에 (   ).

➔ 단어의 뜻 : 잊히지 않고 눈앞에 보이는 듯 또렷하다.

보 기

삼삼하다　　그러쥐다　　찰박거리다　　골똘하다

몇 문제 맞혔나요? (   ) / 15문항

맞힌 개수	13개 이상	10～12개	9개 이하
결과	다음 회로 넘어가도 되겠어요!	이번 회 한 번만 더 읽고 갈까요?	복습하고 넘어가야겠어요.

3회 시

※ 본책에서 공부한 내용을 잘 이해했는지 점검해 보고, 틀린 문제는 복습해 보세요.

[1~4번] 다음 내용이 옳으면 ○표, 틀리면 ×표를 하시오.

1 시에서 쓰는 말, 또는 시에 있는 말을 '시어'라고 한다. (　　)

2 고려 말기부터 발달하여 온 우리나라 고유의 시는 '시조'이다. (　　)

3 '실비단'은 굵은 실로 짠 거친 비단을 말한다. (　　)

4 시의 제목이나 주된 소재를 '논제'라고 한다. (　　)

[5~8번] 다음의 뜻에 알맞은 단어를 서로 연결하시오.

5 주로 예술 작품에서, 자기의 감정이나 마음을 그려 내는 것 •　　• 하마

6 없던 현상이 새로 생기다. •　　• 청포

7 조선 시대에 벼슬아치들이 임금 앞에 나아갈 때 입던 푸른 도포 •　　• 서정

8 바라건대. 또는 행여나 어찌하면 •　　• 일다

[9~12번] 제시된 초성과 뜻을 참고하여 (　　) 안에 들어갈 단어를 쓰시오.

9 ㅎ ㅊ : 어떤 뜻을 말이나 글 속에 깊이 압축하여 담음.
예 그가 던진 한마디 말은 여러 의미를 (　　　　)하고 있다.

10 ㄱ ㅁ : 음력으로 그 달의 마지막 날
예 (　　　　)이라 그런지 달빛이 없어 거리는 깜깜하였다.

11 ㄲ : 겉으로 보이는 사물의 모양
예 조각품이 서서히 (　　)을 갖추어 간다.

12 ㄴ : 시내보다는 크지만 강보다는 작은 물줄기
예 도랑이 모여 이루어진 (　　　　)가 모이면 강을 이룬다.

[13~15번] (　　) 안에 들어갈 단어를 [보기]에서 찾아 문맥에 맞게 쓰시오.

13 슬기는 시골길을 따라 혼자 (　　　　　) 걸었다.

→ 단어의 뜻 : 힘없이 다리를 조금씩 떼며 느릿느릿 걷는 모양을 나타내는 말

14 아이는 방안으로 들어오는 (　　　　　)에 잠이 깼다.

→ 단어의 뜻 : 사방으로 뻗친 햇살

15 나비는 (　　　　　) 춤을 춥니다.

→ 단어의 뜻 : 팔이나 날개 따위를 활짝 펴고 자꾸 위아래로 부드럽게 움직이는 모양

보 기

너훌너훌　　타박타박　　실비단　　햇발

몇 문제 맞혔나요? (　　　) / 15문항

맞힌 개수	13개 이상	10~12개	9개 이하
결과	다음 회로 넘어가도 되겠어요!	이번 회 한 번만 더 읽고 갈까요?	복습하고 넘어가야겠어요.

4회 소설 · 극 · 수필

※ 본책에서 공부한 내용을 잘 이해했는지 점검해 보고, 틀린 문제는 복습해 보세요.

[1～4번] 다음 내용이 옳으면 ○표, 틀리면 ×표를 하시오.

1 '갈등'은 사건을 전개시키는 중요한 요소로, 이야기의 긴장감을 조성한다. (　　)

2 '내레이션'은 영화, 텔레비전 등에서 사건을 묘사하거나 줄거리를 말하는 것으로, 작가의 생각이나 주제를 직접적으로 전달할 수 있다. (　　)

3 '노무자'는 노동력을 제공하여 얻은 임금으로 살아가는 사람을 말한다. (　　)

4 '고학'은 가난한 사람이 학비를 스스로 벌면서 학교에 다니는 것을 말한다. (　　)

[5～8번] 다음의 뜻에 알맞은 단어를 서로 연결하시오.

5 설이나 추석 따위의 명절을 앞두고 경제 활동이 가장 활발한 시기 •	• 단조
6 사물이 단순하고 변화가 없어 새로운 느낌이 없음. •	• 남루하다
7 옷 따위가 낡아 해지고 차림새가 너저분하다. •	• 도량
8 사물이나 상황을 받아들이는 마음의 크기 •	• 대목

[9～12번] 제시된 초성과 뜻을 참고하여 (　　) 안에 들어갈 단어를 쓰시오.

9 ㄱ ㅈ하다 : 일정한 작용을 가함으로써 상대편이 지나치게 세력을 펴거나 자유롭게 행동하지 못하게 억누르다.

예 소년은 도덕적으로 자기를 (　　　)해 줄 어른이 그리웠다.

10 ㄱ ㄴ : 몹시 분하고 노여운 감정이 북받쳐 오름.

예 그녀는 (　　　)를 삼키느라 숨만 거칠게 몰아쉬고 있다.

11 ㄴ ㅈ하다 : 여기저기 흩어져 어지럽다.

예 그곳에는 무성한 잡초들 사이로 각종 쇠붙이가 (　　　)하게 널려 있었다.

정답 및 해설 42p

12 ㄴ ㅅ하다 : 기체나 액체 따위가 밖으로 새어 나가다.

예 방사능의 (   )로 해안 지방 일대가 크게 오염되었다.

[13～15번] (   ) 안에 들어갈 단어를 [보기]에서 찾아 문맥에 맞게 쓰시오.

13 내가 하는 말을 너무 (   ) 듣지 말았으면 좋겠다.

➜ 단어의 뜻 : 섭섭하고 야속하여 마음이 언짢다.

14 사내는 여인이 싫은 기색을 하는데도 계속 (   ) 말을 붙였다.

➜ 단어의 뜻 : 말이나 행동을 자꾸 능글맞게 하다.

15 우리 서로 간의 친목을 (   ) 위하여 오늘 저녁 모임을 가집시다.

➜ 단어의 뜻 : 어떤 일을 이루기 위하여 대책과 방법을 세우다.

보 기

느물거리다 고깝다 기박하다 도모하다 무도하다

몇 문제 맞혔나요? (   ) / 15문항

맞힌 개수	13개 이상	10～12개	9개 이하
결과	다음 회로 넘어가도 되겠어요!	이번 회 한 번만 더 읽고 갈까요?	복습하고 넘어가야겠어요.

※ 본책에서 공부한 내용을 잘 이해했는지 점검해 보고, 틀린 문제는 복습해 보세요.

[1~3번] 다음 (　　) 안에 들어갈 알맞은 단어를 [보기]에서 찾아 쓰시오.

1 하는 일마다 제대로 안되자 그는 (　　　　)에 빠졌다.

2 맡은 일 하나를 끝맺음한다는 (　　　　)로, 지난 여름 나는 집을 나와 지리산에서 몇 달을 지냈다.

3 일제 강점기 때, 독립 운동가들은 (　　　　)이 펴런 일본 경찰들의 눈을 피해 지하 독립 운동을 했다.

보 기
혐오감　　무력감　　빙자　　서슬　　여지없이

[4~8번] 다음의 뜻에 알맞은 단어를 서로 연결하시오.

4 자세하고 빈틈이 없다.	•	• 무도하다
5 말이나 행동이 인간으로서 지켜야 할 도리에 어긋나서 막되다.	•	• 무색하다
6 겸연쩍고 부끄럽다.	•	• 면밀하다
7 놀라거나 어색한 느낌이 들어 갑자기 하던 짓을 멈추다.	•	• 상기하다
8 흥분이나 부끄러움으로 얼굴이 붉어지다.	•	• 무춤하다

[9~12번] 다음 내용이 옳으면 ○표, 틀리면 ×표를 하시오.

9 '마름'은 다른 사람의 농지를 빌려 농사를 짓고 그 대가로 사용료를 지급하는 사람이다. (　　)

10 '몽타주'는 영화나 드라마에서 한 화면 위에 다른 화면을 끼어 놓아 생동감 있는 화면을 제시하는 방법이다. (　　)

11 문학 작품에서 '대응 방식'이란 작품 속 인물들이 시대 상황으로 인해 일어나는 여러 가지 문제에 부딪혔을 때 취하는 태도나 행동 방식을 의미한다. (　　)

12 '서술자'란 작가가 설정한 사람으로, 같은 내용의 이야기라도 누구의 눈을 통해 서술되느냐에 따라 대상에 대한 이해나 판단의 내용이 달라진다. (　　)

[13~15번] 다음 (　　) 안에 들어갈 단어를 [보기1]에서 찾아 쓰고, [보기2]에서 그 의미를 찾아 번호로 쓰시오.

13 그는 화가 나서 나에게 (　　　　)까지 하고 대들었다. → 의미는? ______

14 오랜 전쟁으로 국민들이 (　　　　)에 빠졌다. → 의미는? ______

15 어둠이 짙어 오는 오솔길로 한 사내가 (　　　　) 걸어오고 있었다. → 의미는? ______

보기 1

비칠비칠　　변색　　빈사지경　　할끔할끔

보기 2

① 놀라거나 화가 나서 얼굴빛이 달라짐.
② 거의 죽게 된 처지나 형편
③ 곁눈으로 살그머니 계속 할겨 보는 모양
④ 몸을 바로 가누지 못하고 쓰러질 듯이 이리저리 잇따라 비틀거리는 모양

몇 문제 맞혔나요? (　　　) / 15문항

맞힌 개수	13개 이상	10~12개	9개 이하
결과	다음 회로 넘어가도 되겠어요!	이번 회 한 번만 더 읽고 갈까요?	복습하고 넘어가야겠어요.

※ 본책에서 공부한 내용을 잘 이해했는지 점검해 보고, 틀린 문제는 복습해 보세요.

[1～4번] 다음 내용이 옳으면 ○표, 틀리면 ×표를 하시오.

1 '설화'는 현실 세계에서 있음 직한 일을 상상하여 꾸며 쓴 산문 문학이다. (　　)

2 '소설'은 삶의 진실을 추구하고 바람직한 인간상을 찾고자 하는 특징을 지닌다. (　　)

3 '시나리오'는 연극이나 영화를 만들기 위한 대본이다. (　　)

4 시점은 소설 속에 '나'가 등장하느냐 등장하지 않느냐에 따라 1인칭 시점과 3인칭 시점으로 나뉜다. (　　)

[5～9번] 제시된 초성과 뜻을 참고하여 (　　) 안에 들어갈 단어를 쓰시오.

5 ㅅ ㅇ ㄱ : 남에게 따돌림을 당하여 멀어진 듯한 느낌
예 부산에서 전학 온 그 아이는 (　　　　)을 많이 느꼈다.

6 ㅅ ㄹ : 물건을 얹어 놓기 위하여 방이나 마루 벽에 두 개의 긴 나무를 가로질러 선반처럼 만든 것
예 문으로 들어서서 바로 보이는 벽에는 노끈으로 달아매 놓은 (　　　　)이 있다.

7 ㅅ ㅊ : 두루 돌아다니며 사정을 살핌.
예 도지사가 홍수 피해 지역에 (　　　　)을 나와 이재민을 위로했다.

8 ㅈ ㅊ ㅈ ㅈ : 처음부터 끝까지의 과정
예 나는 이제까지의 (　　　　)을 더듬거리며 선생님께 다시 설명했다.

9 ㅇ ㄹ : 논이나 밭을 갈아 골을 타서 두두룩하게 흙을 쌓아 만든 곳
예 우리는 (　　　　)이 만들어지길 기다려 갖가지의 씨앗을 뿌렸다.

[10～12번] (　　) 안에 들어갈 단어를 [보기]에서 찾아 문맥에 맞게 쓰시오.

10 그는 어떻게 된 일인지 영문을 몰라 (　　　　) 서 있었다.
→ 단어의 뜻 : 말과 행동이 활발하지 못하고 자꾸 생기 없이 움직이다.

정답 및 해설 43p

11 날씨가 (   ) 것이 곧 눈이라도 쏟아질 것 같다.

→ 단어의 뜻 : 보기에 날씨나 분위기 따위가 몹시 스산하고 쓸쓸한 데가 있다.

12 내 동생은 아직 어린데도 하는 짓이 여간 (   ) 않다.

→ 단어의 뜻 : 얄밉도록 맹랑한 데가 있다.

보 기

어릿어릿하다　억실억실하다　을씨년스럽다　잔망스럽다　주빗주빗하다

[13～15번] 밑줄 친 단어의 뜻을 [보기]에서 찾아 번호를 쓰시오.

13 그는 모두가 반대하는 일을 뱃심으로 밀고 나갔다.
(　　)

14 할아버지께서는 삭정이를 모아 불을 지피셨다.
(　　)

15 계집애가 남 울타리 엮는데 쌩이질을 하는 것은 다 뭐냐.
(　　)

보 기

① 쓸데없는 일로 남을 귀찮게 하는 짓
② 염치나 두려움이 없이 제 고집대로 버티는 힘
③ 살아 있는 나무에 붙어 있는, 말라 죽은 가지

몇 문제 맞혔나요? (　　　) / 15문항

맞힌 개수	13개 이상	10～12개	9개 이하
결과	다음 회로 넘어가도 되겠어요!	이번 회 한 번만 더 읽고 갈까요?	복습하고 넘어가야겠어요.

※ 본책에서 공부한 내용을 잘 이해했는지 점검해 보고, 틀린 문제는 복습해 보세요.

[1～5번] 다음의 뜻에 알맞은 단어를 서로 연결하시오.

1 엄살을 부리며 버티고 겨루는 짓 •		• 법도
2 본부인이 아닌 딴 여자가 낳은 아들 •		• 의향
3 자기가 낳은 아들이나 딸 •		• 소생
4 생활상의 예법과 제도를 아울러 이르는 말 •		• 서자
5 마음이 향하는 바, 또는 무엇을 하려는 생각 •		• 앙살

[6～10번] 다음 빈칸에 들어갈 단어를 쓰시오.

6 ㅇ ㅎ는 감독이 이야기하고자 하는 바를 영상, 소리, 음악 등 다양한 표현 방식으로 전달하는 예술의 갈래이다. (　　　　)

7 소설의 인물은 역할에 따라 주인공으로서 사건을 이끄는 ㅈ ㄷ 인물과 그에 대립하는 반동 인물로 나뉜다. (　　　　)

8 문학 작품에서 앞으로 일어날 사건에 대하여 미리 독자에게 넌지시 암시하는 서술을 ㅂ ㅅ이라고 한다. (　　　　)

9 설화는 옛날부터 입에서 입으로 전해져 내려온 이야기를 통틀어 이르는 말로, 신화, 전설, ㅁ ㄷ으로 나뉜다. (　　　　)

10 ㅇ ㅊ ㅈ 구성은 시간의 순서에 따르지 않고 사건을 전개하는 방식으로, 장편 소설이나 현대 소설에서 많이 사용된다. (　　　　)

[11～13번] (　　　) 안에 들어갈 단어를 [보기]에서 찾아 쓰시오.

11 자정이 가까운 시간이라 역에는 불도 꺼지고 (　　　　)도 들리지 않는다.

12 고구려 광개토대왕은 (　　　　)로 그 주변 국가에도 이름을 날렸다.

13 그가 쏜 화살은 (   ) 과녁에 명중되었다.

보 기

일대호걸   면밀히   여지없이   인기척

[14, 15번] 다음 (   ) 안에 들어갈 단어를 [보기1]에서 찾아 문맥에 맞게 쓰고, [보기2]에서 그 의미를 찾아 번호로 쓰시오.

14 시원하게 트인 이마며 (   ) 눈을 가진 그녀는 성격도 활달하여 친구가 많았다.

→ 의미는? ______

15 그는 팔자가 (   ) 부모를 잃고 고생하며 자랐다.

→ 의미는? ______

보 기 1

억실억실하다   기박하다   어릿어릿하다   윽박지르다

보 기 2

① 말과 행동이 활발하지 못하고 자꾸 생기 없이 움직이다.
② 팔자, 운수 따위가 사납고 복이 없다.
③ 얼굴 모양이나 생김새가 선이 굵고 시원시원하다.
④ 심하게 짓눌러 기를 꺾다.

몇 문제 맞혔나요? (   ) / 15문항

맞힌 개수	13개 이상	10~12개	9개 이하
결과	다음 회로 넘어가도 되겠어요!	이번 회 한 번만 더 읽고 갈까요?	복습하고 넘어가야겠어요.

※ 본책에서 공부한 내용을 잘 이해했는지 점검해 보고, 틀린 문제는 복습해 보세요.

[1～5번] 다음 내용이 옳으면 ○표, 틀리면 ×표를 하시오.

1 문학 작품에서 처음부터 끝까지 성격이 변하지 않는 인물을 '입체적 인물'이라고 한다. (　　)

2 소설에서 '서술자'는 글쓴이와 일치한다. (　　)

3 글을 읽을 때 '배경지식'이 있느냐 없느냐에 따라 똑같은 글이라도 이해의 정도와 속도가 다르다. (　　)

4 문학 작품에서 서술자의 개입 없이 행동이나 대화, 또는 외모를 통해 등장인물의 성격이나 심리 상태를 드러내는 방식을 '직접 제시'라고 한다. (　　)

5 문학 작품을 감상할 때, 자신의 경험, 배경지식, 가치관, 사고방식 등을 바탕으로 타당한 근거를 들어 자기만의 관점에서 작품을 해석하고 평가하는 것을 '주체적 관점'이라고 한다. (　　)

[6～10번] 제시된 문장의 (　　) 안에 들어갈 단어를 찾아 서로 연결하시오.

6 (　　　)하지 않았던 뜻밖의 사태가 벌어졌다.	•	• 전율
7 그는 (　　　)도 없이 사라졌다.	•	• 추호
8 그는 탁월한 (　　　)을/를 가진 장군이다.	•	• 지략
9 그의 결심은 (　　　)도 흔들리지 않았다.	•	• 종적
10 그의 이야기는 나를 (　　　)에 휩싸이게 했다.	•	• 예기

[11～13번] (　　) 안에 들어갈 단어를 [보기]에서 찾아 쓰시오.

11 피곤에 찌든 그는 다리를 (　　　)하며 집으로 향했다.

12 그는 미안한 표정으로 (　　　)하며 입을 열었다.

정답 및 해설 43p

13 수만이는 문기를 (   )하게 좇아다니며 은근히 골렸다.

보 기

주빗주빗　　지척지척　　추근추근　　천부당만부당

[14, 15번] 밑줄 친 단어의 뜻을 [보기]에서 찾아 번호를 쓰시오.

14 이곳에서는 상대방에게 과거의 <u>지체</u>가 어땠는지를 묻지 않는다.
(   )

15 그는 <u>첩첩산중</u>에 산장을 지어 놓고 혼자 생활하고 있다.
(   )

보 기

① 어떤 집안이나 개인이 사회에서 차지하고 있는 신분이나 지위
② 없어지거나 떠난 뒤에 남은 흔적
③ 여러 산이 겹치고 겹친 산속
④ 몹시 험한 바위가 겹겹으로 쌓인 낭떠러지

몇 문제 맞혔나요? (   ) / 15문항

맞힌 개수	13개 이상	10～12개	9개 이하
결과	다음 회로 넘어가도 되겠어요!	이번 회 한 번만 더 읽고 갈까요?	복습하고 넘어가야겠어요.

※ 본책에서 공부한 내용을 잘 이해했는지 점검해 보고, 틀린 문제는 복습해 보세요.

[1~5번] 다음의 뜻에 알맞은 단어를 서로 연결하시오.

1 바꾸거나 어길 수 없는 중요한 법칙 • • 징용

2 씩씩한 힘. 또는 뛰어난 역량 • • 흉계

3 모질고 나쁜 꾀나 수단 • • 용력

4 몹시 놀라 넋이 나가는 것 • • 철칙

5 전시 · 사변 또는 이에 준하는 비상사태에, 국가의 권력으로 국민을 강제적으로 일정한 업무에 종사시키는 일 • • 혼비백산

[6~9번] 제시된 초성과 뜻을 참고하여 ( ) 안에 들어갈 단어를 쓰시오.

6 ㅊ ㄱ ㅇ ㅇ : 오랜 세월을 통해 드물게 나타나는 영웅
예 홍길동은 ( )의 지혜와 용기를 갖추고 있다.

7 ㅊ ㅂ ㄷ ㅁ ㅂ ㄷ**하다** : 어림없이 이치에 맞지 아니함.
예 그녀는 할아버지의 ( )한 말씀에 결국 울음을 터뜨리고 말았다.

8 ㅇ ㅅ : 수명을 다 누리지 못하고 젊어서 죽은 사람의 상사. 흔히 젊어서 부모보다 먼저 자식이 죽는 경우를 이른다.
예 윤 초시 댁도 말이 아니야. 그 많던 전답을 다 팔아 버리고, 또 ( )까지 당하는 걸 보면…….

9 ㅇ ㄷ : 속을 태우며 조급하게 구는 일
예 내 동생은 빨리 놀러 나가고 싶어서 ( )이 났다.

[10~12번] ( ) 안에 들어갈 단어를 [보기]에서 찾아 쓰시오.

10 금융 기관은 현금 수송 때 경찰에게 ( ) 요청을 한다.

11 그는 얼굴에 ( )의 미소를 지었다.

12 현행 법률의 (　　　　)을 지적하고 그 시정을 요구하는 시민 단체의 요구가 있었다.

보 기

폐단　　푸념　　호송　　회심　　힐난　　흉계

[13～15번] 다음 빈칸에 들어갈 단어를 쓰시오.

13 ㅎㄷㅅㅈ은 영화의 옛 용어로, 움직이는 사진이라는 뜻이다. 초기 영화를 오늘날의 영화에 상대하여 이르는 말로도 쓰인다. (　　　　)

14 ㅎㅇ은 뜻밖에 닥쳐오는 불행을 뜻하는 말로, '횡래지액'의 준말이다. (　　　　)

15 ㅍㄷㅊ은 조선 시대에, 범죄자를 잡거나 다스리는 일을 맡아보던 곳이었다. (　　　　)

몇 문제 맞혔나요? (　　　　) / 15문항

맞힌 개수	13개 이상	10～12개	9개 이하
결과	다음 회로 넘어가도 되겠어요!	이번 회 한 번만 더 읽고 갈까요?	복습하고 넘어가야겠어요.

※ 본책에서 공부한 내용을 잘 이해했는지 점검해 보고, 틀린 문제는 복습해 보세요.

[1~5번] 다음의 뜻에 해당하는 단어를 [보기]에서 찾아 쓰시오.

1 사물을 어림잡아 헤아림. → ____________

2 물건 따위를 잘 정리하거나 간수함. → ____________

3 물결이 육지의 표면을 깎아내는 일 → ____________

4 바로잡아 회복함. → ____________

5 가르쳐 유능한 사람을 길러 냄. → ____________

보 기

양성 갈무리 만회 가늠 파식

[6~8번] 제시된 초성과 뜻을 참고하여 (   ) 안에 들어갈 단어를 쓰시오.

6 ㄱ ㅎ : 다른 나라의 국적을 얻어 그 나라의 국민이 되는 일
예 그 독일인은 한국으로의 (   )를 준비하고 있다.

7 ㄱ ㅍ ㄱ ㅍ : 여러 갈피가 낱낱이 거듭되는 모양
예 나는 책장 (   ) 끼여 있는 노란 은행잎들을 꺼내 보았다.

8 ㅂ ㅇ : 땅이 걸고 기름짐.
예 이곳의 토양은 (   )해서 아무 씨앗이나 뿌려도 무럭무럭 잘 자란다.

[9~12번] 다음 내용이 옳으면 ○표, 틀리면 ×표를 하시오.

9 '보조 자료'는 복잡한 내용을 간단하게 제시할 수 있으므로, 독자가 글의 내용을 쉽게 이해할 수 있다. (   )

10 '막대그래프'는 양의 크기를 막대의 길이로 표현한 것으로, 시간의 흐름에 따른 양의 변화를 나타내는 데 편리하다. (   )

정답 및 해설 43p

11 대상을 공통되는 성질에 따라 종류별로 나누어 설명하는 방법을 '분석'이라고 한다.
( )

12 '예측하며 읽기'를 통해 글의 내용을 분명하게 이해할 수 있고, 사고력도 키울 수 있다.
( )

[13～15번] ( ) 안에 들어갈 단어를 [보기]에서 찾아 쓰시오.

13 ( ) 이후 새로운 서구 문물이 물밀듯 들어왔다.

14 가장의 ( )를 세워야 한다는 목소리가 높아지고 있다.

15 그는 청렴함으로 ( )이 자자하다.

보 기

귀화 권위 개항 위계 명성

몇 문제 맞혔나요? ( ) / 15문항

맞힌 개수	13개 이상	10～12개	9개 이하
결과	다음 회로 넘어가도 되겠어요!	이번 회 한 번만 더 읽고 갈까요?	복습하고 넘어가야겠어요.

11회 정보 전달하는 글

※ 본책에서 공부한 내용을 잘 이해했는지 점검해 보고, 틀린 문제는 복습해 보세요.

[1～4번] 밑줄 친 단어의 뜻을 [보기]에서 찾아 번호를 쓰시오.

1 전쟁 중에 긴장하지 않으면 적의 급습을 받을 수 있다.
( )

2 그녀는 경찰 내부에 잠입을 시도한 적이 있는 스파이였다.
( )

3 그를 범인으로 지목한 것은 섣부른 추정이었음이 밝혀졌다.
( )

4 경찰청장은 우리나라 치안을 책임지고 있는 경찰의 총수이다.
( )

보 기

① 미루어 생각하여 판정함.
② 남몰래 숨어듦.
③ 갑자기 공격함.
④ 국가와 사회의 질서를 유지하고 보전함.

[5～9번] 다음 내용이 옳으면 ○표, 틀리면 ×표를 하시오.

5 물질에 섞인 불순물을 없애 그 물질을 더 순수하게 하는 것을 '정제'라고 한다. ( )

6 '문단 요약하기' 방법 중 '재구성하기'는 구체적인 개념이나 세부 정보를 포괄하는 단어로 바꾸는 것이다. ( )

7 신문, 잡지, 책과 같이 주로 문자 언어로 내용을 전달하는 매체를 '인쇄 매체'라고 한다.
( )

8 '부가 가치세'는 나라에서 걷는 세금의 하나로, 물건의 거래나 서비스 제공에서 발생하는 이익에 대해 내는 세금을 말한다. ( )

9 '설명문'은 주관적인 입장에서 뜻이 분명하게 전달되도록 간결하고 정확한 표현을 사용해야 한다.
( )

[10~12번] ( ) 안에 들어갈 단어를 [보기]에서 찾아 쓰시오.

10 그의 말은 언제나 ( )이고 애매해서 구체적인 설명이 필요하다.

11 이곳은 폐허처럼 ( )하고, 적막하다.

12 글을 읽을 때에는 구조를 중심으로 ( )으로 요약하는 것이 좋다.

보 기

꾸덕꾸덕 위계적 누진적 추상적 황량

[13~15번] 다음의 뜻에 알맞은 단어를 서로 연결하시오.

13 땅을 이루는 여러 가지 암석이나 지층의 성질 또는 상태 • • 노폐물

14 생물체의 신진대사 과정에서 만들어지는 불필요한 찌꺼기 • • 전채

15 서양 요리에서, 식욕을 돋우기 위하여 식사 전에 나오는 간단한 요리 • • 지질

몇 문제 맞혔나요? ( ) / 15문항

맞힌 개수	13개 이상	10~12개	9개 이하
결과	다음 회로 넘어가도 되겠어요!	이번 회 한 번만 더 읽고 갈까요?	복습하고 넘어가야겠어요.

※ 본책에서 공부한 내용을 잘 이해했는지 점검해 보고, 틀린 문제는 복습해 보세요.

[1~3번] 다음 내용이 옳으면 ○표, 틀리면 ×표를 하시오.

1 '체계'란 일정한 원칙이나 원리 없이 자유롭게 결합된 조직을 말한다. (   )

2 '주장하는 글'은 사실과 의견을 구분하고, 주장에 대한 근거의 타당성을 판단하며 읽는다. (   )

3 동물의 가죽을 벗기고 그 안에 솜이나 대팻밥 따위를 넣어 살아 있는 모양 그대로 만든 표본을 '박제'라고 한다. (   )

[4~7번] 다음의 뜻에 알맞은 단어를 서로 연결하시오.

4 겉으로 드러나지 않고 속에 숨어 있음.	•	• 경신
5 거친 땅이나 버려 둔 땅을 일구어 논밭이나 쓸모 있는 땅으로 만듦.	•	• 잠재
6 기록 경기에서, 이전의 기록을 깨뜨리고 더 좋은 기록을 냄.	•	• 공생
7 서로 도우며 함께 삶.	•	• 개간

[8~11번] 제시된 초성과 뜻을 참고하여 (   ) 안에 들어갈 단어를 쓰시오.

8 ㄱ ㅊ ㅈ : 서로 이기려고 다투거나 경쟁을 하는 곳
예 중국 시장은 전 세계 브랜드들의 (   )으로 떠오르고 있다.

9 ㅁ ㅈ ㄱ : 깨달아 인식하거나 분별할 수 있는 능력이 없음.
예 (   )한 사람들로 인해 그 해수욕장은 마치 쓰레기장 같다.

10 ㅅ ㅎ ㅅ : 어떤 일의 결과나 대상이 실제로 효과를 나타내는 성질
예 그 정책은 (   )이 별로 없었다.

11 ㅇ ㅅ : 이리저리 바꾸는 가운데 어떤 시점에서 드러나는 일의 모양이나 상태
예 처음에는 단순하게 보였는데 점차 복잡한 (   )으로 바뀌어 간다.

[12～15번] (　　　) 안에 들어갈 단어를 [보기]에서 찾아 문맥에 맞게 쓰시오.

12 이웃집 아이들은 유난히 우애가 (　　　　　).
→ 단어의 뜻 : 서로의 관계에 매우 인정이 많고 믿음직하다.

13 작은 가게이지만 손님은 (　　　　　) 찾아온다.
→ 단어의 뜻 : 지루하거나 재미가 없지는 않을 정도로 괜찮다.

14 아버지께서는 (　　　　　) 땅에 농사를 짓느라 매우 고생을 하셨다.
→ 단어의 뜻 : (땅이) 기름지지 못하고 메마르다.

15 요약을 할 때는 전체 내용을 (　　　　　) 중심 문장을 찾는다.
→ 단어의 뜻 : (무엇이 둘 이상의 것을) 모아서 하나가 되게 하다.

보 기

척박하다　　심심찮다　　아우르다　　돈독하다

몇 문제 맞혔나요? (　　　) / 15문항

맞힌 개수	13개 이상	10～12개	9개 이하
결과	다음 회로 넘어가도 되겠어요!	이번 회 한 번만 더 읽고 갈까요?	복습하고 넘어가야겠어요.

13회 주장하는 글

※ 본책에서 공부한 내용을 잘 이해했는지 점검해 보고, 틀린 문제는 복습해 보세요.

[1~4번] 다음 내용이 옳으면 ○표, 틀리면 ×표를 하시오.

1 '논설문'은 머리말, 본문, 맺음말로 구성되어 있다. (　　)

2 '논거'는 주장이나 이론을 뒷받침하는 근거이다. (　　)

3 '온실가스'는 지구의 대기 속에 있으면서 땅에서 방출되는 에너지를 일부 흡수하여 온실 효과를 일으키는 기체로, 이산화탄소, 메탄 등이 있다. (　　)

4 하나하나의 구체적인 사실을 종합하여 그것으로부터 일반적인 원리를 이끌어 내는 추론 방법을 '연역 추론'이라고 한다. (　　)

[5~8번] 다음의 뜻에 알맞은 단어를 서로 연결하시오.

5 바람직하지 못한 사상이나 물건, 세력 등이 마구 쏟아져 나와 퍼짐. •		• 유기적
6 오랫동안 계속되어 끝없음. •		• 배가
7 생물체처럼 전체를 구성하고 있는 각 부분이 서로 밀접한 관련을 가지고 있어서 떼어낼 수 없는. 또는 그런 것 •		• 영구
8 어떤 수량이나 분량을 두 번 합한 것 또는 몇 배로 늘어남. •		• 범람

[9~12번] 제시된 초성과 뜻을 참고하여 (　　) 안에 들어갈 단어를 쓰시오.

9 ㅇ ㅅ : (감각이나 감정 따위가) 갑자기 밀려옴.
예 사진을 보자 어머니에 대한 그리움이 (　　　　)하였다.

10 ㅂ ㅈ ㅇ : 어떤 일에 부수적으로 일어나는 바람직하지 못한 일
예 이러한 정책은 물가를 상승시키는 (　　　　)을 초래할 것입니다.

11 ㅁ ㄹ ㅈ : 쓰레기나 폐기물 따위를 파묻는 땅
예 새로운 쓰레기 (　　　　)를 건립하려는 계획이 주민들의 반대에 부딪히고 있다.

12 ㅊ ㅂ : 어떤 일이 다른 일로부터 영향을 받거나 자극되어 일어남.

예 그의 말은 둘 사이의 갈등을 (   )시켰다.

[13～15번] (   ) 안에 들어갈 단어를 [보기]에서 찾아 쓰시오.

13 그들의 인기는 쉽게 식지 않을 (   )이다.

14 각종 개발과 지구 온난화로 생태계가 심각하게 (   )된 상황이다.

15 그 지역은 최근 몇 년 사이 (   )적으로 발전을 하였다.

보 기

교란 추론 촉발 비약 추세

몇 문제 맞혔나요? (   ) / 15문항

맞힌 개수	13개 이상	10～12개	9개 이하
결과	다음 회로 넘어가도 되겠어요!	이번 회 한 번만 더 읽고 갈까요?	복습하고 넘어가야겠어요.

※ 본책에서 공부한 내용을 잘 이해했는지 점검해 보고, 틀린 문제는 복습해 보세요.

[1～4번] 다음 내용이 옳으면 ○표, 틀리면 ×표를 하시오.

1 '재구성'은 한 번 구성되었던 것을 여러 부분이나 요소들을 얽어 짜서 다시 새롭게 구성하는 것이다. (　　)

2 논설문에서 주장을 요약하고 강조하며 글을 마무리하는 부분을 '서론'이라고 한다. (　　)

3 '능동'은 외부의 힘에 의해 동작이나 작용이 이루어지는 것이다. (　　)

4 하나의 사회나 국가 안에 다양한 문화가 공존한다는 것을 인정하면서 문화적 다양성을 존중하는 사상 또는 원칙을 '다문화주의'라고 한다. (　　)

[5～8번] 다음의 뜻에 알맞은 단어를 서로 연결하시오.

5 심하게 몰아서 일을 시킴.	•	• 축적
6 지식, 자금, 경험 등을 모아서 쌓음.	•	• 담수
7 강이나 호수의 물처럼 소금기가 없는 물	•	• 상소
8 예전에, 임금에게 글을 올리는 일이나 그 글을 이르던 말	•	• 혹사

[9～12번] 제시된 초성과 뜻을 참고하여 (　　) 안에 들어갈 단어를 쓰시오.

9 ㅅ ㅅ : 생물 따위가 일정한 곳에 자리를 잡고 삶.
예 이곳에는 쉬리와 같은 토종 물고기가 (　　　　)하고 있다.

10 ㅇ ㄹ ㅈ : 다른 나라에서 들어온 씨나 품종
예 (　　　　)이 많이 들어와서 생태계가 교란되고 있다.

11 ㅇ ㄱ : 사실과 달리 그릇되게 하거나 진실과 다르게 함.
예 그렇게 서술하는 것은 역사를 (　　　　)하는 것이다.

12 ㅍ ㅇ : 매우 심한 더위

예 올 여름에는 40도를 웃도는 (　　　　　)이 자주 올 것이라고 한다.

[13～15번] (　　) 안에 들어갈 단어를 [보기]에서 찾아 쓰시오.

13 그의 명성은 대통령에 (　　　　　)할 만큼 자자하다.

14 북극의 얼음이 급격하게 줄어드는 현상은 지구온난화가 진행되어 생태계가 파괴되고 있다는 것을 (　　　　　)한다.

15 그는 이번 사건에 대한 솔직한 심정을 (　　　　　)하였다.

보 기

서식　　토로　　시사　　필적

몇 문제 맞혔나요? (　　　) / 15문항

맞힌 개수	13개 이상	10～12개	9개 이하
결과	다음 회로 넘어가도 되겠어요!	이번 회 한 번만 더 읽고 갈까요?	복습하고 넘어가야겠어요.

15회 쓰기 · 듣기 · 말하기

※ 본책에서 공부한 내용을 잘 이해했는지 점검해 보고, 틀린 문제는 복습해 보세요.

[1～4번] 다음의 뜻에 해당하는 단어를 [보기]에서 찾아 쓰시오.

1 두 사람 이상이 한 물건을 공동으로 소유함. → ________

2 걸어 다니는 수고 → ________

3 불가에서 말하는 일반 사회 또는 인간 세계를 이르는 말 → ________

4 변하지 아니하는 존재의 본질을 깨닫는 성질 → ________

보기
제언　　공유　　통찰력　　속세　　정체성　　발품

[5～9번] 다음 빈칸에 들어갈 단어를 쓰시오.

5 사물을 깊이 헤아려 훤히 꿰뚫어 보는 힘을 [ㅌ][ㅊ][ㄹ]이라고 한다. (　　　)

6 [ㄱ][ㄱ][ㅈ] 대화는 상대방의 관점에서 문제를 바라보고 이해하려고 노력해야 이루어진다. (　　　)

7 논설이나 논문, 토의, 토론 따위의 주제나 제목을 [ㄴ][ㅈ]라고 한다. (　　　)

8 세상 물정에 대하여 옳고 그른 것을 판단하는 능력을 [ㅂ][ㅂ][ㄹ]이라고 한다. (　　　)

9 [ㅅ][ㅎ] [ㅁ][ㄹ]은 대화가 이루어지고 있는 장소 · 시간 · 말하는 사람 · 듣는 사람 · 매체 · 배경지식 등과 같이 대화를 둘러싼 상황을 의미한다. (　　　)

[10～12번] 다음 내용이 옳으면 ○표, 틀리면 ×표를 하시오.

10 언어와 함께 사용하는 표정, 몸짓, 손짓 등을 '반언어적 의사소통'이라고 한다. (　　)

11 '토의'는 서로 다른 주장을 가지고 있는 사람들이 자기의 주장을 펼쳐 상대방을 설득하는 것이 목적이다. (　　)

12 '개요표'는 글을 쓸 때 전체적인 윤곽을 마련하는 것으로, 보다 논리적이고 체계적인 글쓰기에 도움을 준다. (   )

[13~15번] (   ) 안에 들어갈 단어를 [보기]에서 찾아 쓰시오.

13 이 섬의 기후는 육지와는 매우 달라 이질적인 식물 (   )을 발견할 수 있다.

14 그것은 침의 (   )를 왕성하게 하여 침 속에 함유되어 있는 소화 촉진 효소를 많아지게 한다.

15 그는 세계 제일의 피아니스트라고 해도 (   )이 아니다.

보 기

과묵　　과언　　분비　　단청　　군락

몇 문제 맞혔나요? (   ) / 15문항

맞힌 개수	13개 이상	10~12개	9개 이하
결과	다음 회로 넘어가도 되겠어요!	이번 회 한 번만 더 읽고 갈까요?	복습하고 넘어가야겠어요.

※ 본책에서 공부한 내용을 잘 이해했는지 점검해 보고, 틀린 문제는 복습해 보세요.

[1～4번] (　　) 안에 들어갈 단어를 [보기]에서 찾아 문맥에 맞게 쓰시오.

1 선운사를 배경으로 대웅전이 (　　　　) 자리하고 있다.
→ 단어의 뜻 : 깨끗하고 깔끔하다.

2 그는 논리가 (　　　　) 말로 상대방을 설득하는 능력이 있다.
→ 단어의 뜻 : 짜임새와 조리가 있다.

3 엄마의 (　　　　) 말투에 나는 더 이상 말해 볼 여지가 없었다.
→ 단어의 뜻 : 말투나 행동에 맺고 끊음이 분명하다.

4 선생님의 말씀을 잘 (　　　　) 한다.
→ 단어의 뜻 : 말하고자 하는 본뜻을 잘 헤아려 듣다.

보 기

민망하다　　단호하다　　새겨듣다　　정연하다　　정갈하다

[5～7번] 제시된 초성과 뜻을 참고하여 (　　) 안에 들어갈 단어를 쓰시오.

5 ㅈ ㅍ ㄴ ㄷ : 몹시 빠르게 부는 바람과 무섭게 소용돌이치는 물결
예 청소년기를 이른바 (　　　　　　)의 시기라고 한다.

6 ㅎ ㅎ ㅅ ㅅ : 형상과 빛깔 따위가 서로 다른 여러 가지
예 온실의 화분대 위에는 (　　　　　　)의 예쁜 꽃들이 피어 있었다.

7 ㄱ ㅈ ㅊ ㅍ : 기절하거나 까무러칠 정도로 몹시 놀라 질겁을 함.
예 내가 방에 들어가자 그는 귀신이라도 본 것처럼 (　　　　　　)했다.

[8～11번] 다음 빈칸에 들어갈 단어를 쓰시오.

8 어떤 사회에서 오랫동안 지켜 내려와 그 사회 성원들이 널리 인정하는 질서나 풍습을 ㄱ ㅅ이라고 한다. (　　　　)

9 ㄱ ㅅ은 거문고와 비파를 아울러 이르는 말로, 부부간의 사랑을 의미한다. (　　　)

10 ㅁ ㅇ ㄷ ㅁ은 마음속에 지도를 그리듯이 줄거리를 이해하며 정리하는 방법으로, 글을 쓰기 전에 주제와 관련된 다양한 소재를 찾을 때 적합하다. (　　　)

11 아내가 멀리 떠난 남편을 기다리다 그대로 죽어 화석이 되었다는 전설적인 돌을 ㅁ ㅂ ㅅ이라고 한다. (　　　)

[12～15번] (　　　) 안에 들어갈 단어를 [보기]에서 찾아 쓰시오.

12 이 책에서는 외식 산업의 (　　　　)를 상세히 분석하고 있다.

13 춘향전은 한국 고전 문학의 (　　　　)이다.

14 청소년들은 (　　　　)이 부족하기 때문에 나쁜 길로 빠져들기 쉽다.

15 어떤 사람들은 글을 쓰기 시작할 때 막연하게 (　　　　)을 기다리기도 한다.

보 기

영감　　양태　　분별력　　백미　　과언

명 문제 맞혔나요? (　　　) / 15문항

맞힌 개수	13개 이상	10～12개	9개 이하
결과	다음 회로 넘어가도 되겠어요!	이번 회 한 번만 더 읽고 갈까요?	복습하고 넘어가야겠어요.

17회 문법 · 한자성어 · 속담 · 관용어

※ 본책에서 공부한 내용을 잘 이해했는지 점검해 보고, 틀린 문제는 복습해 보세요.

[1～4번] 다음 내용이 옳으면 ○표, 틀리면 ×표를 하시오.

1 다른 사람에게 자기와 어떤 행동을 함께 할 것을 요청하는 것을 '청유'라고 한다. (　　)

2 활용어가 활용할 때 변하지 않는 부분을 '어미', 다양하게 활용되는 부분은 '어간'이라고 한다. (　　)

3 어근과 접사가 결합된 단어를 '파생어'라고 한다. (　　)

4 '단일어'는 둘 이상의 어근으로 이루어진 단어를 말한다. (　　)

[5～8번] 다음의 뜻에 알맞은 단어를 서로 연결하시오.

5 이전에 없던 새로운 말을 만듦. 또는 그 만든 말 • 　　• 품사

6 공통된 성질을 가진 단어끼리 모아 놓은 단어의 갈래 • 　　• 비음

7 말의 뜻을 구별해 주는 가장 작은 소리의 단위 • 　　• 조어

8 입안의 통로를 막고 코로 공기를 내보내면서 내는 소리 • 　　• 음운

[9～12번] 제시된 초성과 뜻을 참고하여 (　　) 안에 들어갈 단어를 쓰시오.

9 ㄱㅇㅇ : 본래부터 그 나라나 고장에서 써 온 말

예 숫자 100을 뜻하는 (　　　　)는 '온'이다.

10 ㅅㅈ : 형식이나 외모가 아닌 실제를 이루는 바탕

예 (　　　　) 형태소는 구체적인 대상이나 동작, 상태를 나타내는 형태소이다.

11 ㅈㅅ ㅁㅇ : 혀의 앞부분과 경구개 사이에서 소리 나는 모음

예 모음을 발음할 때 혀의 최고점이 앞쪽에 있으면 (　　　　　　), 뒤쪽에 있으면 후설 모음이다.

12 ㄱㅂㅇ : 활용을 하는 말

예 '예쁘다'는 '예쁘고, 예쁘니, 예뻐서'처럼 형태가 변하는 (　　　　)이다.

[13～15번] (   ) 안에 들어갈 단어를 [보기]에서 찾아 쓰시오.

13 언어가 가진 특성을 살펴보면 언어의 (   )도 알 수 있습니다.

➜ 단어의 뜻 : 사물을 그 자체이도록 하는 고유한 성질

14 요즘 젊은이들이 만들어 쓰는 (   )이 늘고 있다.

➜ 단어의 뜻 : 새로 생기거나 지은 말

15 국립국어원은 (   )해야 할 외래어와 외국어를 매주 또는 격주로 하나씩 정하여 발표하고 있다.

➜ 단어의 뜻 : 잡스러운 것을 없애고 순수한 것이 되게 함.

보 기

새말　　순화　　청유　　본질

몇 문제 맞혔나요? (   ) / 15문항

맞힌 개수	13개 이상	10～12개	9개 이하
결과	다음 회로 넘어가도 되겠어요!	이번 회 한 번만 더 읽고 갈까요?	복습하고 넘어가야겠어요.

18회 문법 · 한자성어 · 속담 · 관용어

※ 본책에서 공부한 내용을 잘 이해했는지 점검해 보고, 틀린 문제는 복습해 보세요.

[1~4번] 다음의 뜻에 알맞은 단어를 서로 연결하시오.

1 입천장 앞쪽의 단단한 부분 •	• 의성어
2 목에서 울려 나오는 소리 •	• 거센소리
3 사물의 소리를 흉내 낸 말 •	• 경구개
4 공기를 세게 내뿜어 거세게 나오는 장애음 •	• 목청소리

[5~8번] 밑줄 친 한자성어의 뜻을 [보기]에서 찾아 번호를 쓰시오.

5 수구초심이라고 나이가 드니 고향 생각이 더 난다.
( )

6 정부 관련 부처들은 대책을 마련하지 못하고 수수방관만 하고 있었다.
( )

7 현우는 무아지경에 빠져 춤을 추고 있다.
( )

8 어머니는 지난 일을 타산지석으로 삼아 똑같은 실수를 하지 말라고 말씀하셨다.
( )

보 기

① 마음이 어느 한곳으로 온통 쏠려 자신의 존재를 잊고 있는 경지
② 여우가 죽을 때 제가 살던 굴이 있는 언덕 쪽으로 머리를 둔다는 뜻으로, 고향을 그리워하는 마음을 이르는 말
③ 팔짱을 끼고 보고만 있다는 뜻으로, 간섭하거나 거들지 아니하고 그대로 버려둠을 이르는 말
④ 다른 사람의 하찮은 언행 또는 허물과 실패까지도 자신을 수양하는 데 도움이 된다는 말

[9~12번] 다음의 뜻에 알맞은 단어를 [보기]에서 찾아 쓰시오.

9 혀끝과 잇몸 사이에서 나는 소리. 자음에서 'ㄴ, ㄷ, ㄹ, ㄸ, ㅌ'이 이에 속함.

→ ______________

정답 및 해설 45p

10 파열음과 마찰음의 두 가지 성질이 함께 일어나는 자음. 'ㅈ, ㅊ, ㅉ'이 이에 속함.

→ ____________

11 용언의 어간이나 서술격 조사에 변하는 말이 붙어 문장의 성격을 바꿈. 또는 그런 일

→ ____________

12 한 단어에서 더 이상 나눌 수 없이 의미의 중심이 되는 요소. 여기에 접사나 어미가 붙어서 단어가 이루어짐.

→ ____________

보기

파찰음　　어근　　활용　　치조음

[13～15번] 제시된 관용어의 뜻에 맞도록 예문의 빈칸에 들어갈 단어를 쓰시오.

13 (원한이나 고통 따위가) 뼛속에 파고들 정도로 깊고 강하다.

예 나는 가족에 대한 그리움이 (　　　　)에 사무쳐 잠을 이룰 수 없었다.

14 몹시 애타게 기다리다.

예 아이는 시장에 간 엄마가 빨리 돌아오기를 (　　　　)이 빠지게 기다렸다.

15 함께 일을 할 때 생각이나 방법 따위가 서로 잘 어울리다.

예 그들이 평소에는 티격태격하지만 의외로 (　　　　)이 맞아서 무슨 일이든 척척 해냈다.

몇 문제 맞혔나요? (　　　) / 15문항

맞힌 개수	13개 이상	10～12개	9개 이하
결과	다음 회로 넘어가도 되겠어요!	이번 회 한 번만 더 읽고 갈까요?	복습하고 넘어가야겠어요.

※ 본책에서 공부한 내용을 잘 이해했는지 점검해 보고, 틀린 문제는 복습해 보세요.

[1～4번] 다음 내용에 해당하는 속담을 [보기]에서 골라 번호를 쓰시오.

1 사소한 말이나 행동이 다른 사람에게는 큰 피해나 상처가 될 수 있음을 이르는 말 (　　)

2 비밀은 결국 지켜지지 않는다는 뜻으로, 늘 말조심을 해야 함을 비유적으로 이르는 말 (　　)

3 아무리 훌륭하고 좋은 것이라도 다듬고 정리하여 쓸모 있게 만들어 놓아야 값어치가 있다는 것을 비유적으로 이르는 말 (　　)

4 들어서 걱정될 일이라면 차라리 듣지 않는 것이 더 나음을 이르는 말 (　　)

보기

① 구슬이 서 말이라도 꿰어야 보배다.
② 낮말은 새가 듣고 밤말은 쥐가 듣는다.
③ 들으면 병이요 안 들으면 약이다.
④ 무심코 던진 돌에 개구리는 맞아 죽는다.

[5～8번] 제시된 초성과 뜻을 참고하여 (　　) 안에 들어갈 단어를 쓰시오.

5 [ㅁ][ㅈ][ㅇ][ㄱ][ㅈ][ㅇ] **캔다** : 일의 속사정을 자질구레한 것까지 속속들이 자세히 조사한다는 말

예 어머니는 아버지가 어제 왜 늦게 들어오셨는지 (　　　　　　　　) 캐 물으셨다.

6 [ㄱ][ㅁ][ㄹ]**를 앓다** : 어떻게 해야 할지 몰라서 고민하거나 생각에 몰두하다.

예 어젯밤 엄마는 (　　　　　)를 앓으며 컴퓨터 앞에 앉아 있었다.

7 [ㅅ][ㅊ][ㅁ]**를 떼다** : 자기가 하고도 짐짓 하지 않은 체하거나 알고도 모르는 체하다.

예 철수는 (　　　　　)를 딱 떼고 "흐음!" 했을 뿐 더는 대꾸를 하지 않았다.

8 [ㅇ][ㄱ] **가 맞다** : 앞뒤 관계가 들어맞다.

예 당황하여 급하게 쏟아놓는 그의 설명은 전혀 (　　　)가 맞지 않았다.

[9～13번] 다음의 뜻에 알맞은 한자성어를 서로 연결하시오.

9 작은 것을 탐하다가 큰 것을 잃음.	•	• 노심초사
10 손뼉을 치며 크게 웃음.	•	• 소탐대실
11 마음속으로 애를 쓰며 속을 태움.	•	• 감언이설
12 착한 일을 권장하고 악한 일을 징계함.	•	• 권선징악
13 다른 사람을 자신의 생각대로 꾀어내기 위해 그 사람에게 이로운 조건을 내세우면서 기분을 맞춰주는 달콤한 말	•	• 박장대소

[14～15번] 앞 구절과 짝을 이루는 말을 찾아 ○를 하고, 그 말의 뜻을 [보기]에서 고르시오.

14

눈이 와야 솔이	붉은 줄 안다 검은 줄 안다 푸른 줄 안다

↳ (　　)번

15

그믐 밤에	동치미 홍두깨 찹쌀떡

↳ (　　)번

보기

① 어려운 상황이 되어야 그것을 이기는 것을 보고 사람의 진짜 됨됨이를 알 수 있게 된다는 말

② 전혀 생각하지 못했던 일이 갑자기 일어나거나 뜻밖의 말을 불쑥 꺼내는 것을 비유적으로 이르는 말

몇 문제 맞혔나요? (　　　) / 15문항

맞힌 개수	13개 이상	10～12개	9개 이하
결과	다음 회로 넘어가도 되겠어요!	이번 회 한 번만 더 읽고 갈까요?	복습하고 넘어가야겠어요.

※ 본책에서 공부한 내용을 잘 이해했는지 점검해 보고, 틀린 문제는 복습해 보세요.

[1～4번] 다음 내용에 해당하는 속담을 [보기]에서 골라 번호를 쓰시오.

1 마땅히 할 말은 해야 한다는 말 (　　)

2 아무리 살기가 어려워도 사람은 죽지 않고 그럭저럭 먹고살아 가기 마련임을 비유적으로 이르는 말 (　　)

3 비슷한 말이라도 어떻게 하느냐에 따라 듣기 좋은 말이 되기도 하고 듣기 싫은 말이 되기도 하므로 말을 가려 해야 한다는 말 (　　)

4 손해를 크게 볼 것은 생각하지 않고 당장에 마음에 들지 않는 것을 없애려고 그저 덤비기만 하는 경우를 비유적으로 이르는 말 (　　)

보 기

① 산 입에 거미줄 치랴.
② 빈대 잡으려고 초가삼간 태운다.
③ 말은 해야 맛이고 고기는 씹어야 맛이다.
④ 같은 말이라도 아 다르고 어 다르다.

[5～8번] 제시된 초성과 뜻을 참고하여 (　　) 안에 들어갈 단어를 쓰시오.

5 [ㅇ]**를 먹다** : 속이 상하도록 심하게 어려움을 겪다.
예 선물을 고르는 데 여간 (　　　)를 먹은 게 아니었다.

6 [ㅇ][ㄱ]**이 저리다** : 공포감 따위에 맥이 풀리고 마음이 졸아들다.
예 절벽 가까이 가니 (　　　)이 저려서 제대로 서 있을 수가 없다.

7 [ㅇ]**을 떼다** : 이야기의 첫머리를 꺼내다.
예 어떻게 말할지 한참을 망설이다 드디어 찬규가 먼저 (　　　)을 뗐다.

8 [ㄸ][ㅈ]**을 걸다** : 이미 동의하였거나 약속했던 일에 대하여 엉뚱한 짓을 하며 어기다.
예 동생은 형이 하는 일이라면 무조건 (　　　)을 걸어 부모님께 혼이 났다.

정답 및 해설 45p

[9~13번] 다음의 뜻에 알맞은 한자성어를 서로 연결하시오.

9 다른 사람의 불행을 불쌍히 여기는 마음을 이름. •	• 언행일치
10 온갖 고생을 하고 애를 씀. •	• 측은지심
11 한 가지의 일로 두 가지 또는 그 이상의 이득을 얻음을 이르는 말 •	• 천신만고
12 말과 그에 따른 행동이 같음. •	• 언중유골
13 무심하게 지나치듯 하는 말 속에 깊은 속뜻이 숨어 있음을 비유적으로 이르는 말 •	• 일석이조

[14~15번] 앞 구절과 짝을 이루는 말을 찾아 ○를 하고, 그 말의 뜻을 [보기]에서 고르시오.

14

서당 개 삼년이면	노래를 부른다 풍월을 읊는다 과거에 합격한다

↳ (　　)번

15

식혜 먹은	돼지 속 강아지 속 고양이 속

↳ (　　)번

보 기

① 지은 죄가 드러날 것을 두려워하는 마음을 비유적으로 이르는 말
② 어떤 분야에 대하여 지식과 경험이 전혀 없는 사람이라도 그 부문에 오래 있으면 얼마간의 지식과 경험을 갖게 됨을 비유적으로 이르는 말

몇 문제 맞혔나요? (　　　) / 15문항

맞힌 개수	13개 이상	10~12개	9개 이하
결과	다음 회로 넘어가도 되겠어요!	이번 회 한 번만 더 읽고 갈까요?	복습하고 넘어가야겠어요.

5분 테스트

정답 및 해설

1회

1 ×

풀이 정형시는 시구(詩句)나 글자의 수, 배열 순서 등이 일정한 형식적 제약 속에서 표현된다.

2 ○

3 ○

4 ×

풀이 심상은 추상적이고 막연한 생각이나 관념을 구체적으로 표현하는 것이다.

5 모방

6 절의

7 정서

8 여정

9 뙤약볕

10 낭송

11 여울

12 운문

13 보드레한

14 넘노는

15 다사한

2회

1 ×

풀이 제시된 내용은 초장에 관한 설명이다. 종장은 마지막 행을 이르는 말이다.

2 ○

3 ○

4 ○

5 구천

6 새악시

7 유년

8 윗목

9 찰박거리며

10 지천

11 주저리주저리

12 진눈깨비

13 골똘하게(골똘히)

14 그러쥔

15 삼삼하다

3회

1 ○

2 ○

3 ×

풀이 실비단은 가는 실로 짠 비단을 말한다.

4 ×

풀이 시의 제목이나 주된 소재는 시제라고 한다.

5 서정

6 일다

7 청포

8 하마

9 함축

10 그믐

11 꼴

12 내

13 타박타박

14 햇발

15 너훌너훌

4회

1 ○

2 ×

풀이 내레이션은 작가의 생각이나 주제를 간접적으로 전달한다.

3 ○

4 ○

5 대목

6 단조

7 남루하다

8 도량

9 견제

10 격노

11 낭자

12 누설

13 고깝게

14 느물거리며

15 도모하기

5회

1 무력감

2 빙자

3 서슬

4 면밀하다

5 무도하다

6 무색하다

7 무춤하다

8 상기하다

9 ×

풀이 제시된 내용은 소작인에 대한 설명이다. 마름은 농부에게 빌려 준 땅을 땅 임자 대신 관리하는 사람이다.

10 ×

풀이 몽타주는 따로따로 촬영한 화면을 적절하게 떼어 붙여서 하나의 긴밀하고도 새로운 장면이나 내용으로 만드는 일이다.

11 ○ 12 ○

13 변색, ① 14 빈사지경, ②

15 비칠비칠, ④

6회

1 ×

풀이 제시된 내용은 소설에 대한 설명이다. 설화에서는 현실에서 일어나기 힘든 일도 종종 일어난다.

2 ○

3 ×

풀이 연극을 만들기 위한 대본은 '희곡'이라고 한다. 시나리오는 영화나 드라마 제작을 목적으로 쓴 대본이다.

4 ○

풀이 소설 속에 '나'가 등장하면 1인칭 시점이고, 소설 속에 '나'가 등장하지 않으면 3인칭 시점이다.

5 소외감 6 시렁

7 시찰 8 자초지종

9 이랑 10 어릿어릿하게

11 을씨년스러운 12 잔망스럽지

13 ② 14 ③

15 ①

7회

1 앙살 2 서자

3 소생 4 법도

5 의향 6 영화

7 주동 8 복선

9 민담 10 입체적

11 인기척 12 일대호걸

13 여지없이 14 억실억실한, ③

15 기박하여, ②

8회

1 ×

풀이 제시된 내용은 평면적 인물에 대한 설명이다. 입체적 인물은 사건이 전개됨에 따라 성격이 변하고 발전하는 인물이다.

2 ×

풀이 서술자는 글쓴이가 이야기를 효과적으로 전달하기 위해 설정한 인물로, 글쓴이와 일치하지는 않는다.

3 ○

4 ×

풀이 제시된 내용은 간접 제시에 대한 설명이다. 직접 제시는 서술자가 등장인물의 성격, 특성, 심리 상태 등을 직접적으로 말해 주는 것이다.

5 ○ 6 예기

7 종적 8 지략

9 추호 10 전율

11 지척지척 12 주빗주빗

13 추근추근 14 ①

15 ③

9회

1 철칙 2 용력

3 흉계 4 혼비백산

5 징용 6 천고 영웅

7 천무당만부당 8 악상

9 안달 10 호송

11 회심 12 폐단

13 활동사진 14 횡액

15 포도청

10회

1 가늠 2 갈무리

3 파식 4 만회

5 양성 6 귀화

7 갈피갈피 8 비옥

9 ○

10 ×

풀이 막대그래프는 양의 크기를 막대의 길이로 표현한 것으로, 수량의 상대적 크기를 비교할 때 사용한다. 시간의 흐름에 따른 양의 변화를 나타내는 데 편리한 것은 꺾은선 그래프이다.

11 ×

풀이 제시된 설명은 분류에 대한 내용이다. 분석은 대상을 이루고 있는 구성 요소별로 나누어 설명하는 방법이다.

12 ○ 13 개항

14 권위 15 명성

11회

1 ③ 2 ②

3 ① 4 ④

5 ○

6 ×

풀이 제시된 내용은 일반화하기에 대한 설명이다. 재구성하기는 중심 문장이 분명하게 드러나지 않으면 중심 내용을 다시 구성하여 새 문장을 만들어 내는 것이다.

7 ○ 8 ○

9 ×

풀이 설명문은 글쓴이의 주관적인 생각이나 느낌을 피하여, 객관적인 입장에서 전달한다.

10 추상적 11 황량

12 위계적 13 지질

14 노폐물 15 전채

12회

1 ×

풀이 체계는 각각의 것이 일정한 원리에 따라 계통적으로 결합된 조직이다.

2 ○ 3 ○

4 잠재 5 개간

6 경신 7 공생

8 각축장 9 몰지각

10 실효성 11 양상

12 돈독하다 13 심심찮게

14 척박한 15 아우르는

13회

1 ×

풀이 제시된 내용은 설명문에 대한 설명이다. 논설문은 서론, 본론, 결론으로 구성되어 있다.

2 ○ 3 ○

4 ×

풀이 제시된 내용은 귀납 추론에 대한 설명이다. 연역 추론은 일반적이고 보편적인 사실이나 원리로부터 개별적이고 특수한 사실이나 원리를 이끌어 낸다.

5 범람 6 영구

7 유기적 8 배가

9 엄습 10 부작용

11 매립지 12 촉발

13 추세 14 교란

15 비약

14회

1 ○

2 ×

풀이 제시된 내용은 결론에 대한 설명이다. 서론은 글을 쓰게 된 동기나 목적을 밝히고, 앞으로 다룰 문제를 제시하는 부분이다.

3 ×

풀이 능동은 행위자의 의지에 의해 동작이나 작용이 이루어지는 것이다.

4 ○ 5 혹사

6 축적 7 담수

8 상소 9 서식

10 외래종 11 왜곡

12 폭염 13 필적

14 시사 15 토로

15회

1 공유
2 발품
3 속세
4 정체성
5 통찰력
6 공감적
7 논제
8 분별력
9 상황 맥락
10 ×

풀이 제시된 내용은 비언어적 의사소통에 대한 설명이다. 반언어적 의사소통은 언어와 함께 사용하는 억양, 어조, 강약, 높낮이 등을 의미한다.

11 ×

풀이 제시된 내용은 '토론'에 대한 설명이다. 토의는 공동의 문제를 해결하기 위해 의견을 교환하는 협동적인 의사소통이다.

12 ○
13 군락
14 분비
15 과언

16회

1 정갈하게
2 정연한
3 단호한
4 새겨들어야
5 질풍노도
6 형형색색
7 기절초풍
8 관습
9 금슬
10 마인드맵
11 망부석
12 양태
13 백미
14 분별력
15 영감

17회

1 ○
2 ×

풀이 활용어가 활용할 때 변하지 않는 부분은 어간, 이 어간에 붙어 그 쓰임에 따라 다양하게 활용되는 부분은 어미라고 한다.

3 ○
4 ×

풀이 제시된 내용은 합성어에 대한 설명이다. 단일어는 하나의 어근으로만 이루어진 단어이다.

5 조어
6 품사
7 음운
8 비음
9 고유어
10 실질
11 전설 모음
12 가변어
13 본질
14 새말
15 순화

18회

1 경구개
2 목청소리
3 의성어
4 거센소리
5 ②
6 ③
7 ①
8 ④
9 치조음
10 파찰음
11 활용
12 어근
13 뼈
14 목
15 손

19회

1 ④
2 ②
3 ①
4 ③
5 미주알고주알
6 골머리
7 시치미
8 아귀
9 소탐대실
10 박장대소
11 노심초사
12 권선징악
13 감언이설
14 푸른 줄 안다, ①
15 홍두깨, ②

20회

1 ③
2 ①
3 ④
4 ②

5 애

6 오금

7 운

8 딴죽

9 측은지심

10 천신만고

11 일석이조

12 언행일치

13 언중유골

14 풍월을 읊는다, ②

15 고양이 속, ①

정답 및 해설

정답 및 해설

1일차 시(1)

필수 어휘 확인 문제

1 내
2 되약볕
3 구천
4 보드레
5 그믐
6 ②
7 ③
8 ④
9 ①
10 예시 답안 시를 낭송할 때는 부드러우면서도 또박또박 말하는 것이 좋다.
11 예시 답안 다른 사람의 것을 무조건 모방하는 것은 바람직하지 않다.
12 예시 답안 그는 그녀의 손을 그러쥐고 놓지 않았다.
13 ④

정답 풀이 어제 친구들과 놀았던 일들이 계속 생각난다는 내용이므로, (　) 안에는 '잊히지 않고 눈앞에 보이는 듯 또렷하다.'라는 의미인 '삼삼하다'가 적절하다.

오답 거르기 ① 그러쥐다 : 당겨서 손 안에 잡다.
② 골똘하다 : 한 가지 일에 온 정신을 쏟아 딴 생각이 없다.
③ 다사하다 : 조금 따뜻하다.
⑤ 보드레하다 : 꽤 보드라운 느낌이 있다.

14 넘놀다
15 구천
16 꼴
17 너울너울
18 비유

내신 대비 개념어 적용 문제

1 ③

정답 풀이 비유란 원래의 대상을 다른 대상에 비추어서 표현하는 것으로, 원래의 대상이 원관념이고, 다른 대상이 보조 관념이다. 따라서 '배춧잎 같은 발소리'에서 원래의 대상은 '발소리'이고, 비유하는 다른 대상은 '배춧잎'이다.

2 ④

정답 풀이 비유적인 표현에는 은유, 직유, 의인, 활유와 같은 방법이 있다. ④는 이러한 비유적인 표현 없이 사실 그대로를 설명하고 있다.

오답 거르기 ①, ⑤ 은유법이 사용된 표현이다.
②는 직유법, ③은 의인법이 사용된 표현이다.

3 예시 답안 (가)에서는 '돌'이 '말이 없다'라고 표현하여 돌이 마치 사람인 것처럼 빗대어 표현하고 있으므로 의인법이 사용되었다. 그리고 (나)에서는 '청산'이 '훨훨훨 깃을' 친다고 표현하여 청산이 마치 살아있는 생물인 것처럼 빗대어 표현하고 있으므로 활유법이 사용되었다.

2일차 시(2)

필수 어휘 확인 문제

1 시어
2 시조
3 심상
4 운율
5 운문
6 상징
7 새악시
8 실비단
9 앳되어
10 여울
11 유년
12 ④

정답 풀이 '율문'이란 언어의 배열에 일정한 규율 또는 운율이 있는 글로서, 언어의 문자 배열에 일정한 규칙을 만들어 운율이 형성된 글이라는 뜻의 '운문'과 비슷한 말이다.

오답 거르기 ① 산문 : 율격과 같은 외형적 규범에 얽매이지 않고 자유로운 문장으로 쓴 글
② 시어 : 시에서 쓰는 말
③ 운율 : 시에서 느껴지는 말의 가락
⑤ 대본 : 연극의 상연이나 영화 제작에 있어서 기본이 되는 글

13 ②
14 ①
15 ④
16 ③

[17~24]

	17 윗	목		18 실	비	단
19 운						
율						
		20 앳	되	다		
					21 여	울
	22 심	23 상		24 서	정	
		징				

내신 대비 개념어 적용 문제

1 ①, ④

정답 풀이 시각적 심상은 '눈', 청각적 심상은 '귀', 후각적 심상은 '코', 미각적 심상은 '입', 촉각적 심상은 '피부'를 통해 느끼는 감각이다. 이 시에서는 '해는 시든지 오래', '어둡고' 등에서 시각적 심상이, '배추 잎 같은 발소리 타박타박', '고요히 빗소리' 등에서 청각적 심상이, '찬밥처럼', '내 눈시울을 뜨겁게 하는' 등에서 촉각적 심상이 나타난다.

2 ①

정답 풀이 이 시에서는 각 행마다 '빗방울이 ~에 ~ 떨어진다'와 같은 비슷한 문장 구조를 반복하고 있다(③). 그리고 '빗방울이', '떨어진다' 등의 똑같은 단어를 반복하고 있으며(②), '솝, 롭, 톱, 홉, 돕' 등에서 'ㅗ, ㅂ'의 동일한 소리를 반복하고 있다(④). 또한 '솝-솝-솝-솝', '롭-롭-롭-롭', '톱-톱-톱-톱', '홉-홉-홉-홉', '돕-돕-돕-돕'에서 의성어를 반복적으로 사용하고 있다(⑤). 이렇게 이 시는 빗방울이 떨어지는 모습을 다양하면서도 규칙적으로 반복하여 표현함으로써 운율을 형성하고 있다. 그러나 각 행의 문장 구조는 비슷할 뿐, 똑같지는 않다.

3 예시 답안 까마귀는 새 왕조에 가담하게 된 글쓴이(이직)를 상징하고, 백로는 고려에 대한 절의를 지킨 신하를 상징한다.

3일차 시(3)

필수 어휘 확인 문제

1 청포 2 햇발
3 진눈깨비 4 지천
5 절의 6 정서
7 함축 8 종장
9 정형시 10 음보

11 ③

정답 풀이 문맥상 '하마'는 '행여나 어찌하면'의 뜻으로 쓰였다.

12 ②

정답 풀이 첫 번째 문장은 '희미하거나 약하던 것이 왕성해지다'는 뜻의, 두 번째 문장은 '없던 현상이 새로 생기다'는 뜻의 '일다'가 들어가는 것이 알맞다.

13 예시 답안 봄 들판에는 꽃들이 지천으로 피어 있었다.

14 예시 답안 그녀는 하루 종일 일에 지쳤는지 골목길을 타박타박 걸어간다.

15 예시 답안 아이는 뭐가 그리 즐거운지 물가에서 찰박거리며 놀고 있다.

16 햇발, 주저리주저리

17 종장, 음보

내신 대비 개념어 적용 문제

1 ③

정답 풀이 (가)는 정형시, (나)는 자유시이다. 정형시와 자유시는 정도의 차이는 있으나 모두 일정한 운율을 가지고 있다.

오답 거르기 ① (가)는 정형시이고, (나)는 자유시이다.
② (가)는 초장, 중장, 종장 모두 끊어 읽는 횟수가 4번인 4음보이다.
④ 정형시인 (가)가 자유시인 (나)보다 지켜야 하는 형식이 더 엄격하다.
⑤ (나)는 시조가 아니므로 반드시 마지막 행의 첫 번째 음보를 세 글자로 쓸 필요가 없다.

2 ⑤

정답 풀이 시어의 함축성이란 시에 쓰인 말이나 대상에 사전적 의미 이외에 문맥이나 상황에 따른 암시적, 내포적 의미가 들어 있는 것을 말한다. ⑤는 다른 해석의 여지가 없는 사실적인 표현이다.

오답 거르기 ① '내 마음'을 '호수'에 비유함으로써, 나의 마음이 호수와 같이 깊고, 넓고, 잔잔하다는 의미로 해석할 수 있는 함축적인 표현이 드러나 있다.
② '마음속에 푸른 바다의 / 고래 한 마리'를 키운다는 것은 넓은 바다를 꿋꿋하게 헤엄치며 살아가는 고래와 같은 꿈과 야망을 가져야 한다는 의미를 함축하고 있다.
③ '진눈깨비'는 부정적인 이미지로, 다른 사람을 힘들게 하는 사람이라는 의미를 함축하고 있다.
④ '희고 동그란 헝겊'이 함축하고 있는 의미는 '보름달'이다.

3 예시 답안 정형시란 일정한 형식을 가진 시이다. 시조는 초장, 중장, 종장으로 이루어지고, 각 장이 4음보이며, 종장의 첫 음보가 세 글자여야 한다는 일정한 형식을 가진 정형시이다. [보기]의 시는 이러한 시조의 형식을 갖춘 시이므로 정형시이다.

4일차 소설, 극, 수필(1)

필수 어휘 확인 문제

1 낭자하게
2 견제하며
3 기박하여
4 남루한
5 단조로운
6 갈등
7 고학
8 노무자
9 격노
10 누설
11 견제
12 ④
13 ①
14 ③

[15~24]

15 고	깝	다	양	19 고	꾸
20 갈	의	꾸	물	학	22 남
등	17 결	딴	23 내	다	루
16 느	결	심	레	다	하
수	물	결	이	21 견	다
내	용	거	션	제	24 노
양	체	육	리	하	무
관	18 계	면	쩍	다	자

내신 대비 개념어 적용 문제

1 ⑤

정답 풀이 갈등은 문학 작품에서 이야기의 긴장감을 조성하고 독자의 흥미와 관심을 일으키며 사건을 전개시키는 중요한 요소이다. 따라서 갈등의 해결 과정을 통해서 주제가 드러나기도 한다. 그러나 갈등은 소설의 주제를 직접적으로 드러내는 것이 아니라 간접적으로 드러낸다.

2 ① 내적 갈등, ② 외적 갈등, ③ 외적 갈등

정답 풀이 ①처럼 한 인물의 마음속에서 두 가지 욕구가 동시에 일어나 생기는 갈등을 내적 갈등이라고 한다. 그리고 ②의 인물과 인물 사이의 갈등이나 ③의 인물과 사회 제도와의 갈등처럼 인물과 외부 환경 사이에서 일어나는 갈등을 외적 갈등이라고 한다.

3 ③

정답 풀이 제시된 장면에서 '내레이션'은 옥림의 마음속 생각을 드러내고 있다.

오답 거르기 ④ 옥림의 내레이션 속에 작품의 주제가 나타나 있다고 볼 수 있으나, 작품의 배경을 전달하고 있지는 않다.

5일차 소설, 극, 수필(2)

필수 어휘 확인 문제

1 도모
2 무력감
3 면밀
4 무색
5 대응 방식
6 무녀
7 무도한
8 도량
9 무춤하여(무춤하다가, 무춤하면서)
10 매섭게
11 ③

정답 풀이 프랑스 어 '조립하다'라는 말에서 유래한 '몽타주(montage)'는 영화에서 따로따로 촬영한 화면을 적절하게 떼어 붙여서 하나의 긴밀하고도 새로운 장면이나 내용으로 만드는 일 또는 그렇게 만든 화면을 말한다.

오답 거르기 ① '앵글(angle)'이란 사진 렌즈로 촬영할 수 있는 범위가 렌즈 중심에 이루는 각도를 말한다.
② '효과음(效果音)'은 장면의 실감을 더하기 위하여 넣는 소리이다.
④ '플래시백(flashback)'이란 영화나 텔레비전에서 장면의 순간적인 변화를 연속으로 보여 주는 기법이다. 긴장의 고조, 감정의 격렬함을 나타내는 데 효과적이며, 과거 회상 장면을 나타내는 데도 쓰인다.

12 대목
13 배경
14 멱
15 마름
16 ○
17 ×
18 ○
19 ×
20 대목
21 대응
22 면밀히

내신 대비 개념어 적용 문제

1 ③

정답 풀이 "재상 집안에 천한 자식이 너뿐이 아닌데"에서 당시에 신분이 높은 양반들이 첩을 두었음을 알 수 있다.

오답 거르기 ① 길동의 아버지를 포함한 재상들이 모두 자식을 많이 낳았는지는 이 글을 통해 알 수 없다.
② 길동이 어머니의 곁을 떠나는 것은 자신이 천대를 받는 것이 부당하다고 생각하기 때문이다. 당시에 부모의 곁을 떠나는 자식들이 많았는지는 알 수 없다.
④ 길동이 어머니와 전생의 인연이 중하여 모자 사이가 되었다고 말하고 있으나, 당시에 전생의 인연을 소중하게 생각하는 사람들이 많았는지는 알 수 없다.
⑤ 양반들의 횡포가 극에 달하여 매우 혼란스러운 시기였다는

것은 제시된 글만으로는 판단할 수 없다.

2 예시 답안 길동은 현실에 적극적으로 저항하고, 어머니는 현실에 순응한다.

정답 풀이 길동은 서자를 차별하는 현실에 맞서 집을 떠나 자신의 운명을 바꿔보려 하지만, 길동의 어머니는 길동이 현실에 순응하며 살기를 바라고 있다.

3 ②

정답 풀이 제시된 장면에서 '몽타주(montage)'는 다른 장면을 번갈아 제시하여 단시간 안에 사건이 진행되는 내용을 보여 주고 있다.

6일차 소설, 극, 수필(3)

필수 어휘 확인 문제

1 빙자
2 복선
3 빈정거리다
4 서술자
5 배경지식
6 빈사지경
7 뱃심
8 서슬이 퍼렇게
9 비범한
10 예시 답안 현기증을 일으킨 그녀는 비칠비칠하다가 쓰러지고야 말았다.
11 예시 답안 누군가를 좋아하는 방법을 모르는 그는 자꾸 그녀에게 쌩이질을 했다.
12 ②
13 ⑤
14 비칠비칠
15 비범한
16 변색
17 상기
18 삭정이 – '고쟁이'는 한복에 입는 여자 속옷의 하나이다.
19 빙자
20 서슬

내신 대비 개념어 적용 문제

1 난 보랏빛이 좋아!

정답 풀이 '보랏빛'은 우울하고 불길한 느낌을 주는 색깔로, 소녀가 보랏빛을 좋아한다는 것은 앞으로 소녀에게 불행한 일이 일어날 것임을 암시하는 복선이 된다.

2 ①

정답 풀이 이 글에서 이야기를 전달해 주는 서술자는 '나'로, 작품 속에서 자신의 이야기를 고백하고 있다.

3 ①

정답 풀이 '배경지식'은 글을 더 잘 이해하기 위하여 필요한 지식이다. 이 글에서 점순과 '나'의 관계를 더 잘 이해하려면, 점순이는 '마름'의 딸이고, '나'는 소작인의 아들이라는 사실을 알아야 한다. 당시 '마름'은 지주를 대신하여 땅을 관리하는 사람으로, '소작인'은 항상 마름의 눈치를 보아야만 했다.

7일차 소설, 극, 수필(4)

필수 어휘 확인 문제

1 소생
2 시령
3 시찰
4 서자
5 소외감
6 어림잡다
7 시나리오
8 설주
9 악상
10 시점
11 어릿어릿하다
12 소설
13 안달
14 설화
15 서자
16 소생
17 악상
18 소외감
19 시찰

[20~27]

주	24 소	외	감	법	도
희	생	운	동	21 시	령
26 시	상	20 안	고	25 나	원
찰	23 어	달	동	리	나
소	명	렷	락	오	시
22 설	주	27 앙	어	해	점
화	인	살	림	렷	점

내신 대비 개념어 적용 문제

1 ①

정답 풀이 소설과 설화 모두 인물, 사건, 배경으로 구성된 이야기이다.

오답 거르기 ② 설화만의 특징이다.
③ 설화 중에서도 신화의 특징이다. 설화나 소설에는 뛰어난 능력을 지닌 주인공도 등장하지만, 평범한 인물도 주인공이 된다.
④ 설화만의 특징으로, 현대의 소설은 사건이 필연적으로 전개된다.
⑤ 소설의 특징이다. 설화에는 현실 세계에서 일어날 수 없는 일들도 자주 벌어진다.

2 (가) 전지적 작가 시점, (나) 1인칭 주인공 시점

정답 풀이 (가)는 소설에 '나'가 등장하지 않고, 작가가 등장인물의 마음속까지 모두 전달하고 있으므로 전지적 작가 시점이다.
(나)는 소설에 등장하는 '나'가 자신의 이야기를 고백하므로 1인칭 주인공 시점이다.

3 ②

정답 풀이 제시된 글은 시나리오로, 영화를 만들기 위한 대본이다. 이러한 시나리오는 연극의 대본인 희곡과는 달리 시간적 · 공간적 제약이 심하지 않다. 다양한 촬영 기법을 통해 시간적 · 공간적 제약에서 자유로운 편이다.

8일차 소설, 극, 수필(5)

필수 어휘 확인 문제

1 ㉣ 2 ㉡

3 ㉠ 4 ㉤

5 ㉢ 6 ○

7 ○ 8 ○

9 × – '영화'에 대한 설명이다. '뮤지컬'은 음악 · 노래 · 무용이 결합되어 무대에서 상연하는 종합 무대 예술이다.

10 예시 답안 아버지는 밭에 이랑을 만들어 감자를 심었다.

11 예시 답안 어린 것이 어찌나 잔망스럽던지 가족들 중에도 그 애를 상대할 사람이 아무도 없다.

12 ③

13 ④

오답 거르기 ① 시간의 흐름에 따른 구성 방식이다.
② 순서를 따라 차례대로 나아가는 구성 방식이다.
③ 사건이 시간의 흐름에 따라 순서대로 진행되는 구성 방식이다.
⑤ 이야기의 시작 부분과 끝 부분이 똑같은 구성 방식이다.

[14~21]

[19]일	대	호	걸	억	여
[15]의	입	체	적	[14]예	지
다	향	영	화	기	없
[21]잔	응	[17]용	력	씨	이
망	박	[18]인	물	성	[20]자
스	지	척	스	초	을
럽	르	럽	지	실	하
다	다	종	찌	[16]이	랑

내신 대비 개념어 적용 문제

1 ⑤

정답 풀이 글로 읽을 때에는 상상력을 발휘하면서 읽게 되지만, 영화로 볼 때에는 이미지를 통해 대상이 재현되므로 상상력이 별로 필요하지 않아 직접적으로 장면을 받아들이게 된다.

2 ⑤

정답 풀이 역사 소설의 경우에는 역사적으로 업적을 남긴 인물이 등장하지만, 그 외의 소설에서는 다양한 인물이 등장한다.

3 예시 답안 '현재 → 과거'로 시간의 흐름을 바꾸어 사건을 전개하는 입체적 구성 방식이 쓰였다.

정답 풀이 처음 부분을 보면 '오늘도'라는 말이 쓰여 현재의 이야기를 전달하고 있지만, (중략) 이후에 '나흘 전'이라고 표현한 것으로 보아 과거를 회상하고 있음을 알 수 있다. 이처럼 사건을 시간의 흐름에 따라 전개하지 않고, 시간의 흐름을 바꾸어 전개하는 방법을 '입체적 구성' 또는 '역순행적 구성'이라고 한다.

9일차 소설, 극, 수필(6)

필수 어휘 확인 문제

1 종적 2 징용

3 주빗주빗 4 철칙

5 추근추근 6 간접 제시

7 지략 8 주체적 관점

9 천고 영웅 – '천고마비'는 하늘이 높고 말이 살찐다는 뜻으로, 하늘이 맑아 높푸르게 보이고 온갖 곡식이 익는 가을철을 이르는 말이다.

10 지척지척 – '뒤척뒤척'은 물건이나 몸을 이리저리 자꾸 뒤집는 모양을 의미하는 말이다.

11 ① 12 지체

13 첩첩산중 14 전율

15 천부당만부당 16 지척지척

17 지략 18 지체

19 예시 답안 그는 종적도 없이 사라지고 말았다.

20 예시 답안 집에 도둑이 들어온 것을 안 나는 온몸에 전율이 일었다.

내신 대비 개념어 적용 문제

1 ④

정답 풀이 ④에는 '홍길동전'이라는 작품을 비판적으로 평가한 관점이 나타나고 있으나, 다른 선택지들에는 '홍길동전'의 긍정적 가치를 평가한 관점이 나타나고 있다.

2 예시 답안 수남이는 까닭 없이 마음이 울적했다.

3 예시 답안 동심이 가득하다.(순수하고 천진난만하다.)

정답 풀이 '나'가 학교로 곧장 가지 않고 여기저기 다니며 하는 일들은 장다리꽃이 핀 텃밭, 죽순이 올라오는 대밭, 게 구멍 앞에서 자연물과 대화하는 것이다. 이런 '나'의 행동을 통해 때 묻지 않은 동심을 엿볼 수 있으며, 천진난만한 '나'의 성격을 알 수 있다.

10일차 소설, 극, 수필(7)

필수 어휘 확인 문제

1 × – '혐오감'에 대한 설명이다.

2 ○

3 × – '횡액'에 대한 설명이다.

4 ○

5 × – '할끔할끔'에 대한 설명이다.

6 ㉣

7 ㉠

8 ㉢

9 ㉤

10 ㉡

11 ①

12 ②

13 힐난

14 포도청

15 훈계

16 폐단

17 호송

18 혐오감

19 할끔할끔

20 훈계

21 포도청

22 힐난

내신 대비 개념어 적용 문제

1 ④

정답 풀이 문학 작품의 '해석'이란 독자가 나름의 가치 판단 기준과 객관적이고 상식적인 근거를 바탕으로 작품을 평가하는 활동이다. 작품에 대한 독자의 관점이 필요하지만, 독자의 주관적인 느낌과 생각이 드러나도록 작품을 해석하는 것이 아니라, 객관적이고 상식적인 근거를 바탕으로 해석해야 한다.

2 ㉠ 작가, ㉡ 독자, ㉢ 현실, ㉣ 작품, ㉤ 현실, ㉥ 독자, ㉦ 작품, ㉧ 현실

정답 풀이 ㉠은 작가의 생애를 바탕으로 작품을 해석하고 있다. ㉡과 ㉥은 작품이 독자에게 주는 감동이나 교훈에 초점을 맞추어 작품을 해석하고 있다. ㉢, ㉤, ㉧은 작품 속에 그려진 현실에 초점을 맞추어 작품을 해석하고 있다. ㉣은 작품 속에 드러나는 운율과 관련하여 작품을 해석하고 있고, ㉦은 작품 속에 드러나는 상징적 의미와 관련하여 작품을 해석하고 있다.

11일차 정보 전달하는 글(1)

필수 어휘 확인 문제

1 급습

2 만회

3 갈무리

4 가늠

5 갈피갈피

6 명성

7 개항

8 매체

9 귀화

10 그래프

11 누진적

12 ⑤

13 ③

14 ㉡, ㉢

15 ㉠, ㉣

16 예시 답안 그의 키는 가늠하기 어렵다.

17 예시 답안 그녀는 음식 솜씨가 좋기로 명성이 자자하다.

18 예시 답안 요즘은 선생님의 권위가 땅에 떨어진 지 오래다.

19 예시 답안 그들은 적의 진지를 급습하였다.

20 예시 답안 그는 자신의 실수를 만회하려는 노력조차 기울이지 않는다.

내신 대비 개념어 적용 문제

1 ④

정답 풀이 ④와 같이 수량의 상대적 크기나 양의 변화를 파악하기 위해서는 그래프를 이용하는 것이 적절하다.

2 ③

정답 풀이 인터넷에서는 신속한 전달을 위해 줄임말을 사용하는 경우가 많으나, 가급적 어법을 파괴하지 않고 올바른 어법을 지키는 것이 바람직하다.

오답 거르기 ① 글에서 줄임말을 많이 사용하는 것은 적절하지 않다.

② 많은 사람들의 의견을 그대로 따를 것이 아니라, 객관적인 근거를 가지고 자신의 의견을 제시해야 한다.
④, ⑤ 인터넷에서는 글을 쓴 사람의 이름이 드러나지 않는 익명성이 보장되지만, 글을 쓴 사람이 누구인지 밝혀내려 하거나 예의 없이 글을 써서는 안 된다. 인터넷 예절을 지키면서 상대방을 배려해야 한다.

3 ②

정답 풀이 라디오 매체에서는 원칙적으로 문자 언어나 영상을 사용하지 않는다.

4 ㉠ 막대그래프, ㉡ 꺾은선 그래프, ㉢ 원그래프

정답 풀이 ㉠ 양의 크기를 막대의 길이로 표현하고 있다. ㉡ 막대그래프의 끝을 꺾은선으로 연결한 그래프이다. ㉢ 원 전체를 100퍼센트로 보고 각 부분의 비율을 원의 부채꼴 면적으로 표현한 그래프이다.

12일차 정보 전달하는 글(2)

필수 어휘 확인 문제

1 ㉡ 2 ㉣
3 ㉠ 4 ㉢
5 ㉤ 6 시래기
7 수렵 8 부가 가치세
9 영장류 10 양성
11 수취인 12 비옥
13 ② 14 석회암
15 설명문 16 설명 방법

[17~24]

20 수	태	조	기	다	하
염	렵	19 석	회	암	18 수
장	자	21 22 설	양	성	월
법	급	명	명	24 부	하
17 영	치	문	가	방	다
장	용	가	상	공	법
류	치	고	23 보	회	의
세	융	질	라	급	소

내신 대비 개념어 적용 문제

1 ④

정답 풀이 제시된 글은 지문(指紋)에 대한 설명문이다. 이러한 설명문은 '처음-중간-끝'과 같은 형식에 맞추어 정보나 사실을 객관적이고 사실적으로 전달하는 특성을 지니고 있다. ④는 수필에 관한 내용이다.

2 ④

정답 풀이 제시된 글에는 정의, 분석, 예시, 대조 등 다양한 설명 방법이 나타나고 있으나, 두 사물이나 대상의 공통점을 취하여 설명하는 비교의 방법은 쓰이지 않았다.

오답 거르기 ① 첫 번째 문장에서 정의가 나타나고 있다.
② 세 번째 문장에서 '예를 들어'라는 표현이 쓰이고 있다.
③ 두 번째 문장에서 소금의 구성 성분을 '나트륨 이온과 염화 이온'으로 나누어 설명하는 분석의 방법이 쓰이고 있다.
⑤ 마지막 문장에서 육식 동물과 초식 동물의 소금 섭취 방법의 차이를 대조하여 설명하고 있다.

13일차 정보 전달하는 글(3)

필수 어휘 확인 문제

1 요약 2 치안
3 초고 4 잠입
5 황량 6 ⑤
7 ② 8 ④
9 ① 10 ③
11 ④, ㉢ 12 ③, ㉤
13 ⑤, ㉣ 14 ①, ㉡
15 ②, ㉠ 16 삭제하기
17 선택하기 18 일반화하기
19 재구성하기

내신 대비 개념어 적용 문제

1 ⑤

정답 풀이 예측하며 읽기는 글에 나타난 정보를 토대로 자신의 배경지식과 경험 등을 고려하여 앞으로 전개될 내용이나 글에 나타나 있지 않은 정보를 추론하는 것이다. 그러나 예측하며 읽기를 한다고 하여 글쓴이에 대한 정보를 많이 얻을 수 있는 것은 아니다.

2 예시 답안 (1) 대기 오염은 각종 질환을 유발한다.
(2) 우리 형은 패스트푸드(즉석 식품)를 좋아한다. 하지만 우리 누나는 채소류를 좋아한다. 나는 육류를 좋아하지만, 운동을 하며 체중을 조절한다.

정답 풀이 (1) 첫 번째 문장에 중심 내용이 제시되어 있다.
(2) '햄버거, 감자튀김, 피자, 치킨'은 '패스트푸드(즉석

식품)'로 일반화할 수 있고, '양상추, 토마토, 오이, 브로콜리'는 '채소류'로 일반화할 수 있고, '닭고기, 소고기, 돼지고기'는 '육류'로 일반화할 수 있다. 또한 '달리기, 높이뛰기, 줄넘기'는 '운동'으로 일반화할 수 있다.

3 (가) 재구성하기, (나) 삭제하기

정답 풀이 (가) 중심 문장이 분명하게 드러나지 않으므로 중심 내용을 다시 구성하여 새 문장을 만들어 내는 방식으로 요약한 것이다.
(나) 문장을 읽어 내려가면서 덜 중요하거나 중복되는 내용은 지우고 중요한 내용만을 남기면서 요약한 것이다.

14일차 주장하는 글(1)

필수 어휘 확인 문제

1 교란 2 각축장
3 경신 4 다문화
5 돈독 6 ②
7 ④ 8 ③
9 ①
10 예시 답안 도표가 있으면 내용을 이해하는 데 도움이 된다.
11 예시 답안 지구에는 이제 멸종 위기에 처한 동물들이 많다.
12 예시 답안 땅을 새로 개간하여 농사를 짓기 시작했다.
13 담수 14 목초지
15 구조 16 담수
17 개간 18 교란
19 멸종 20 공생

내신 대비 개념어 적용 문제

1 ②

정답 풀이 논설문은 일반적으로 서론(주장하려는 문제, 글의 목적)－본론(주장과 그에 대한 근거)－결론(본론의 내용을 요약 · 정리)의 구조를 갖추고 있다.

오답 거르기 ① 논설문은 글쓴이가 자신의 생각을 주장하는 글이므로 글쓴이의 생각이 드러날 수밖에 없다.
③ 함축적이고 상징적인 표현을 많이 사용하는 글은 시이다.
④ 정보 전달은 논설문이 아니라 설명문의 목적이다.
⑤ 논설문에서 가장 중요한 것은 주장이 무엇이고, 그 주장에 대한 근거가 타당한가이다. 정보량의 많고 적음은 중요하지 않다.

2 ③

정답 풀이 일회용품 사용을 줄여야 한다는 주장을 뒷받침하기 위해서는 일회용품을 사용하면 무엇이 문제인가를 설명해야 한다. 그런데 ③은 일회용품을 사용할 때 편리한 점이므로 오히려 주장을 약화시킨다.

오답 거르기 ①, ②, ④, ⑤ 일회용품을 사용했을 때 발생할 수 있는 문제점이다.

3 예시 답안 논설문에서는 주장을 뒷받침할 수 있는 논거를 제시해야 하는데, 이 글에서는 주장만 할 뿐 적절한 논거를 제시하고 있지 않다.

15일차 주장하는 글(2)

필수 어휘 확인 문제

1 범람 2 식재
3 부작용 4 몰지각
5 배가 6 서론
7 비약 8 실효성
9 신장률 10 시사
11 서식 12 반열
13 상소 14 박제
15 무분별
16 ①

정답 풀이 '암시'는 '넌지시 알림.'이라는 뜻이다. 이와 비슷한 의미를 가지는 단어는 '어떤 것을 미리 간접적으로 알려 줌.'이라는 의미의 '시사'이다.

오답 거르기 ② 옳음과 그름.
③ 남이 잘 되는 것을 샘하여 미워함.
④ 사실보다 크게 나타내어 보임.
⑤ 사람을 깔보거나 업신여김.

17 몰지각 18 반열
19 배가 20 비약
21 식재 22 실효성

내신 대비 개념어 적용 문제

1 ⑤

정답 풀이 [보기]는 논설문의 결론 부분에 대한 설명이다.

오답 거르기 ① '논거'는 주장이나 이론을 뒷받침하는 근거이다.
② '주장'이란 자신의 의견이나 견해를 굳게 내세우는 것 또는 그 의견이나 견해를 의미한다.
③ '서론'은 본격적인 논의에 들어가기 전, 논의의 앞부분에 그것의 목적이나 내용을 간단하게 밝히는 부분이다.

④ '본론'은 논문이나 논설문에서 중심이 되는 주장을 담고 있는 부분이다.

2 ⑤

정답 풀이 논설문의 서론 부분에서는 앞으로 다룰 문제를 제시한다. 그런데 [보기]의 서론 부분에서는 '클래식'이란 무엇인가'에 대한 의문을 제기한다고 개요를 작성했기 때문에 ⑤가 서론에 들어가기에 가장 적절한 내용이다.

오답 거르기 ① 서론에서 제시하고 있는 내용과 관련이 없다.
② 클래식의 어원에 대한 내용이므로 본론 부분에 들어가는 것이 적절하다.
③ 오늘날 사용되는 '클래식'에 대한 의미를 정리하고 있으므로, 결론 부분에 들어가는 것이 적절하다.
④ [보기]의 개요와 관련이 없는 내용이다.

16일차 주장하는 글(3)

필수 어휘 확인 문제

1 자생
2 잠재
3 엄습
4 심심찮다
5 왜곡
6 주장
7 정책
8 알선
9 영구
10 온실가스
11 유기적
12 외래종
13 아우를
14 양상
15 재구성

[16~24]

18 자	생	점	검	하	다
24 유	의	점	16 잠	수	함
기	운	실	22 재	구	성
적	19 양	23 아	우	르	다
20 심	명	상	17 영	구	21 온
의	심	상	원	명	실
하	편	찮	하	확	가
다	스	리	다	한	스

내신 대비 개념어 적용 문제

1 ④

정답 풀이 글쓴이의 개성은 수필이나 시, 소설과 같은 문학 작품을 읽을 때 고려할 만한 요소이고, 주장하는 글에서 글쓴이의 주장이 반드시 창의적일 필요는 없기 때문에 창의성이 있는지의 여부에 관심을 두고 글을 읽을 필요는 없다.

오답 거르기 주장하는 글을 읽을 때는 사실과 의견을 구분하고(①), 문단의 중심 내용을 파악하면서(③) 주장에 대한 근거의 타당성을 판단하며 읽어야 한다(⑤). 또한 글의 전체적인 구조와 주제를 파악하며 읽어야 한다(②).

2 ②

정답 풀이 주장하는 글에서 사실은 말 그대로 분명하고 확실한 진실이기 때문에 객관적인 성격의 내용이고, 의견은 글쓴이 개인의 생각이므로 주관적인 성격의 내용이다. 한옥의 서까래가 벽에 비를 스며들지 않게 해 준다는 것은 과학적인 '사실'이고, 한옥의 가치와 편안함을 이해하는 사람이 늘어나 다행스럽다는 것은 글쓴이 개인의 생각이므로 '의견'이다.

오답 거르기 ① 둘 다 의견이다.
③ 왼쪽은 의견, 오른쪽은 사실이다.
④ 둘 다 사실이다.
⑤ 왼쪽은 사실과 의견이 혼합되었고, 오른쪽은 사실이다.

17일차 주장하는 글(4)

필수 어휘 확인 문제

1 폭염
2 할당
3 체류자
4 토로
5 촉발
6 추세
7 ④
8 ⑤
9 ①
10 ②
11 ③
12 예시 답안 그 정도의 일은 오랜 세월 동안 축적된 경험으로 어렵지 않게 할 수 있다.
13 예시 답안 그는 이제 스승에 필적할 만한 실력을 갖추었다.
14 예시 답안 이 보석은 희귀해서 가격이 매우 높을 것이다.
15 예시 답안 환기를 시켜서 실내 공기를 정화하자.
16 폭염, 척박한
17 체류자, 토로

내신 대비 개념어 적용 문제

1 ④

정답 풀이 제시된 글에서는 '알파 걸'로 불리는 똑똑하고 유능한 여성들이 사회 여러 분야에서 능력을 발휘하고 있다고 설명하였다. 그러나 이러한 설명을 통해 모든 분야에서 여성이 최고의 자리를 차지하고 있는지는 추론할 수 없다.

오답 거르기 ① '새로 만들어진 말'이라는 부분에서 추론할 수 있다.
② '성차별이 심했던 과거에는'이라는 부분에서 추론할 수 있다.
③ '요즘은 아이를 한두 명씩만 낳다 보니'라는 부분에서 추론할 수 있다.
⑤ '사회 여러 분야에서 능력을 발휘하는 '알파 걸'이 많이 등장하고 있습니다.'라는 부분에서 추론할 수 있다.

2 ④

정답 풀이 귀납 추론은 개별적인 사실을 종합하여 일반적인 원리를 이끌어 내는 추론 방법이다. ④에서처럼 행복동의 각 빵집에서 파는 단팥빵이 맛있다는 개별적인 사실들을 종합하여 '행복동에 있는 모든 빵집의 단팥빵은 맛있다'는 일반적인 원리로 이끌어낸 것이 귀납 추론으로 가장 적절하다.

오답 거르기 ① 아이들, 어른들, 여자들이 착하다는 개별적인 사실들을 종합해서 '남자들도 착하다'라는 결론이 나올 수는 없다.
② 나, 내 친구, 내 친구의 친구가 예쁘다는 개별적인 사실을 종합해서 일반적인 원리를 이끌어 내야 귀납 추론이 된다. 그런데, '내 친구의 친구의 친구도 예쁠 것이다.'라는 것은 일반적인 원리가 아니라 개별적인 사실이다.
③ 'A 동물원에는 바다에 사는 동물은 없다'라는 것은 A 동물원에 기린, 사자, 코끼리가 있다는 사실을 종합하는 것으로는 내릴 수 없는 결론이다.
⑤ 여기에서 제시된 개별적인 사실들은 서로 아무런 관련성이 없으므로 일반적인 원리를 추론하는 것 자체가 불가능하다.

3 예시 답안 소크라테스는 죽는다.

[14~19]

	14 단	청			
15 추	호		16 고	차	원
	하		학		
	다				
			17 대	웅	18 전
	19 과	묵			율
	언				

내신 대비 개념어 적용 문제

1 ④

정답 풀이 ④는 엄마를 만나지 않겠다는 생각을 하는 글쓴이에 대해 비난하는 내용을 담고 있으므로, 공감하는 태도의 글이 아니다.

2 ㉠ 사실 논제, ㉡ 정책 논제, ㉢ 가치 논제

정답 풀이 ㉠은 '지구 온난화'가 생태계에 미치는 영향에 대해 논의하는 사실 논제이다. ㉡은 에너지 절약을 실천하기 위한 행동에 대해서 논의하는 정책 논제이다. ㉢은 10대 청소년의 연예계 진출이 바람직한지에 대한 판단을 요구하는 가치 논제이다.

3 예시 답안 글 전체의 짜임과 흐름을 한눈에 볼 수 있게 해 준다.

정답 풀이 개요는 글 전체의 짜임과 흐름을 한눈에 볼 수 있도록 작성하는 것으로, 글이 나아가야 할 방향을 제시해 주고, 글 전체의 대략적인 내용을 분명하고 뚜렷하게 파악할 수 있도록 해 준다.

18일차 쓰기, 듣기, 말하기(1)

필수 어휘 확인 문제

1 곁길 2 공감적
3 관습 4 논제
5 개요 6 공유
7 기절초풍 8 군락
9 과묵 10 단호
11 과언 12 고차원
13 금슬

19일차 쓰기, 듣기, 말하기(2)

필수 어휘 확인 문제

1 마인드맵 2 발품
3 본격적 4 분별력
5 분비 6 민망
7 비색 8 상황 맥락
9 속세 10 망부석
11 소개하기 12 반언어적 표현
13 백미(白眉) 14 ②
15 ② 16 ①

17 ③

내신 대비 **개념어 적용 문제**

1 내용 생성하기

정답 풀이 마인드맵은 마음속에 지도를 그리듯이 줄거리를 이해하며 정리하는 방법으로, 글을 쓰기 전에 주제와 관련된 다양한 소재를 찾는 활동, 즉 '내용 생성하기' 단계에서 유용하게 쓸 수 있다.

2 ㉠ 반언어적 표현, ㉡ 비언어적 표현, ㉢ 비언어적 표현, ㉣ 반언어적 표현

정답 풀이 반언어적 표현은 언어와 함께 의사소통의 수단으로 사용하는 억양, 어조, 강약, 높낮이 등을 말하고, 비언어적 표현은 대화에서 함께 사용하는 표정, 몸짓, 손짓 등을 말한다.

3 ⑤

정답 풀이 상황 맥락은 대화가 이루어지고 있는 장소나 시간, 말하는 이와 듣는 이 등과 같이 대화를 둘러싼 상황을 말한다. 상황 맥락을 잘 이해하기 위해서는 대화 분위기, 상대방의 감정, 대화의 주제 등을 잘 고려해야 하며, 대화의 상황에 직접 참여하여 주관적인 시선으로 상황을 보아야 한다.

4 예시 답안 **다른 사람과 정보를 공유하고 관계를 형성하기 위함이다.**

정답 풀이 [보기]는 소개하는 말하기이다. 소개하기는 어떤 대상에 대해 잘 모르는 사람에게 그 대상에 대한 정보를 설명함으로써 다른 사람과 정보를 공유하고 관계를 형성하는 데 목적이 있다.

20일차 쓰기, 듣기, 말하기(3)

필수 어휘 **확인 문제**

1 정갈	2 정연
3 중건	4 제언
5 정체성	6 통찰력
7 포럼	8 패널 토의
9 원탁 토의	10 심포지엄
11 질풍노도	12 형형색색

[13~25]

13 신	24 토	론	14 양	태	19 20 정
명	의	장	사	체	연
인	15 영	원	성	질	하
25 통	감	18 정	갈	하	다
찰	리	17 일	16 의	21 제	주
력	주	체	사	사	언
문	22 중	건	소	23 탈	피
경	사	분	통	취	사

내신 대비 **개념어 적용 문제**

1 ㉠ 포럼, ㉡ 패널 토의, ㉢ 심포지엄

정답 풀이 ㉠은 어떤 문제에 대해 의견이 서로 다른 토의자가 한 사람씩 해결 방안을 발표한 뒤, 청중이 직접 참여하여 의견을 교환하는 포럼이다. ㉡은 3~6명의 패널(토의자)들이 일반 청중 앞에서 문제에 대한 의견을 조정하여 해결책을 모색하기 위해 토의를 하는 형태로, 청중의 참여는 사회자의 유도에 따라 선택적으로 이루어지는 패널 토의이다. ㉢은 주제를 여러 측면으로 나누어 그에 대한 전문가가 각자의 의견을 개별적으로 발표하여 해결책을 제안하는 심포지엄이다.

2 ⑤

정답 풀이 '토의'는 공동의 문제를 해결하기 위해 여러 사람이 정보나 지식, 의견 등을 서로 나누고, 이를 토대로 최선의 해결 방안을 찾아 나가는 협동적인 의사소통 방법이다. ⑤는 어떤 주제에 대해 찬성과 반대라는 자신의 입장을 분명하게 하고, 그것에 대한 자신의 의견을 밝힘으로써 상대방을 설득하는 '토론'에 해당한다.

3 ⑤

정답 풀이 제시된 의사소통 상황은 같은 내용이라도 상황에 따라 전달 내용이 다를 수 있음을 보여 주고 있다. ㉠은 추우니 창문을 닫아 달라는 의미를 담고 있으므로 몸을 움츠리는 동작을 함께 사용하는 것이 좋다. ㉡은 추운 날씨에 외출하려는 딸을 걱정하는 엄마의 마음을 담고 있으므로, 타일러서 잘못이 없도록 주의를 주는 훈계의 어조로 말하는 것은 적절하지 않다.

21일차 문법(1)

필수 어휘 확인 문제

1 감탄사　2 고유어
3 단일　4 경구개
5 거센소리　6 목청소리
7 모음　8 어근
9 가변어　10 비음
11 된소리　12 순화

13 예시 답안 우리 회사의 발전을 위해서는 형식적인 변화가 아닌 실질적인 변화가 필요하다.

14 예시 답안 지금 우리가 가진 문제의 본질이 무엇인지 생각해보자.

15 예시 답안 최근에 생긴 새말의 특징은 줄임말이 많다는 것이다.

16 새말 – '즐감'이란 '즐거운 감상(鑑賞)'을 줄여 이르는 신어이다.

17 토박이말　18 된소리
19 모음　20 격음

내신 대비 개념어 적용 문제

1 ①

정답 풀이 가변어는 형용사와 동사처럼 형태가 변하는 단어이고, 불변어는 명사와 대명사처럼 형태가 변하지 않는 단어이다. '웃다'와 '먹자'는 동사이고, '아름다운'은 형용사이므로 모두 가변어이다. '우정, 빵, 자전거'는 명사이고, '매우'는 부사로 모두 불변어이다.

2 ③

정답 풀이 [보기]에 쓰인 자음은 순서대로 'ㄹ, ㅁ, ㄴ, ㅇ, ㄸ, ㄱ, ㅈ, ㅅ, ㅌ, ㅋ, ㅎ, ㄷ'이다. 이중 평범하게 나는 소리인 예사소리는 'ㄱ, ㄷ, ㅅ, ㅈ, ㅎ'이고, 예사소리보다 좀 더 딱딱하고 강하게 나는 소리인 된소리는 'ㄸ'이다. 또한 예사소리보다 거칠고 거세게 나는 소리인 거센소리는 'ㅋ, ㅌ'이다. 이외의 자음 중 'ㅁ, ㄴ, ㅇ'은 콧소리(비음)이고, 'ㄹ'은 흐름소리(유음)이다.

3 예시 답안 '단단하다'는 평범하고 부드러운 느낌을 주고, '딴딴하다'는 된소리 'ㄸ' 때문에 딱딱하고 야무진 느낌을 준다. 그리고 '탄탄하다'는 거센소리 'ㅌ' 때문에 거칠고 거센 느낌을 준다.

22일차 문법(2)

필수 어휘 확인 문제

1 자의　2 형태소
3 필연　4 치조음
5 품사　6 청유
7 ②　8 ④
9 ③　10 ①
11 파찰음　12 어간
13 음운　14 전설 모음
15 활용

[16~22]

[16] 자					
[17] 의	성	[18] 어			
		간		[19] 파	생
[20] 전				찰	
설		[21] 치	조	음	
모					
음		[22] 음	운		

내신 대비 개념어 적용 문제

1 ①

정답 풀이 전설 모음은 'ㅣ, ㅐ, ㅔ, ㅟ, ㅚ'이다.

오답 거르기 'ㅏ, ㅓ, ㅗ, ㅜ, ㅡ'는 후설 모음이다.

2 ④

정답 풀이 복합어에는 합성어와 파생어가 있다. 합성어는 어근과 어근이 결합한 단어이고, 파생어는 어근과 접사가 결합한 단어이다. 감나무는 '감(어근)'+'나무(어근)'로 합성어이다.

오답 거르기 ①, ②, ③, ⑤ '–개', '풋–', '덧–', '–장이'는 모두 접사이므로, 지우개, 풋고추, 덧버선, 대장장이는 파생어이다.

3 ②

정답 풀이 파찰음은 'ㅈ, ㅉ, ㅊ'이다.

오답 거르기 'ㅅ, ㅆ, ㅎ'은 마찰음이고, 'ㄱ, ㄲ, ㅋ, ㄷ, ㄸ, ㅌ, ㅂ, ㅃ, ㅍ'은 파열음이다.

4 예시 답안 '왕–'은 접두사, '–쟁이'는 접미사이다. 접두사와 접미사는 모두 어근의 앞이나 뒤에 붙어서 뜻을 더해 주는 기능을 하는 접사라는 공통점이 있다. 그러나 '왕–'은 어근의 앞에 붙고, '–쟁이'는 어근의 뒤에 붙는다는

형식상의 차이점이 있다.

23일차 한자성어

필수 어휘 확인 문제

1 천신만고(千辛萬苦) 2 섬섬옥수(纖纖玉手)
3 지란지교(芝蘭之交) 4 측은지심(惻隱之心)
5 수수방관(袖手傍觀) 6 무아지경(無我之境)
7 타산지석(他山之石) 8 수구초심(首丘初心)
9 태평성대(太平聖代) 10 언행일치(言行一致)
11 언중유골(言中有骨) 12 소탐대실(小貪大失)
13 노심초사(勞心焦思) 14 박장대소(拍掌大笑)
15 권선징악(勸善懲惡) 16 자수성가(自手成家)
17 감언이설(甘言利說)

18 ⑤

정답 풀이 여행을 하면서 재미있는 경험도 하고 언어와 문화도 배울 수 있다는 것은 한 번에 두 가지 이상의 이득을 얻는 것이므로, 일석이조(一石二鳥)가 적절하다.

오답 거르기 ② '유비무환(有備無患)'이란 미리 준비가 되어 있으면 걱정할 것이 없다는 말이다.

19 ③

정답 풀이 글의 밑줄 친 부분에서는 진석이가 반장 선거에서 한 말과 실제 행동이 다르다는 것을 비판하면서 말과 행동이 같아야 한다고 하였으므로, '언행일치(言行一致)'가 가장 밀접한 관련이 있는 한자성어이다.

내신 대비 어휘력 확장 문제

1 ③

정답 풀이 남학생은 방 청소를 열심히 해서 어머니께 칭찬도 받고, 청소하다 돈도 발견했다. 이는 한 가지 일로 두 가지의 이득을 얻은 상황이므로, '일석이조(一石二鳥)'와 어울린다고 볼 수 있다.

2 ②

정답 풀이 말 속에 뼈가 있다는 것을 한자로 그대로 바꾸면 '언중유골(言中有骨)'이다.

3 예시 답안 소탐대실(小貪大失)

정답 풀이 ○○ 건설은 공사비를 아끼기 위해 안전을 소홀히 하여 큰 손해를 보게 되었으므로, 작은 것을 탐하다가 큰 것을 잃는다는 뜻의 '소탐대실'을 불러왔다고 비판할 수 있다.

24일차 속담

필수 어휘 확인 문제

1 낮말은 새가 듣고 밤말은 쥐가 듣는다.
2 눈이 와야 솔이 푸른 줄 안다.
3 구슬이 서 말이라도 꿰어야 보배다.
4 서당 개 삼 년이면 풍월을 읊는다.
5 말은 해야 맛이고 고기는 씹어야 맛이다.
6 들으면 병이요 안 들으면 약이다.
7 고슴도치도 살 친구가 있다.
8 발 없는 말이 천 리 간다.
9 산 입에 거미줄 치랴.
10 같은 말이라도 아 다르고 어 다르다.
11 무심코 던진 돌에 개구리는 맞아 죽는다.
12 그믐밤에 홍두깨
13 식혜 먹은 고양이 속
14 피는 물보다 진하다
15 빈대 잡으려고 초가삼간 태운다
16 숭어가 뛰니까 망둥이도 뛴다

내신 대비 어휘력 확장 문제

1 ④

정답 풀이 '발 없는 말이 천 리 간다.'는 속담은 말은 금방 퍼지기 마련이므로 말조심을 해야 한다는 의미이다. 이처럼 말을 조심해야 한다는 의미를 담고 있는 속담은 ④이다.

오답 거르기 ① 손해를 크게 볼 것은 생각하지 않고 당장에 마음에 들지 않는 것을 없애려고 그저 덤비기만 하는 경우를 비유적으로 이르는 속담이다.

② 들어서 걱정될 일이라면 차라리 듣지 않는 것이 더 나음을 이르는 속담이다.

③ 비슷한 말이라도 어떻게 하느냐에 따라 듣기 좋은 말이 되기도 하고 듣기 싫은 말이 되기도 하므로 말을 가려 해야 한다는 뜻의 속담이다.

⑤ 마땅히 할 말은 해야 한다는 뜻의 속담이다.

2 ③

정답 풀이 윤희는 중학교에 입학했으나 아직 친한 친구를 사귀지 못해 힘들어 하고 있다. 이러한 윤희를 위로하는 데 활용할 수 있는 속담은 누구에게나 친하게 사귀면서 지내는 친구가 있기 마련이라는 의미를 가진 '고슴도치도 살 친구가 있다.'가 적절하다.

오답 거르기 ① 자기는 하고 싶지 않으나 남에게 끌려서 덩달아 하게 됨을 이르는 속담이다.
② 아무리 살기가 어려워도 사람은 죽지 않고 그럭저럭 먹고살아 가기 마련임을 비유적으로 이르는 속담이다.
④ 혼자 있을 때는 스스로 모든 일을 잘 처리해 가다가도 공연히 친구만 만나면 의지하고 싶어한다는 뜻의 속담이다.
⑤ 친구는 오래 사귄 친구일수록 정이 두텁고 깊어서 좋다는 뜻의 속담이다.

3 예시 답안 구슬이 서 말이라도 꿰어야 보배다.

25일차 관용어

필수 어휘 확인 문제

1 ④

2 ②

3 ①

4 ③

5 ⑤

6 예시 답안 그녀는 어머니가 살아계실 때 여행 한번 못 시켜드린 것이 뼈에 사무치도록 후회가 되었다.

7 예시 답안 수진이는 우리가 의견을 내기만 하면 딴죽을 걸어서 회의 진행이 잘 되지 않았다.

8 예시 답안 한밤중에 조용한 골목에서 낯선 사람이 따라오니 오금이 저렸다.

9 예시 답안 사람들은 연예인의 사생활을 미주알고주알 캐려고 한다.

10 눈을 씻고 보다

11 애를 먹다

12 목이 빠지게 기다렸다.

13 시치미를 떼고

14 일손을 놓지

15 코웃음을 쳤다.

16 파김치가 되다

17 허울 좋다

18 안면을 바꾸다

내신 대비 어휘력 확장 문제

1 ④

정답 풀이 형석이는 민주가 주말에 한 일에 대해 지나치게 자세히 묻고 있다. 이러한 상황에서 민주가 활용하기에 적절한 관용어는 '미주알고주알 캔다'이다.

2 예시 답안 관용어는 각 단어가 가진 본래의 뜻이 그대로 사용되는 것이 아니라, 특정한 상황에서 쓰이면서 완전히 새로운 뜻을 나타낸다.

어휘줍기 Cartoon

▪ 다음 그림을 보고, 그림 속 단어의 의미를 사전에서 찾아 보자.

영역) To be or not to be, that is the question.

- 운명 :
- 고삐 :